écho

méthode de français

2e édition

J. Girardet / J. Pécheur

Present = futur/present
Passe composé = futur/present
Imparfait / conditionnel
Plus que parfait / conditionel passé
Lavant
ou être

B1.1

CLE
INTERNATIONAL
www.cle-inter.com

D1304110

Introduction

Écho nouvelle édition

Écho est une méthode de français langue étrangère qui s'adresse à de grands adolescents et à des adultes débutants ou faux débutants.

Elle est conçue à partir de supports variés qui reflètent les intérêts et les préoccupations de ce public. Elle s'appuie le plus possible sur des activités naturelles, plus proches de la conversation entre adultes que de l'exercice scolaire. Elle cherche aussi à concilier le dosage obligé des difficultés avec le besoin de posséder très vite les clés de la communication et de s'habituer à des environnements linguistiques riches.

Cette nouvelle édition propose des supports d'apprentissage actualisés. Par ailleurs, dans ce livre comme dans le cahier personnel d'apprentissage, on trouvera une adresse internet et un code permettant de consulter en ligne tous les éléments de la méthode ainsi que des matériaux complémentaires : documents au plus près de l'actualité (*Les échos d'Écho*) et exercices interactifs.

Une approche actionnelle

Par ses objectifs et sa méthodologie *Écho* s'inscrit pleinement dans le Cadre européen commun de référence pour les langues (CECR).

Dès la première heure de cours, **l'étudiant est acteur. La classe devient alors un espace social** où s'échangent des informations, des expériences, des opinions et où vont se construire des projets. De ces interactions vont naître le désir de maîtriser le vocabulaire, la grammaire et la prononciation, le besoin d'acquérir des stratégies de compréhension et de production et l'envie de mieux connaître les cultures francophones.

Parallèlement, des **activités de simulation** permettront aux apprenants d'anticiper les situations qu'ils auront à vivre dans des environnements francophones.

Chaque niveau de *Écho* prépare un niveau du CECR et du DELF (Diplôme d'études en langue française).

Une progression par unités d'adaptation

Écho se présente comme une succession d'unités représentant chacune entre 30 à 40 heures d'apprentissage. Une unité comporte 4 leçons.

Chaque unité vise l'adaptation à un contexte et aux situations liées à ce contexte. Par exemple, dans l'unité 1 « S'informer », l'adaptation consiste à familiariser les étudiants avec différents moyens d'information (presse, guides touristiques, sites Internet, etc.) et à leur apprendre à réagir à des informations et à les commenter.

Ce premier volume de *Écho B1* compte trois unités.

La possibilité de travailler seul

Le cahier personnel d'apprentissage, accompagné d'un CD, permet à l'étudiant de travailler en autonomie après les cours. Il y retrouvera le vocabulaire nouveau (à l'écrit et à l'oral), pourra vérifier la compréhension d'un texte ou d'un document sonore étudié en classe et s'exercera à l'automatisation des formes linguistiques. Ce cahier s'utilise en relation avec les autres outils de référence, nombreux dans les leçons et dans les pages finales du livre (tableaux de grammaire, de vocabulaire, de conjugaison).

L'accès à différents matériaux en ligne contribue également à l'autonomie de l'étudiant.

L'évaluation des savoir-faire

• À la fin de chaque unité, l'étudiant procède avec l'enseignant **à un bilan** de ses savoirs et de ses savoir-faire.
• Dans **le portfolio**, l'étudiant notera les différents moments de son apprentissage ainsi que ses progrès en matière de savoir et de savoir-faire.

Structure du livre de l'élève

- Une leçon 0 (niveau A1 uniquement)
- 3 Unités comprenant chacune :
  – 1 double page « Interactions »
  – 1 double page « Ressources »
  – 1 double page « Simulations »
  – 1 page « Écrits »
  – 1 page « Civilisation »
- À la fin de chaque unité :
  – 4 pages « Bilan » à la fin de chaque unité
  – 3 pages « Projets » à la fin de chaque unité
- Des annexes :
  – Un aide-mémoire avec des tableaux de conjugaison
  – Les transcriptions des enregistrements
  – 2 cartes de France et 2 plans de Paris
- Un DVD-Rom audio et vidéo (niveaux A1 et A2)
- Un portfolio

LA PAGE D'OUVERTURE

Objectifs
de communication

LE DÉROULEMENT D'UNE UNITÉ (4 LEÇONS)

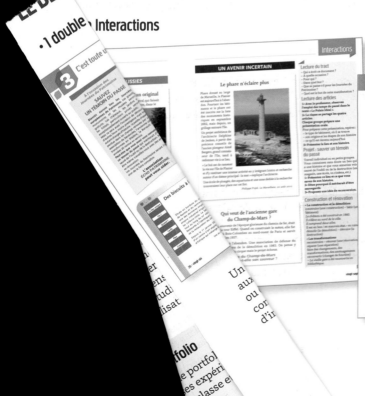

• 1 double page Interactions

• 1 double page Ressources

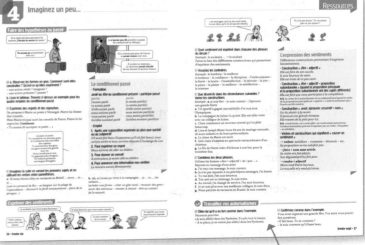

Pour chaque point de langue important,
ces pages proposent un parcours qui va
de l'observation à la systématisation.
Les automatismes et les incidences
de la grammaire sur la prononciation
sont travaillés dans la partie
« Travaillez vos automatismes ».

DANS LES UNITÉS 1 ET 2

• 1 double page Simulations

L'étudiant retrouvera les éléments linguistiques étudiés précédemment dans des scènes dialoguées qui s'enchaînent pour raconter une histoire. À chaque unité correspond une histoire qui est représentative de l'objectif général de l'unité. Chaque scène illustre une situation concrète de communication. Elle donne lieu à des activités d'écoute et de simulation. Cette double page comporte aussi des exercices de prononciation.

• 1 page Écrits

Différents types de textes sont proposés aux étudiants afin qu'ils acquièrent des stratégies de compréhension et d'expression écrite.

• 1 page Civilisation

Des documents permettent de faire le point sur un sujet de civilisation.

DANS L'UNITÉ 3

• 4 pages Simulations ou 4 pages Projet

Ces quatre pages sont organisées selon certains scénarios ou schémas d'actions qui structurent les activités humaines. Chaque scénario comporte un certain nombre de tâches de compréhension ou d'expression. Par exemple, défendre une cause suppose qu'on prépare une argumentation, fasse l'historique d'un problème, rédige une pétition ou une lettre ouverte, adhère à une association.

Deux types de schémas d'actions alternent selon les leçons :
- **les simulations**, suite de tâches organisées selon une situation globale (faire face à des problèmes de santé) ;
- **les projets**, suite de tâches convergeant vers une réalisation concrète (tenir un blog, défendre un projet).

À LA FIN DE CHAQUE UNITÉ

• 4 pages Bilan

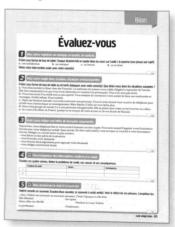

Ces 4 pages permettent de vérifier les capacités de l'étudiant à transposer les savoir-faire qu'il a acquis.

• 3 pages Évasion et Projet

Ces pag... inciter... de la r... écou... moy... à l'é... réa...

• 1 por...

L'étudiant notera dans... de son apprentissage,... français en dehors de... compétences qu'il a a...

LE SITE INTERNET COMPAGNON

Actualiser, localiser, enrichir, dynamiser, animer

Pour tous les utilisateurs de la méthode, le site compagnon d'Écho offre régulièrement, en accès direct ou téléchargement gratuit, des contenus mis à jour. L'exemple d'un modèle de réactivité et d'interactivité.

Actualiser : *Les échos d'Écho* sont des documents didactisés consacrés à des faits culturels français et internationaux récents. Ils suivent la progression de la méthode et vous proposent, pour chacune des 16 unités, du niveau B1 au niveau B2, des ressources pédagogiques alternatives ou complémentaires aux pages civilisation des manuels.

Localiser : Les lexiques multilingues, c'est le vocabulaire des 5 niveaux en anglais, espagnol, portugais (brésilien), chinois (mandarin simplifié) et arabe (standard moderne). Le site compagnon propose également ce vocabulaire en podcast mp3.

Enrichir : L'audio de la leçon zéro du niveau B1 : Pour tirer le meilleur parti de cette leçon d'introduction au français, ses dialogues sont désormais disponibles en podcast mp3.

Dynamiser : 24 nouvelles activités interactives par niveau. Projetées en classe par l'enseignant ou exécutées en autonomie par l'apprenant, elles permettent de préparer, réviser ou prolonger le cours de manière ludique.

Animer : Les versions karaoké des dialogues sont des animations qui permettent d'attribuer un ou plusieurs rôles à un ou plusieurs étudiants. Idéal en projection ou sur TBI.

http://www.cle-inter.com/echo/

ÉCHO POUR TBI ET VIDÉOPROJECTION

Tous les niveaux de *Écho* disposent d'une version numérique collective pour moduler, varier et dynamiser l'apprentissage en classe.

En complément des ouvrages ou versions numériques individuelles de la collection *Écho* utilisés par les élèves, une solution numérique simple, souple et complète pour l'enseignant :
- **Pas d'installation**
- **Pour tous les TBI**
- **Utilisable également en vidéo projection simple ou sur ordinateur (Mac/PC)**
- **En situation de classe ou pour préparer le cours**
- **Tous les composants de la méthode (Livre de l'élève, Cahier personnel d'apprentissage, Guide pédagogique, Fichier d'évaluation)**
- **Accès direct à tous les contenus (pages, images, audio, vidéo, exercices interactifs)**
- **Navigation linéaire ou personnalisée**
- **De nombreux outils et fonctionnalités**

Nouvelles fonctionnalités :
- Insertion par l'enseignant de ses propres documents (texte, image, audio, vidéo, présentation...)
- Création, organisation, sauvegarde et partage de ses séquences contenant pages, ressources Écho et personnelles
- Nouveaux exercices plus nombreux, corrigés
- Dialogues en « karaoké » permettant l'attribution de rôles à un ou plusieurs étudiants
- Enregistrement production orale
- Export PDF page à page
- Mise à jour gratuite en cas de nouvelle version
- Guide d'utilisation vidéo (en ligne)
- Disponible sur clé USB avec 2Go d'espace personnel (ou plus selon niveau)

ÉCHO VERSION NUMÉRIQUE INDIVIDUELLE

Tout papier, tout numérique ou bi-média, *Écho* donne le choix aux étudiants !

Cette version numérique individuelle peut remplacer les livres ou les compléter pour ceux qui souhaitent disposer d'un ouvrage papier et d'une version numérique selon le contexte d'utilisation. On peut aussi préférer un livre élève papier pour la classe et un cahier d'exercices numérique pour une utilisation autonome fixe ou nomade.
- **L'application élève** contient le livre, son portfolio, un accès direct à tous les audios, toute la vidéo (B1 et B2). Les bilans et le portfolio sont interactifs.
- **L'application exercices** contient le cahier personnel d'apprentissage entièrement interactif.

Au total, 1 500 exercices interactifs sur 5 niveaux !
Selon le type d'exercice, autocorrection, score et corrigés sont directement accessibles.
Simple d'utilisation, l'application permet une navigation par page ou un enchaînement direct des exercices. Toutes les réponses aux exercices, les scores, les annotations sont enregistrés.

Disponible pour :
- iPad (sur AppStore)
- PC/MAC offline (clé USB en vente en librairie)
- PC/MAC online, incluse en **livre-web** dans le Livre de l'élève et le Cahier personnel d'apprentissage

Tableau des contenus

Unité 1 S'informer

	LEÇONS			
	1 **Que s'est-il passé ?** p. 10	**2** **Vous y croyez ?** p. 18	**3** **C'est toute une histoire !** p. 26	**4** **Imaginez un peu...** p. 34
Grammaire	• Les constructions à sens passif (forme passive, forme pronominale) • Situation d'une action dans le temps (la veille, le lendemain, etc.)	• Les constructions impersonnelles • L'expression de la certitude et du doute • L'expression de la possibilité et de l'impossibilité • Les constructions relatives avec *dont*	• Le plus-que-parfait • L'expression de l'antériorité • Le récit au passé simple (compréhension des verbes au passé simple et au passé antérieur)	• Le conditionnel passé • L'expression des sentiments
Vocabulaire	• Les faits divers (événements, catastrophes, délits) • L'information et les médias	• Phénomènes mystérieux • Croyances, vérités, mensonges • Les arts plastiques	• Édifices et bâtiments • Constructions, rénovations, destructions • Les événements historiques	• Rêves et regrets • La musique et la chanson
Discours en continu	• Raconter un événement quotidien • Relater une information apprise par la presse • Commenter un sondage d'opinion	• Raconter une histoire réelle ou imaginaire • Argumenter pour expliquer qu'un fait est vrai ou faux	• Décrire un bâtiment • Décrire un lieu touristique, parler de son histoire	• Faire le point sur sa situation personnelle ou professionnelle, exprimer des regrets ou des attentes • Parler de ses goûts en matière de musiques et de chansons
Situations orales	• Demander des informations sur les circonstances d'un événement (lieu, moment, etc.) • Exprimer l'intérêt ou l'indifférence	• Faire des hypothèses sur l'identité d'une chose • Faire des promesses, donner des assurances • Exprimer la surprise	• Demander/donner des informations sur un lieu (ville, monument) • Rapporter les paroles de quelqu'un	• Demander et donner des explications à propos du comportement de quelqu'un • Exprimer un espoir ou une déception
Prononciation	• Enchaînement des formes verbales passives • Différenciation [k] et [g]	• Enchaînement des phrases avec proposition relative • Différenciation [v] - [b] - [p]	• Les sons [t] et [d]	• Différenciation [ʒ] et [ʃ]
Compréhension des textes	• Brefs articles de presse informatifs et nouvelles brèves • Texte d'opinion sur les médias • Lecture d'un sondage	• Récits d'événements étranges • Descriptif d'un lieu (guide touristique) • Récits d'événements étranges • Descriptif d'un lieu (guide touristique)	• Textes décrivant des lieux (extraits de guide touristique, articles de presse) • Résumés de films (extraits de magazines loisirs)	• Lettres familières • Chansons
Écriture	• Relater un événement et ses circonstances	• Rédaction du descriptif d'un objet (œuvre d'art)	• Présenter un itinéraire • Présenter un lieu en montrant son intérêt	• Lettres de demandes d'informations • Exprimer une opinion dans un forum (regret ou déception)
Civilisation	• Quelques événements qui ont marqué les Français depuis les années 1990 • Les Français et les médias • Bruxelles et la Belgique (dans toute l'unité)	• Les superstitions en France • Le Musée national d'art moderne de Paris • Quelques artistes célèbres	• La sauvegarde du patrimoine • Promenade dans Saint-Rémy-de-Provence • Repères de l'histoire de la France (à partir de films historiques)	• Quelques chanteurs français (Amel Bent, Bénabar, Vincent Delerm)

Évaluation p. 42   Évasion :...dans les romans p. 46   Projet : Roman « à la carte » p. 46

Unité 2 S'intégrer dans la société

	LEÇONS			
	5 Mais où va-t-on ? p. 50	**6** Expliquez-moi p. 58	**7** À vous de juger p. 66	**8** C'est l'idéal ! p. 74
Grammaire	· Le futur antérieur · Situation et durée dans le futur · Expression des conditions et des restrictions	· Expression de la cause · Expression de la conséquence	· Le subjonctif passé · L'enchaînement des idées (*pourtant, quand même, au lieu de, or*, etc.)	· Les pronoms relatifs : *auquel, lequel, duquel* · Les constructions avec deux pronoms
Vocabulaire	· L'avenir et le changement · Le climat · L'économie, le commerce et l'entreprise	· Les études · La politique et les institutions · Les mouvements sociaux	· La justice et le droit · Les moyens d'information et de communication	· La ville · Habitudes et traditions
Discours en continu	· Décrire un changement · Exposer un projet personnel · Parler de son métier	· Expliquer un événement ou un fait quotidien · Exposer les conséquences d'un événement quotidien · Parler des études et de l'éducation · Relater brièvement un événement politique ou social	· Porter un jugement de valeur et argumenter son point de vue	· Présenter les avantages et les inconvénients d'un lieu de résidence · Parler des habitudes et des traditions
Situations orales	· Présenter quelqu'un – Prendre congé de quelqu'un · Demander et donner des informations à propos d'un projet (intention, renoncement) · Demander quelque chose – Refuser	· Demander / donner une explication · Convaincre quelqu'un de faire quelque chose · Mettre en garde, menacer	· Interdire · Demander, donner une autorisation · Donner des instructions · Accuser, réprimander, se défendre	· Commencer une réunion, présenter les participants · Enchaîner des idées (succession, parallélisme, etc.)
Prononciation	· Différenciation [œ] - [ø] - [ɔ] - [o]	· Distinction voyelle nasale / voyelle + n	· Différenciation [y] - [i] - [u] - [ø]	· Enchaînement des constructions avec deux pronoms
Compréhension des textes	· Extraits d'ouvrages et de magazines portant sur l'avenir · Articles de presse sur le développement d'une entreprise · Informations sur l'économie française	· Articles d'information	· Textes d'opinions · Lettres de demandes et de réclamations	· Textes présentant des opinions et des propositions · Descriptions de coutumes et de traditions
Écriture	· Exposé d'un projet ou d'une situation future	· Réponse à une demande d'explication	· Lettres de demandes et de réclamations	· Rédiger une proposition (pour l'amélioration de la vie urbaine) et la défendre · Décrire une habitude ou une coutume
Civilisation	· L'économie française (agriculture et industrie) · Quelques entreprises et marques célèbres · La baie de Somme	· Le système éducatif · Principes, emblèmes, symboles de la République française	· S'informer et faire valoir ses droits en France	· Les villes françaises (amélioration du cadre de vie) · Habitudes et traditions dans le monde

Évaluation p. 82   Évasion : ...dans l'écriture p. 86   Projet : Ma vie est un roman p. 86

Tableau des contenus

Unité 3 S'affirmer au quotidien

	LEÇONS			
	9 On s'adapte ! p. 90	**10** Intéressez-les ! p. 97	**11** Motivez-les ! p. 106	**12** Restez en forme ! p. 114
Grammaire	• Emploi des articles dans la présentation et l'identification (distinction *c'est / il est*) • Place de l'adjectif	• Temps du récit au passé • Situation de l'action dans le temps • Subjonctif dans l'expression de l'opinion	• Expression de l'existence, du manque et du besoin • Subjonctif dans l'expression de la volonté et de la nécessité • Expression du but	• Caractériser une action • Les propositions participes
Vocabulaire	• L'adaptation • Les relations sociales • Les types psychologiques	• Le souvenir et le rêve • L'identité des personnes	• L'école et l'éducation • Les langues	• Le corps • La santé • La maison
Situations orales en continu et interactions	• Raconter son adaptation à une nouvelle situation • Parler des relations qu'on a avec les autres • Demander, insister, refuser • Réagir dans des situations embarrassantes	• Raconter une rencontre • Présenter une personne • Raconter un rêve • Exprimer une opinion	• Lancer un débat, poser un problème • Défendre une cause (exposer ses buts, argumenter)	• Demander et donner des informations sur des questions de santé et de bien-être • Se débrouiller en cas de problème de santé
Prononciation	enchaînements vocaliques et consonantiques – sons [y], [ɛ] et [e]			
Compréhension des documents oraux	• Situations de demandes et de refus • Récit d'adaptation	• Émission radio : présentation de personnes • Émission radio : un immigré justifie son intention de changer de prénom	• Émission radio : débat sur les rythmes scolaires • Émission radio : situation des langues régionales par Henriette Walter	• Interview d'un médecin : dangerosité du téléphone portable • Situations relatives aux problèmes de santé • Interview d'un médecin de campagne
Compréhension des textes	• Test de compétences • Dialogue de film • Extrait de roman	• Extraits de biographies (récits de rencontres, de rêves et de souvenirs) • Article de presse (opinion sur les caméras de surveillance)	• Articles de presse (questions d'éducation) • Forum Internet (dialogue avec une députée) • Lettre ouverte (protestation)	• Forum Internet • Textes prescriptifs (la sieste, le feng shui)
Écriture	• Lettres de demandes	• Rédaction de fragments de blog (commentaires de photos, récit de rêves, bref texte d'opinion)	• Rédaction d'une protestation argumentée (pétition ou lettre ouverte)	• Rédaction de questions et de réponses sur un forum santé • Rédaction de notes d'après un document oral informatif et mise en forme
Civilisation	• Le couple en France • Le film *Ce soir, je dors chez toi* (Olivier Baroux) • Le roman *Une vie française* (Jean-Paul Dubois)	• Extraits de biographies (Gérard Klein, Jean-Claude Brialy, Jean d'Ormesson) • Noms de famille et prénoms	• Problèmes d'organisation scolaire (temps, notation, redoublement, etc.) • Les langues régionales en France • Autoroutes et problèmes d'environnement	• Le système de santé en France (problème en milieu rural) • Tendances en matière de bien-être : feng shui, médecines douces

Évaluation p. 123   **Évasion :** ... dans la vie des autres **p. 126**   **Projet :** Fragments pour une autobiographie **p. 126**

Unité 1 S'informer

Pour **comprendre et faire partager des informations** portant sur l'actualité et les domaines culturels, vous allez apprendre à …

…**lire** des extraits de presse, de guides touristiques, de guides de loisirs, d'affiches et de panneaux d'informations situés dans des lieux culturels (monuments, musées)

…**demander** des informations, les faire partager

…**réagir** à des informations, les **commenter, donner votre opinion** sur la vérité des faits, **exprimer les sentiments** qu'ils vous inspirent

LES MEILLEURS MOMENTS DE CES DERNIÈRES ANNÉES...

La Coupe du Monde de football a été gagnée par la France

Paris, dimanche 12 juillet 1998

Hier soir, au Stade de France, les « magiciens » du Brésil ont été battus par les Français qui deviennent champions du monde de football pour la première fois de leur histoire.

Le passage à l'an 2000 a été fêté dans le monde entier

Il était 15 heures à Paris, le vendredi 31 décembre, quand les Australiens sont entrés dans l'an 2000. Un feu d'artifice gigantesque a embrasé le port de Sydney.

Aux quatre coins de la planète, des milliers de fiancés ont préféré patienter jusqu'à ce premier jour du millénaire pour se marier.

En Égypte, Jean-Michel Jarre a illuminé les pyramides par un de ces concerts géants dont il est l'orfèvre.

Le franc est remplacé par l'euro

Mardi 1er janvier 2002

Adieu francs, florins, escudos, livres et marks, drachmes et pesetas. Ce matin, 304 millions d'Européens ont une nouvelle monnaie : l'euro. Seules subsistent au sein de l'Europe des quinze trois monnaies nationales : les couronnes danoises et suédoises et la livre sterling… Tony Blair, Premier ministre britannique, a été le premier dirigeant européen à saluer la naissance de la nouvelle monnaie qu'il espère toujours faire adopter par son peuple. Et en raison du décalage horaire, c'est l'île de la Réunion qui est passée la première à l'euro [...].

Chronique de l'année 2002, © 2003, éditions Chronique/Dargaud s.a.

2011 – Une grande année pour le cinéma

The Artist, Intouchables, Police, Black Swan et bien d'autres films sortis cette année seront considérés comme les chefs-d'œuvre de la décennie.

La France dit non à la guerre

New York, vendredi 14 février 2003

Le discours de paix de Dominique de Villepin, ministre des Affaires étrangères de la France, a été très applaudi à l'ONU. La France estime que, dans la situation actuelle, une déclaration de guerre à l'Irak ne se justifie pas.

Le bilan des JO de Londres

Londres, 13 août 2012

Les jeux Olympiques de Londres se sont terminés hier par une cérémonie spectaculaire et pleine de surprises sur le thème de la musique britannique. Plusieurs records du monde ont été battus cette année : le 4 x 100 par les Américaines et les Jamaïcains, le 400 mètres nage libre par la Chinoise Ye Shiwen, le record de vitesse cycliste par les Britanniques.

34 médailles, dont 11 en or ont été gagnées par la France qui s'est classée 7e. La natation et le judo ont été à l'honneur.

...ET LES PIRES

Terrible attentat à New York

New York, mardi 11 septembre 2001

Deux avions se sont écrasés sur les deux tours du World Trade Center à New York, un autre sur le Pentagone, un quatrième dans la campagne. Cet attentat a fait près de 3 000 victimes.

Plus de 10 000 victimes à cause de la canicule

Paris, vendredi 29 août 2003

Ce mois d'août a été le plus chaud depuis 1949. Cette chaleur excessive a causé le décès de milliers de personnes âgées ou malades.

Terrible accident à la centrale de Fukushima au Japon

Tokyo, le 11 mars 2011

La centrale nucléaire de Fukushima au Japon a été gravement endommagée par un tsunami provoqué par un tremblement de terre. L'explosion des réacteurs a contaminé la région et 162 000 personnes ont été déplacées.

La banlieue parisienne s'est embrasée

Paris, lundi 31 octobre 2005

La mort accidentelle de deux jeunes poursuivis par la police à Clichy-sous-Bois est à l'origine d'une explosion de violence dans plusieurs villes de la banlieue parisienne. De nombreuses voitures ont été incendiées...

En 1999, le parc du château de Versailles a été dévasté par une tempête. Aujourd'hui, le parc a été remis en état d'après les plans de l'époque de Louis XIV.

Que s'est-il passé ?

1• Partagez-vous les différents articles et lisez-les.
Pour chacun, complétez le tableau.

	1
Que s'est-il passé ?	Match de football
Où ?	À Paris, au Stade de France
Quand ?	Le 12 juillet 1998
Quels sont les acteurs de l'événement ?	Les joueurs du Brésil et de la France
Quelles sont les conséquences ?	Victoire de la France

2• Présentez à la classe les événements que vous avez découverts.

Les meilleures nouvelles de ces dix dernières années

1• Travail en petits groupes. Faites la liste des meilleures nouvelles de ces dix dernières années (nouvelles nationales, internationales, régionales ou personnelles).

2• Pour chaque nouvelle, rédigez une ou deux phrases.

3• Présentez oralement votre sélection.

Événements et catastrophes

• **Pour annoncer un événement**
Un tremblement de terre a eu lieu en Indonésie.

• **Les catastrophes**
une tempête – un cyclone – un orage
une inondation – inonder – Les champs ont été inondés
un tremblement de terre – un tsunami – La terre a tremblé
une éruption volcanique – un volcan – Le volcan est entré en éruption
une avalanche – un glissement de terrain
un attentat – une bombe – exploser – Une bombe a explosé à Paris

• **Les dégâts et les victimes**
une victime – un mort – un blessé (grave)
(se) tuer – (se) blesser – (se) noyer
une destruction – détruire – dévaster

Que s'est-il passé ?

Mettre en valeur

1 Dans la partie gauche du dessin, observez la transformation de la phrase.
Transformez les phrases de la partie droite du dessin en commençant par les mots en gras.

2 Transformez ces titres de presse en commençant par les mots en gras.
a. Pour son voyage en Chine, le Président sera accompagné par **des chefs d'entreprise**.
b. Le match a été gagné par **Bordeaux**.
c. Un bateau du XVIᵉ siècle a été trouvé par **des pêcheurs** en Méditerranée.
d. La loi anti-fumeur est votée aujourd'hui par **les députés**.
e. « Mes enfants **m'**ont volée », déclare Brigitte Delubac.

3 Transformez ces phrases en commençant par les mots en gras.
Phrases entendues après un casting
a. Le metteur en scène a choisi **les comédiens** ?
b. On **vous** a sélectionnés comment ?
c. On **t'**a recrutée ?
d. Je ne sais pas. On **m'**informera la semaine prochaine.
e. Daniel Auteuil jouera **le rôle principal**.

4 Reformulez les phrases suivantes sans employer la forme pronominale.
Exemple : **a.** On boit ce champagne très frais.
a. Ce champagne se boit très frais.
b. En France, les timbres s'achètent à la poste ou au bureau de tabac.
c. Cette année, les pantalons larges se portent beaucoup.
d. La tour Montparnasse se voit de très loin.
e. Pendant le déménagement, deux assiettes se sont cassées.
f. Les bruits de la fête s'entendent d'ici.

Les constructions à sens passif

1. Pour mettre en valeur l'objet direct de l'action
Des ouvriers chinois fabriquent **ces téléviseurs**. →
Ces téléviseurs sont fabriqués **par** des ouvriers chinois.

• Au passé
Molière a écrit *L'Avare*. → *L'Avare* a été écrit par Molière.
Cette pièce **t'**a intéressé(e) ? → **Tu** as été intéressé(e) par cette pièce ?

• Au futur
L'acteur Philippe Torreton jouera *L'Avare*.
→ *L'Avare* sera joué par Philippe Torreton.

N.B.
a. Quand le sujet de l'action n'est pas vraiment actif, on peut utiliser « de » au lieu de « par ».
La réunion sera suivie d'un pot amical.
b. La transformation passive n'est possible qu'avec un complément d'objet direct.
On a donné un livre à Pierre. → On peut dire : *Un livre a été donné à Pierre.*
Mais on ne peut pas commencer la phrase par « Pierre ».

2. Pour présenter une action quand on ne connaît pas son auteur
Mon téléphone portable a été volé. (On m'a volé mon portable.)

3. Quand quelqu'un a fait une action pour quelqu'un d'autre
Lise et Florent ont fait construire une piscine par l'entreprise Dumur.
Ils se sont fait construire une piscine.

4. Quand quelqu'un a fait une action contre quelqu'un d'autre
Il s'est fait voler son portable.

5. La forme pronominale peut avoir un sens passif
Les fruits se vendent cher cette année. (Ils sont vendus cher)
Les agriculteurs se découragent. (Ils sont découragés)
La porte s'ouvre.

5 Répondez en utilisant la forme « *(se) faire* + verbe ».

a. Qu'est-ce que le professeur vous a fait faire au dernier cours ?
– Il nous a fait lire ......
b. Dans votre travail ou dans vos études, qu'est-ce qu'on vous fait faire ?

c. Vous gagnez dix millions d'euros. Vous arrêtez de travailler. Imaginez.
Utilisez : *faire, refaire, repeindre, construire, etc.*

Préciser le moment d'une action

Ça a eu lieu quand ?

À quelle heure ça s'est produit ?

C'est arrivé comment ?

On a monté la grue lundi. Le lendemain il a plu. Le surlendemain il y a eu une tempête. Trois jours après la grue est tombée.

1 Repérez ci-dessus les mots utilisés pour :
– annoncer l'événement
– préciser quand il a eu lieu

2 Lisez le tableau.
Un directeur commercial parle de son emploi du temps. Complétez son agenda.

« *Aujourd'hui, nous sommes le 16 mars.*
Je suis rentré hier de Barcelone. La veille, j'ai participé à une foire.
L'avant-veille, j'étais à Madrid. J'y étais depuis le début de la semaine dernière.
La semaine précédente, j'étais au Portugal.
Demain, je vais à Rome.
Le lendemain, je serai à Florence et le surlendemain, à Venise. J'y resterai jusqu'à la fin de la semaine prochaine.
La semaine suivante, je travaillerai en Turquie. »

...
↑
jeudi 13 mars : ....
vendredi 14 mars : ....
samedi 15 mars : *retour de Barcelone*
dimanche 16 mars : *aujourd'hui*
lundi 17 mars : ....
↓
...

Le moment d'une action

1. Annoncer un événement

se passer – avoir lieu – se dérouler (pour une manifestation, une fête, etc.) – se produire
Qu'est-ce qui s'est passé ? Qu'est-ce qui s'est produit ?
Un tremblement de terre a eu lieu (s'est produit) dans la région de Strasbourg.
La Fête de la musique a eu lieu le 21 juin.
Le festival d'Avignon se déroulera en juillet.

2. Préciser le moment

• Précision sans relation avec un autre moment
*L'incendie a eu lieu **le** 8 février, **à** minuit, **en** hiver, **en** 2002.*

• Précision en relation avec un autre moment

En relation avec le moment où l'on parle	En relation avec un autre moment
Maintenant Aujourd'hui Cette semaine	À ce moment-là Ce jour-là Cette semaine-là
Hier Avant-hier	La veille L'avant-veille
Demain Après-demain	Le lendemain Le surlendemain
La semaine dernière	La semaine précédente
La semaine prochaine	La semaine suivante
Il y a dix ans	Dix ans avant
Dans dix ans	Dix ans après

Travaillez vos automatismes

1 Le professeur contrôle votre travail.
Répondez-lui comme dans l'exemple.
• Vous avez fait votre travail ?
– Oui, il est fait.

2 Votre amie a passé deux ans à l'étranger. Mais depuis rien n'a changé. Répondez-lui comme dans l'exemple.
• On a construit le nouveau lycée ?
– Non, il n'a pas été construit.

Le dossier Vinci

1 – Mobilisation

1 Mercredi 8 mai, 6 h du matin, dans les bureaux du journal *Le Matin* à Bruxelles.

L'employée : Mon Dieu, quel désordre !
L'employé : Ne range pas. Ce n'est pas la peine.
L'employée : Mais qui est dans ce bureau ?
L'employé : Une originale : Zoé Duquesne. Mais c'est la star de la maison !
L'employée : Alors on laisse tout comme ça ?
L'employé : Écoute, le jour où j'ai commencé à travailler ici, j'ai rangé son bureau. Le lendemain, il était encore en désordre. Alors j'ai à nouveau tout rangé.
L'employée : Et le surlendemain ?
L'employé : Je me suis fait engueuler.

2 À 10 h, au journal *Le Matin* a lieu la conférence de rédaction.

M. Dupuis : Et pour notre dossier du dimanche, vous avez une idée ?
Eudes : Je peux faire quelque chose sur le squat du quartier des Marolles.
M. Dupuis : Il y a du nouveau ?
Eudes : Pas vraiment.
M. Dupuis : Alors, ça ne sert à rien d'en parler.
Eudes : Et sur la fête du quartier Marconi ?
M. Dupuis : On peut s'en passer. On en parle chaque année.
Julie : Il y a l'exposition Léonard de Vinci. Elle ouvre la semaine prochaine.
M. Dupuis : Ah, là, ça devient intéressant.
Zoé : Mais je pense qu'il y a plus important.
M. Dupuis : On t'écoute.
Zoé : Fibrasport, l'usine de textile. La direction veut délocaliser.
Julie : Et tu crois que ça va faire monter les ventes du journal ?
Zoé : Oui, si on lance la mobilisation et si on gagne.

3 À la pause de midi.

Julie : Tu as vu ça ?
C'est encore Zoé qui fait le dossier du dimanche !
Grégory : ......

 L'après-midi devant l'usine Fibrasport.

A. Bossard : Tiens, mademoiselle Duquesne !

Zoé : Bonjour, monsieur le député.

A. Bossard : *Le Matin* s'intéresse aux petits problèmes de la région ?

Zoé : Comme vous voyez ! Mais donnez-moi une bonne raison d'être venue.

A. Bossard : Écoutez, Zoé. Jeudi, Fibrasport dit qu'il délocalise une partie de sa production. La veille, la direction annonçait des bénéfices.

Zoé : Effectivement, ça vaut la peine qu'on se bouge.

A. Bossard : Et si on se bouge ensemble, ça fera du bruit. Venez, je vais vous présenter aux syndicats.

Zoé : Après, j'essaierai de voir la direction.

Compréhension et simulations

 SCÈNE 1. Qu'apprenez-vous sur Zoé Duquesne ?

 SCÈNE 2.

a. Présentez la situation et les personnages.
M. Dupuis : rédacteur en chef
…

b. Faites la liste des sujets proposés pour le dossier du dimanche. Notez les réactions du rédacteur en chef.
(1) Squat du quartier des Marolles → …

 Jouez la scène à deux. Utilisez le vocabulaire du tableau.
Un groupe de Français vient passer trois jours dans votre région. Vous préparez leur programme de visite. Vous n'êtes pas toujours d'accord.
« Et si on allait … Ça vaut la peine … »

 SCÈNE 3. Transcrivez la scène.
Caractérisez Julie et Grégory.

 SCÈNE 4. Répondez.
• Où est allée Zoé ? Pourquoi ?
• Qui se trouve sur ce lieu ? Pourquoi ?
• La mobilisation est-elle justifiée ? Pourquoi ?
• Que fait Zoé ?

Exprimer l'intérêt ou l'indifférence

• Ce livre est intéressant, utile, important, passionnant.
– Ça vaut la peine de le lire. (Il vaut la peine d'être lu)
– Il sert à …
• Ce livre est sans intérêt, inutile, ennuyeux. – Ça ne vaut pas la peine de le lire – Il ne sert à rien – On peut s'en passer.
• Vous préférez aller au théâtre ou au cinéma ? Ça m'est égal – Je m'en moque – Cela n'a pas d'importance – Peu importe.
• Vous savez que l'équipe de Marseille a battu Lyon ? – Ça me laisse indifférent – Je m'en moque.

🎧 Prononciation

Distinguez [k] et [g].

Indifférence
À l'école je rigole
En grammaire, ça accroche
L'orthographe j'ai le trac
Les pourquoi, ça m'angoisse
Le grec, ça bloque
Pour le bac ça m'est égal
La carrière je m'en moque !

Faits divers

Un retraité de 62 ans a été grièvement mordu à un bras, une jambe et à l'arrière du crâne par le rottweiler de son fils, samedi après-midi à Saint-Louis (Haut-Rhin). Hier, deux journalistes de France 3 ont réalisé un reportage sur ce fait divers. Ils disent avoir été violemment pris à partie par le propriétaire du chien responsable de l'agression.
24/09/2012

Les pâtissiers de Meurthe-et-Moselle ont créé à Nancy la plus longue tarte à la mirabelle du monde : 325,45 m pour célébrer la vitesse commerciale du TGV-Est (320 km/h). 02/09/2012

Un important incendie a ravagé hier à l'aube un immeuble de Rennes faisant 7 blessés graves. Un des trois jeunes de 19 à 21 ans interpellés en état d'ébriété a avoué avoir mis le feu.
22/09/2012

Des bagarres ont éclaté dans la nuit de dimanche entre gendarmes et jeunes de la cité du Parc à Ecquevilly (Yvelines), sans faire de blessés ni entraîner d'interpellation. 13/08/2012

Plusieurs hommes cagoulés et armés ont braqué hier le personnel du musée des Beaux-Arts de Nice pour s'emparer de quatre tableaux de valeur, deux Bruegel, un Sisley et un Monet. Les braqueurs, dont on ignore le nombre exact, se sont présentés aux alentours de 13 h au musée des Beaux-Arts Jules-Chéret, dont l'entrée était gratuite ce dimanche.
06/08/2012

Des loups ont attaqué un troupeau de moutons. Une diza a été tuée dans la nuit de mardi au col de Corps (2 103 au-dessus de Lus-la-Croix-Haute (Drôme). 02/08/20

Le tribunal correctionnel de Meaux (Seine-et-Marne) juge à partir d'aujourd'hui vingt-huit personnes accusées d'avoir participé à l'organisation de mariages blancs, en tant que mariés, témoins ou intermédiaires. 13/08/2012

Les crimes et les délits

1. Les crimes et les délits
- un vol (un voleur) – un cambriolage (un cambrioleur) – voler – cambrioler – dérober (quelque chose) – l'auteur d'un vol – la victime
- un assassinat (un assassin) – un meurtre (un meurtrier) – assassiner – tuer – une arme – un pistolet – un revolver – un fusil
- un incendie – incendier – mettre le feu – brûler
- un enlèvement – enlever quelqu'un – kidnapper quelqu'un – s'échapper

2. Les accidents
- un accident (se blesser – se tuer) – un accident de montagne, de voiture
- une noyade – se noyer
- un empoisonnement – (s')empoisonner

Lecture des faits divers

1 Lisez les nouvelles brèves ci-dessus.
a. Complétez le tableau.

	1
Type d'événement	
Lieu	
Acteurs (responsables, victimes, témoins)	
Cause(s)	
Conséquence(s)	

b. Rédigez un titre bref pour chaque nouvelle.
c. À quel problème de société vous fait penser chaque nouvelle ?

Sommes-nous bien informés ?

SONDAGE

les Français et les médias

En général, à propos des nouvelles, est-ce que vous vous dites :	dans les journaux	à la télévision	à la radio	sur Internet
les choses se sont vraiment passées comme cela	5	6	7	4
les choses se sont passées à peu près comme cela	46	42	50	26
il y a sans doute pas mal de différence entre la façon dont les choses se sont passées et la façon dont elles sont montrées	39	41	34	16
les choses ne se sont vraisemblablement pas passées du tout comme cela	6	10	5	4
sans opinion	4	1	4	50

Sondage TNS/Sofres du 07/02/2007.

FORUM : Pensez-vous être bien informés ?

☺ On n'a jamais eu autant d'informations et en plus elles sont gratuites : radios et chaînes d'info en continu, sites Internet d'informations, journaux gratuits. Mais on a souvent l'impression que tout le monde dit la même chose. Il y a peu d'explications et peu d'opinions.

Cormoran

☹ Si tu veux des explications et des opinions, lis les journaux ou regarde les bonnes émissions, pas le JT. Dans « C dans l'air », un seul sujet est développé pendant plus d'une heure.

Tiki 2

😐 À la télé, les infos sont caricaturées et exagérées. Il suffit qu'un enfant soit mordu par un chien en France et aussitôt, c'est une catastrophe nationale : le ministre parle ; il promet une loi. C'est ridicule.

Enzym

☺ Je connais des personnes pour qui le présentateur ou la présentatrice sont aussi importants que les infos. Ces gens-là sont devenus des stars. Dans les magazines people, on peut tout savoir de leur vie privée. Et pourtant, ce ne sont pas eux qui vont chercher l'information.

Phosphore

☺ Il y a vingt ans, un assassinat, c'était 10 secondes d'info à la télé, à la fin du journal. Aujourd'hui, on voit l'événement comme si on y était. On voit le meurtrier (ses pieds seulement) entrer dans la maison, monter l'escalier... car, comme au cinéma, le JT est un spectacle. Je trouve ça moins ennuyeux...

Vanille

Internet, le cinquième pouvoir ?

À la fin de l'année 2006, la candidate socialiste à l'élection présidentielle de 2007, Ségolène Royal (députée du département des Deux-Sèvres), est en tête dans les sondages avant Nicolas Sarkozy, son concurrent principal.

Elle est alors fortement attaquée sur Internet.

La France politique à son tour est passée de l'ombre à la lumière informatique... Trois vidéos circulent cet automne sur Internet : la résurrection de Pierre Bourdieu sous forme d'une attaque en règle de Ségolène Royal datant de 1999 ; les sifflets du meeting de Paris interdit aux caméras de télévision ; les propos de la députée des Deux-Sèvres sur les enseignants « qui devraient travailler 35 heures » pendant une rencontre à Angers. Cette dernière séquence fut téléchargée 1 million de fois en une semaine. « La révélation de cette campagne, c'est que la vidéo sur le Net est devenue le premier moyen de communiquer. La rapidité de la diffusion et le nombre de personnes touchées sont extraordinaires. »

Guillaume Gallet et al., *L'Express*, 07/12/2006.

Opinions sur la qualité de l'information

❶ Commentez le sondage « Les Français et les médias ». Organisez ce sondage dans votre classe.

❷ Lisez le forum « Pensez-vous être bien informés ? »
a. Donnez votre opinion sur chaque message.
b. Ajoutez votre propre message.

❸ Lisez « Internet, le cinquième pouvoir ? ».
a. Faites la liste des attaques contre Ségolène Royal. Vous semblent-elles normales ?
b. Pensez-vous qu'Internet soit un bon moyen d'information ?

Les échos d'Écho sur cle-inter.com/echo

Rédigez une nouvelle brève

 a. Observez les photos de la page 16. Écoutez l'enregistrement. Vous obtiendrez des renseignements sur chaque événement.
b. À partir de ces informations rédigez une nouvelle brève.

Les trente histoires les plus mystérieuses

Réalisé par Franck Broqua
Présenté par Carole Rousseau et Jacques Legros
*Au cours de cette grande soirée familiale, nous irons à la découverte
d'histoires et de lieux chargés de mystères
à l'autre bout du monde ou tout simplement près de chez vous.
Témoins et spécialistes de ces phénomènes étranges nous racontent
ces histoires.*

Le célèbre manuscrit
de Voynich (xve s.), un livre
dont l'écriture est inconnue
et dont les illustrations
représentent des végétaux et
des créatures mystérieuses.
S'agit-il d'informations
secrètes ou d'une
plaisanterie ?

La Dame blanche de la D913 (France).

Dans un virage aux
environs de Montpellier,
des témoins ont aperçu
régulièrement une
silhouette de femme
sur le bord de la route.
Certains automobilistes
se sont arrêtés pour la
faire monter à bord de
leur véhicule avant
qu'elle ne disparaisse.

Fantôme ou effets spéciaux ? (États-Unis).

En pleine nuit, la caméra
de surveillance d'un
garage filme une curieuse
forme transparente et
blanche qui tourne au-
dessus de l'épave d'une
voiture accidentée et
dont la conductrice est
décédée.

Poltergeist, le film maudit (États-Unis).

1982, aux États-Unis,
une incroyable histoire
de fantômes sort sur les
écrans : *Poltergeist*, le
film qui raconte la vie
d'une famille confrontée
à de mauvais esprits
et dont le tournage a
été marqué et suivi par
d'étranges phénomènes.
Les acteurs de ce film
ont été frappés d'une
étrange malédiction.

L'homme pongoïde[1].

Plusieurs témoins et
des photos montrent
l'existence d'une créature
mi-humaine, mi-animale
qui viendrait bousculer
les théories de l'évolution
de l'homme [...].

1. Qui a l'aspect d'un singe.

Site TF1 – http://lachaine.tf1.fr. 06/10/2007

| Témoignages | en savoir + | rechercher | entrer en contact avec l'ailleurs |

Objets venus d'AILLEURS

 Bonjour,

Nous habitons dans le Tarn, à Graulhet, et nous avons observé,
mon mari et moi, à plusieurs reprises entre le 10 et le 15 août,
un phénomène curieux.
Nous étions sur la terrasse, au frais, dans les relax, vers 22 h.
Au sud-est de notre terrasse, à la cime des arbres, il y avait une
boule orange très lumineuse ressemblant à une étoile.
Cette étoile semblait bouger : tantôt elle disparaissait derrière
les arbres, tantôt elle allait à droite, tantôt à gauche. Pour une
étoile, elle semblait bien grosse et bien basse. Avec l'heure qui
avançait, dans le ciel, toutes les étoiles s'étaient déplacées mais
cette boule orange était toujours à la même place [...].
Plusieurs soirs de suite, nous l'avons observée. Puis un soir,
aux environs de 23 h, elle est partie sans aucun bruit, à une
vitesse vertigineuse, se poster derrière la maison (donc à
l'ouest) [...]. 99

Site photovni.free.fr

Le retour des porte-bonheur

Accrochés au sac ou au portable, enroulés autour du poignet, les porte-bonheur reviennent.

Les Français seraient-ils superstitieux ?

La plupart affirment que non mais faut-il les croire quand on sait que 30 % consultent régulièrement leur horoscope et que 55 % pensent que certains gestes ou objets peuvent porter bonheur ou malheur.

Voici quelques-unes de ces croyances toujours vivantes.

Les porte-bonheur

- toucher du bois
- croiser les doigts
- marcher par inattention sur une crotte de chien
- voir une étoile filante
- le trèfle à quatre feuilles, la patte de lapin, le fer à cheval
- le chiffre 13 (pour la moitié des Français), le chiffre 7 (pour 33 %)

Les porte-malheur

- être 13 à table
- passer sous une échelle
- casser un miroir
- se lever du pied gauche
- ouvrir un parapluie dans une pièce
- voir un chat noir
- renverser la salière sur la table, croiser les couteaux, poser le pain à l'envers

Dans la tradition canadienne, « l'attrape-rêves », suspendu au-dessus du lit, capture les mauvais rêves.

Trouvez des idées pour l'émission

1• Partagez-vous la lecture des quatre premiers sujets de l'émission « Les trente histoires les plus mystérieuses ». Présentez-les à la classe.

2• Recherchez d'autres sujets pour l'émission. Pour chacun d'eux, rédigez une brève présentation. Complétez le programme de l'émission.

3• Observez les phrases construites avec le pronom « dont ».

Racontez un phénomène étrange

1• Lisez le deuxième document de la page 18. Faites un dessin explicatif de la scène.

2• Donnez votre opinion sur ce témoignage. Utilisez les expressions de la page 20.

3• Racontez un phénomène étrange dont vous avez été témoin ou que vous avez entendu raconter.

Êtes-vous superstitieux ?

Faites un tour de table pour commenter le retour des porte-bonheur.

Chaque étudiant :
– donne son opinion sur un des sujets de la liste,
– dit s'il a un porte-bonheur,
– dit s'il croit que certaines choses portent malheur..

Croyances – Mensonges – Vérités

- **Les croyances**
croire – il croit en Dieu – Elle croit aux fantômes
Elle est superstitieuse – une superstition
porter bonheur (un porte-bonheur) / porter malheur – une malédiction

- **Le secret**
un secret – une cachette secrète
cacher – tenir secret
garder, chercher, découvrir, révéler un secret – une révélation
un phénomène étrange, curieux, mystérieux (un mystère), incompréhensible, inexplicable

- **Le mensonge et la tromperie**
mentir (un mensonge) / dire la vérité
tromper quelqu'un – Le vendeur a trompé le client.
se faire avoir (être trompé) – Le client s'est fait avoir (a été trompé) par le vendeur.

Exprimer le doute ou la certitude

Doute – Possibilité – Impossibilité – Certitude

• L'apparence

On dirait... Ça ressemble à...
J'ai l'impression que c'est...
Il me semble que c'est... (indicatif)
Il ne semble pas que **ce soit**...
(subjonctif)

une écriture égyptienne

Pierre semble (il paraît – il a l'air) content.

• La possibilité – L'impossibilité

Il est possible
Il est impossible
Il se peut

qu'il **fasse** beau demain
(subjonctif)

Il risque de pleuvoir.
Le ciel risque de se couvrir.
Il est probable qu'il fera beau. (indicatif)
Il est improbable (peu probable) qu'il **pleuve**. (subjonctif)

• La certitude et le doute

Je suis sûre (certaine) qu'il **va** pleuvoir. – J'en **suis** sûre. (indicatif)
Elle doute (elle n'est pas sûre) qu'il **pleuve**. – Elle en **doute**. (subjonctif)

• Une information non vérifiée peut être exprimée par le conditionnel

Kamel et Nadia vivraient ensemble. Ils se marieraient dans un mois.

NB : Dans les constructions « Il semble que... », « Il est possible que... », le « il » ne représente pas une personne ni une chose.

---

1 **Observez les phrases du dessin. Relevez les expressions qui indiquent la possibilité ou le doute. Reformulez chaque phrase avec une expression différente.**

On dirait que c'est une écriture égyptienne → Il est possible que ce soit une écriture égyptienne.

2 **Combinez les deux phrases en employant une forme impersonnelle.**

Exemple : Il est probable que ce sont les voisins.
Bruits bizarres dans la maison la nuit
• Écoute. On entend un bruit. Ce sont les voisins. C'est probable.
– Non, ce ne sont pas les voisins. C'est impossible. Les voisins sont en voyage. J'en suis sûre.
• Il y a des rats sous le toit. C'est possible.

– Quelqu'un fait du bruit dans la rue. Ça se peut. Quelqu'un frappe à la porte. J'en suis certaine.
• Le bruit vient de la porte. Je n'en suis pas sûr.

3 **Imaginez les phrases prononcées dans les situations suivantes. Utilisez les formes du tableau ci-dessus.**

a. Vous avez invité des amis pour 8 h. À 9 h, ils ne sont toujours pas arrivés.
(avoir un accident – oublier l'invitation – embouteillage sur la route – panne – plus de batterie au portable)
Il est possible qu'ils aient eu un accident.

b. Vous êtes à la terrasse d'un café. Tout à coup, vous entendez un bruit qui ressemble à une explosion.
(attentat à la bombe – machine à café qui explose – feu d'artifice qui commence – accident de voiture)

Comprendre les constructions avec « dont »

> Voici la maison **dont**
> **je vous ai parlé**.
> C'est la découverte **dont**
> **nous rêvions depuis longtemps**
> et **dont nous sommes très fiers**.
> C'est une maison **dont**
> **les pièces sont décorées**.
> Admirez ces murs **dont**
> **les inscriptions datent**
> **de Nabuchodonosor**.

1 Observez les phrases ci-dessus.
a. Quelle est la fonction des groupes en gras ?
b. Réécrivez le texte en supprimant le mot « dont ».
Exemple : Je vous ai parlé d'une maison. La voici.
c. Avec quels autres mots peut-on rajouter une information à un nom ?
La maison dont je vous ai parlé
      de François
      ......

2 Combinez les phrases en utilisant « dont ».
Exemple : **a.** J'ai rencontré une fille sympa dont le frère est musicien.
a. J'ai rencontré une fille sympa. Son frère est musicien
b. Nous sommes allés chez ce frère. Sa femme est bonne cuisinière.
c. Il habite une maison. La cuisine de cette maison est immense.
d. Ils ont un grand salon. Les murs de ce salon sont couverts d'affiches de concerts.
e. Nous avons fait un repas. Les légumes et les fruits venaient de leur jardin.
f. Il a joué un morceau de musique. Le rythme m'a endormi.

3 Combinez les phrases en utilisant « dont ».
a. Marie est directrice d'une entreprise. Le comptable de cette entreprise a pris sa retraite.
b. Je connais un bon comptable. Je m'en suis souvenu.
c. J'ai parlé à Marie de ce comptable. Je connaissais son nom.
d. Marie a recruté ce comptable. Elle avait besoin de lui.
e. Elle est très contente de lui. C'est un bon employé.
f. C'est un beau garçon. Elle risque de tomber amoureuse de lui.

Le pronom « dont »

Il introduit une information à propos d'une personne ou d'une chose.
La proposition introduite par « dont » peut être :

1. Complément d'un verbe construit avec la préposition « de »

Je vous ai parlé **d'un livre**. Je vous l'apporte.
→ Je vous apporte le livre **dont je vous ai parlé**.
Elle a rencontré un garçon. Elle se méfie **de ce garçon**.
→ Elle a rencontré un garçon **dont elle se méfie**.

2. Complément d'un nom

J'ai acheté un livre. Les illustrations de ce livre sont magnifiques.
→ J'ai acheté un livre dont les illustrations sont magnifiques.
Elle a rencontré un garçon. Le père de ce garçon est dentiste.
→ Elle a rencontré un garçon dont le père est dentiste.

4 Complétez avec un pronom relatif (*qui, que, où, dont*).
Une maison pleine de souvenirs
Voici un masque *que* j'ai rapporté d'Afrique.
Ici, c'est un dessin *qui* a été fait par un ami.
J'aime ce tableau *dont* les couleurs sont magnifiques.
Voici une sculpture *que* j'aime beaucoup et *dont* le bois est précieux.
Ça c'est un collier *que* j'ai acheté au Brésil et *dont* les pierres sont des émeraudes.

5 Imitez le texte ci-dessus. Présentez vos amis.
Voici John qui ...
Voici Anne dont ...

 Travaillez vos automatismes

1 Combinez les deux phrases comme dans l'exemple.

Elle présente sa bibliothèque
• Voici un roman policier. Je t'en ai parlé.
– Voici le roman policier dont je t'ai parlé.

2 Confirmez comme dans l'exemple.

Claudia a de mauvaises notes à l'école
• Elle ne travaille pas assez. C'est probable.
– Il est probable qu'elle ne travaille pas assez.

2 Vous y croyez ?

Le dossier Vinci

2 – Révélation

1 Le 14 mai. Au vernissage de l'exposition Léonard de Vinci, à la basilique de Koekelberg.

A. Bossard : D'après vous, elle est française ou italienne ?
Zoé : Oh ! monsieur le député ! Ça me fait plaisir de vous voir.
A. Bossard : Et moi aussi, ça me fait plaisir. Mais appelez-moi Arnaud, s'il vous plaît.
Zoé : D'accord.
A. Bossard : Alors française ou italienne, la Belle Ferronnière ?

 Transcription

2 Plus tard.

Zoé : Alors, cette révélation ?
A. Bossard : Vous allez voir. Ce n'est pas banal... Vous savez qu'au musée du Louvre, au British Museum ou ici, au musée Royal, il y a des peintures et des sculptures qui viennent d'Italie, de Grèce ou d'Égypte.
Zoé : Oui, et alors ?
A. Bossard : Les pays d'origine de ces œuvres pourront bientôt les récupérer.
Zoé : Non !
A. Bossard : Si.
Zoé : Ce n'est pas possible !
A. Bossard : Je vous le jure. C'est une loi que prépare la Commission européenne.
Zoé : Cela voudrait dire que nous devrions rendre nos Turner à l'Angleterre.
A. Bossard : Absolument, mais que nous pourrions reprendre nos Van Eyck.
Zoé : Vous êtes sûr de ce que vous dites ?
A. Bossard : Totalement. J'ai un ami à la Commission.
Zoé : Je pourrais le rencontrer ?
A. Bossard : Le rencontrer, je ne sais pas, mais lui parler, oui. Tout cela est encore top secret. Je vous donne son numéro de portable. Dites-lui seulement qui vous êtes et que vous appelez pour le dossier Vinci.

Compréhension et simulations

1 SCÈNE 1. Transcrivez les passages qui permettent de répondre aux questions suivantes :
a. De quoi parlent Zoé et Arnaud Bossard ?
b. Qui est la Belle Ferronnière ?
– selon Zoé
– selon Arnaud Bossard
c. Qu'est-ce qu'une ferronnière ?

2 SCÈNE 2.
a. Rédigez l'information donnée par Bossard sous forme d'un titre et d'un sous-titre de presse.
b. Cette information est-elle sûre ?

3 Organisez un débat.
La classe se partage en deux : les pour et les contre le projet de loi.
Chaque groupe recherche des arguments.
Présentez ces arguments sous forme de débat.

4 SCÈNE 3. Les affirmations suivantes sont-elles vraies ou fausses ?
a. Le rédacteur en chef a peur.
b. Il a envie de publier l'article.
c. Le travail de Zoé doit rester secret.
d. Zoé pense que l'information peut être fausse.

5 SCÈNE 4.
a. Qu'apprend-on dans cette scène ?
Imaginez ce que va faire Grégory.
b. Cherchez des situations où on peut utiliser les mots du tableau ci-dessous.

 3 Le soir, au journal, dans le bureau du rédacteur en chef.

M. Dupuis : Tu es sûre de tes informateurs ?
Zoé : Oui, mais je ne dirai pas leur nom. Je l'ai promis.
M. Dupuis : Tu te rends compte, Zoé. Cette histoire, c'est une bombe. Si l'information est fausse, je saute et toi aussi.
Zoé : Je t'assure. Il n'y a aucun risque. Et puis on dira que ce n'est qu'un projet de loi et on mettra tout au conditionnel.
M. Dupuis : Remarque, c'est le scoop dont on a besoin pour augmenter les ventes.
Zoé : Alors, je fais l'article. Tu es d'accord ?
M. Dupuis : Oui, mais fais bien toutes tes vérifications. Et pas un mot au reste de l'équipe. Ça reste entre nous. Ce sera le dossier Vinci.

4 Le lendemain, à la pause déjeuner.

Julie : Alors, ton stage avec Zoé Duquesne, ça se passe comment ?
Grégory : Lentement. On dirait que je n'existe pas. Elle ne parle jamais de son travail. Je ne participe pas à ses enquêtes.
Julie : Bref, tu fais les photocopies.
Grégory : Même pas. Elle les fait elle-même.
Julie : C'est bizarre, ça.
Grégory : J'ai l'impression qu'elle est sur un coup. J'ai entendu parler d'un dossier Vinci.
Julie : Alors elle préparerait un dossier sur le peintre sans m'en parler !... Tu pourrais vérifier ?
Grégory : Je te promets que je vais essayer.

Promettre

• **promettre – assurer**
Je vous promets que je viendrai. – Je viendrai, c'est promis.
Je tiendrai ma promesse.
Je vous assure que je viendrai. – Je viendrai sans faute.

• **Jurer**
Je vous jure que je viendrai.
Je dis la vérité. Je vous le jure.

Prononciation
Différenciez [v], [b], [p].

Météo
Sur les Vosges, du beau temps, c'est possible.
Sur Vouvray, du brouillard, c'est probable.
Sur Bandol, du vent, ça se peut.
Et dans les vallées, il paraît que le ciel est bas.

L'art et ses mystères

Face à une œuvre d'art, ne soyons pas paralysés par le respect ou par la peur de paraître ridicules. Osons poser des questions. Qu'est-ce que ça représente ? Qu'est-ce que ça signifie ? Pourquoi le peintre a-t-il représenté les choses comme cela ?
Chaque œuvre d'art a son mystère et chacune est faite pour être interrogée.
Visite guidée dans ce musée indiscret.

Révélation : la Joconde sourit, elle vient d'accoucher

Des scientifiques canadiens ont enfin percé le secret de Mona Lisa. Celui d'une mère comblée.

Depuis des siècles, les historiens de l'art s'interrogent sur le mystérieux sourire de la Mona Lisa telle qu'elle fut peinte par Leonardo da Vinci. Aujourd'hui, grâce aux appareils perfectionnés – caméra à infrarouge, imagerie tridimensionnelle – mis en œuvre par une équipe de scientifiques canadiens, on a la réponse : la Joconde venait… d'accoucher. « *Ces technologies ont permis de pénétrer les différentes couches de peinture,* explique Bruno Mottin, un expert en restauration du Louvre, *et de s'apercevoir que la Mona Lisa porte, par-dessus sa robe, un vêtement en tulle, qui était typique, dans l'Italie du XVIe siècle, des femmes enceintes ou qui venaient d'accoucher. Nous pouvons maintenant affirmer que Leonardo da Vinci a peint ce tableau pour commémorer la naissance du second fils de Lisa Gherardini, l'épouse du*

marchand florentin Francesco de Giocondo, ce qui nous permet d'en fixer plus précisément la date autour de 1503. »

Marianne, du 7 au 13 octobre 2006

Monet - Quand l'œil droit et l'œil gauche ne voient pas la même chose

C'est à plus de 70 ans, dans son jardin de Giverny, que Monet peint les célèbres *Nymphéas* exposés au musée de l'Orangerie à Paris. Les œuvres peintes à Giverny sont différentes des œuvres antérieures. Les formes deviennent floues, les couleurs sont plus variées. Évolution de l'artiste ? Lumière différente selon les moments de la journée ? Peut-être, mais aussi maladie des yeux de l'artiste, affirme le docteur Jean Milot, ophtalmologue.

Quand il peint *Les Nymphéas*, Monet est atteint de la cataracte et vient de se faire opérer d'un œil. De cet œil, il voit les nymphéas distinctement en bleu et en vert. De l'œil malade, il les voit flous, en rouge et en jaune.

D'après www.radio-canada.ca/actualité/découverte, 15/12/2002.

L'Asperge de Manet

À Paris, au musée d'Orsay, on peut voir une petite toile d'Édouard Manet qui a de quoi surprendre : elle représente une asperge posée sur le coin d'une table. Pas de quoi être impressionné par ce tableau impressionniste... Son histoire est plus surprenante. En 1880, Charles Ephrussi, collectionneur et grosse légume de l'époque, commande au peintre une nature morte, en l'occurrence une botte d'asperges. Les deux hommes conviennent d'un prix : 800 F. Manet réalise la commande. Ephrussi est très satisfait : il paye non pas 800 mais 1 000 F. Touché, Manet exécute alors un nouveau tableau, où il figure une seule asperge, qu'il offre au collectionneur avec ce petit mot : « *Il en manquait une à votre botte.* » C'est *L'Asperge.*

Réponse à tout, octobre 2005.

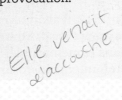

Elle venait d'accoucher

À la découverte du Musée national d'art moderne

Quand les objets quotidiens deviennent des œuvres d'art

Créée en 1913, la Roue de bicyclette de Marcel Duchamp est le premier « ready made » de l'artiste. La démarche de Duchamp consiste à choisir des objets du quotidien et à en détourner le sens pour en faire des œuvres d'art. Dans cette œuvre, il associe un tabouret de bois peint, fait pour s'asseoir et une roue de bicyclette faite pour permettre à un vélo de rouler. Assemblées et exposées au regard du public, les deux pièces deviennent autre chose : un moulin, un ventilateur, une éolienne, une évocation du mouvement... Chacun peut choisir. Avec Duchamp, l'art devient jeu, plaisanterie, provocation.

Marcel Duchamp, *Roue de bicyclette*, 1913 à 1964.

Les arts plastiques

- la peinture (peindre – un peintre) – la sculpture (sculpter – un sculpteur) – le dessin (dessiner – un dessinateur) – la gravure (graver – un graveur) – la photographie (photographier – un photographe)

- un musée – une galerie – une exposition – le vernissage (l'inauguration) d'une exposition
  Un jeune peintre expose ses œuvres à Beaubourg

- représenter (ce tableau représente un paysage) – symboliser (la couleur rouge symbolise l'amour) – évoquer (le peintre évoque les paysages de son enfance) traduire – exprimer (les couleurs traduisent une impression de bonheur)

L'art et ses mystères

❶ La classe se partage les quatre documents des pages 24 et 25. Recherchez le mystère qui se cache derrière chaque tableau. Présentez le tableau à la classe.

Découverte du Musée d'art moderne

🎧 Complétez l'article sur l'œuvre de Marcel Duchamp.

Au Musée d'art moderne, une étudiante en histoire de l'art et son ami discutent à propos de l'œuvre de Marcel Duchamp.

Notez ce que vous apprenez sur :
- l'histoire de l'œuvre
- la vie de Marcel Duchamp
- ses idées

Avec ces informations, complétez l'article sur la « Roue de bicyclette ».

Les échos d'Écho sur cle-inter.com/echo

RECONVERSIONS RÉUSSIES

À l'occasion des Journées du Patrimoine

SAUVEZ UN TÉMOIN DU PASSÉ

Bientôt auront lieu les Journées européennes du Patrimoine. Les grands monuments et les musées seront gratuits. Les châteaux, les jardins et les hôtels particuliers privés seront exceptionnellement ouverts au public.

Mais ce sera aussi l'occasion de découvrir d'autres lieux moins prestigieux mais tout autant chargés d'histoire : la petite chapelle perdue dans les champs rénovée par une association de bénévoles, l'ancienne usine transformée en théâtre, la Renault des années 20 remise en service.

Peut-être que vous aussi vous connaissez un témoin du passé qui mériterait d'être sauvé de l'oubli ou de la destruction. Peut-être même travaillez-vous avec des amis à sa rénovation.

Les Journées du Patrimoine seront l'occasion de le faire connaître.

**L'association
ÉCHO PATRIMOINE
peut vous aider.**

Le Palais Idéal : l'œuvre d'un original

Un jour d'avril 1879, le facteur Ferdinand Cheval qui faisait sa tournée dans les villages autour de Hauterives, dans le département de la Drôme, vit de jolies pierres aux formes bizarres. Il les ramassa et les mis dans son sac.

Au bout de quelques jours, il avait dans son jardin un tas de pierres aux formes originales. Alors, commença l'extraordinaire construction du Palais Idéal.

Pendant trente-trois ans, avec les pierres qu'il avait ramassées, le facteur Cheval construisit un étrange palais inspiré par son imagination et par les photos des revues de son époque.

En 1912, il avait terminé ce qu'il appela son Palais Idéal et il consacra les dix dernières années de sa vie à bâtir son tombeau dans le même style. Ses constructions insolites furent classées monuments historiques dans les années 1970.

| Le lieu unique |
| Où ? |
| Quand ? |
| Tarifs |
| Plan |
| Contact |

Des biscuits à la culture :

 **et approuvé**

Située en bordure du canal Saint-Félix, à proximité de la gare de Nantes et du centre-ville, l'annexe Ferdinand Favre demeure une des dernières empreintes architecturales des usines LU, un empire industriel érigé en 1886 par une dynastie de pâtissiers, les Lefèvre-Utile. Le bâtiment en forme de croissant est voué tout au long du XXᵉ siècle à la fabrication du Petit-Beurre LU… Restaurée à l'identique en 1998, la tour LU est la première étape de la restauration du site déclaré patrimoine industriel.

Depuis le 1ᵉʳ janvier 2000, l'ancienne biscuiterie vit au rythme d'un centre d'art atypique, le Lieu unique, espace d'exploration artistique qui mélange les genres, les cultures et les publics.

Site du Lieu unique de Nantes, www.lelieuunique.com

UN AVENIR INCERTAIN

Le phare n'éclaire plus

Phare dressé au large de Marseille, le Planier est aujourd'hui à l'abandon. Pourtant les bâtiments et le phare ont été inscrits sur la liste des monuments historiques en septembre 2002, mais depuis, un grillage entoure l'île.

Un projet ambitieux de l'architecte Delphine de Jenken, à partir des précieux conseils de l'ancien plongeur Aimé Bergero, grand connaisseur de l'île, tend à redonner vie à ce lieu.

« Le but est de ramener la vie sur l'île de Planier et d'y restituer une intense activité en y intégrant loisirs et recherche autour d'un thème principal : la mer » explique l'architecte.

Une école de plongée, des aquariums et une zone dédiée à la recherche trouveraient leur place sur cet îlot.

Philippe Pujol, *La Marseillaise*, 20 août 2010

Qui veut de l'ancienne gare du Champ-de-Mars ?

Cette gare, souvenir de l'époque glorieuse du chemin de fer, était au pied de la tour Eiffel. Quand on construisit le métro, elle fut transportée à Bois-Colombes au nord-ouest de Paris et servit d'atelier jusqu'en 1937.

Depuis elle est à l'abandon. Une association de défense du Patrimoine la sauva de la démolition en 1983. On pensa y installer une école du cirque mais le projet échoua.

La gare du Champ-de-Mars trouvera-t-elle son sauveur ?

Lecture du tract

– Qui a écrit ce document ?
– À quelle occasion ?
– Pour qui ?
– Dans quel but ?
– Que se passe-t-il pour les Journées du Patrimoine ?
– Quel est le but de cette manifestation ?

Lecture des articles

1• Avec le professeur, observez l'emploi des temps du passé dans le texte « Le Palais Idéal ».

2• La classe se partage les quatre articles.

Chaque groupe prépare une présentation orale.

Pour préparer cette présentation, repérez :
– le type de bâtiment, où il se trouve
– son origine et les étapes de son histoire
– ce qu'il est devenu aujourd'hui

3• Présentez le lieu et son histoire.

Projet : sauver un témoin du passé

Travail individuel ou en petits groupes. Vous connaissez sans doute un lieu qui a une histoire et que vous aimeriez voir sauvé de l'oubli ou de la destruction (un magasin, une école, un cinéma, etc.).

1• Présentez ce lieu et ce que vous savez de son histoire.

2• Dites pourquoi il mériterait d'être sauvegardé.

3• Proposez une idée de reconversion.

Construction et rénovation

• La construction et la démolition
construire (une construction) – bâtir (un bâtiment)
Le château a été construit en 1880.
Il s'élève au nord de la ville.
Il comprend deux ailes.
Il est en bon / en mauvais état – en ruine
démolir (la démolition) – détruire (la destruction)

• Les transformations
reconstruire – rénover (une rénovation)
réparer (une réparation)
faire des changements, des transformations, des aménagements
reconvertir (changer de fonction)
– La vieille gare a été reconvertie en bibliothèque.

Faire un récit courant

Monsieur Paul a quitté le restaurant à 23 h.
La nuit était tombée. Il semblait inquiet.
Il était arrivé à 19 h. Il avait dîné avec des amis.
Après le repas ils avaient joué aux cartes.

Quand il est sorti ses amis étaient déjà partis ?

1 **Observez les phrases ci-dessus.**
Notez les actions sur un schéma. Trouvez :
– l'événement le plus important
– les actions qui se passent avant
– les circonstances

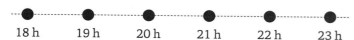

18 h 19 h 20 h 21 h 22 h 23 h

2 **Mettez les verbes entre parenthèses au temps qui convient.**
Après l'examen
a. J'ai échoué à l'examen. C'est normal. Je (*ne pas travailler*)
et j'(*aller*) faire un stage de tennis quinze jours avant
l'examen.
b. Marie et Clément ont réussi. C'est normal. Ils (*apprendre*)
par cœur toutes les questions.
c. Benjamin a échoué. C'est bizarre. Pourtant il (*suivre*)
les cours régulièrement. Il (*faire*) tous les devoirs. Il (*prendre*)
des cours particuliers.

3 **Complétez avec ce qui s'est passé avant. Mettez les verbes
à la forme qui convient.**
Le vieux château
a. Le vieux château a été racheté avant qu'on le… (*démolir
le château*)
b. Quand elle l'a acheté, Mme Delamare (*voir une photo
du château*)
c. Elle l'a acheté avant de (*visiter le château*)
d. Elle a fait rénover le château avant de (*habiter le château*)
e. Elle ne s'y est pas installée avant que (*la fin de la rénovation*)

Exprimer l'antériorité

Dans le passé, quand une action se passe avant une
autre action, on utilise les formes suivantes :

1. Le plus-que-parfait
• Emploi
*Elle a acheté le vieux moulin. Elle l'**avait découvert** il
y a deux ans.* (les deux actions sont dans des phrases
indépendantes)
*Quand elle a acheté le vieux moulin, elle **avait vendu** son
appartement.* (les deux actions sont reliées)
• Formation
avoir ou *être* à l'imparfait + participe passé

j'avais dîné	j'étais allé(e)
tu avais dîné	tu étais allé(e)
il/elle avait dîné	il/elle était allé(e)
nous avions dîné	nous étions allé(e)s
vous aviez dîné	vous étiez allé(e)(s)
ils/elles avaient dîné	ils/elles étaient allé(e)s

2. *Avant de* + infinitif présent – *Après* + infinitif passé
*Elle est allée voir le vieux moulin **avant de l'acheter**.*
***Après l'avoir acheté**, elle a invité ses amis.*

3. Avant que + subjonctif
Elle a rénové le moulin avant qu'il tombe en ruine. (1)

(1) On peut trouver « avant qu'il *ne* tombe en ruine ». Ce « ne » n'a pas
de valeur négative.

Comprendre un récit au passé simple

Monsieur Paul et le gang des cartes bleues

Après le dîner, Monsieur Paul fit une partie de
cartes avec ses amis. Il était arrivé à 19 heures
et avait pris l'apéritif en les attendant.

Après la partie, ses amis sortirent. Monsieur
Paul resta encore un quart d'heure à bavarder avec
la patronne, puis, il ouvrit la porte du restaurant et
fit quelques pas dans la rue. La nuit était tombée. Il
paraissait inquiet.

Soudain, on entendit un coup de feu.

1 **Dans le texte de la page précédente relevez et classez les verbes. Trouvez leur infinitif.**

a. actions qui indiquent les moments principaux de l'histoire

b. actions qui se passent avant l'action principale

c. circonstances et actions qui se passent pendant les actions principales

2 **Mettez les phrases suivantes au présent.**

Extrait d'un guide touristique

a. C'est en 1661 que le roi Louis XIV décida de construire le château de Versailles.

b. Les travaux commencèrent en 1668.

c. Le roi prit Jules Mansart comme architecte.

d. Il vint souvent voir les travaux.

e. Il fit aménager un magnifique jardin.

f. Il y eut de gros problèmes pour installer l'eau.

g. De nombreux artistes travaillèrent à la décoration du château.

h. Bientôt les courtisans s'installèrent à Versailles.

i. Louis XIV mourut en 1715.

3 **Réécrivez l'histoire suivante comme si vous la racontiez oralement.**

« En mai j'ai reçu … »

Un homme raconte

« En mai, je reçus une invitation d'Aurélien. Je fus surpris car je ne l'avais pas vu depuis longtemps. Mais j'y allai.

Nous étions installés dans le salon et j'avais déjà pris un verre quand une fille arriva. Elle était très belle. Aurélien me la présenta. À table, je fus placé à côté d'elle. Nous bavardâmes. Elle adorait les voyages. Nous avions beaucoup de points communs. Après le dessert, quelques personnes allumèrent une cigarette. Céline me proposa d'aller sur la terrasse. »

Le passé simple

1. Emploi

• **Le passé simple** exprime une action achevée dans le passé. Il s'emploie à l'écrit dans les récits historiques, biographiques ou littéraires. On le trouve surtout à la 3ᵉ personne (il(s)/elle(s)) sauf dans les textes littéraires ou antérieurs à 1950.

On ne l'emploie pas à l'oral ni dans les écrits personnels (CV, lettres).

*À midi, il **dîna**. Puis, il **sortit** se promener.*

(Dans les récits historiques ou littéraires on utilise aussi bien le passé simple que le présent.)

2. Formes

• **Verbes en –er**

parler :
je parlai
tu parlas
il/elle parla
nous parlâmes
vous parlâtes
ils/elles parlèrent

La forme des autres verbes est souvent proche du participe passé. On trouve :

– des formes en [i] → faire : il/elle fit, ils/elles firent

– des formes en [y] → vouloir : il/elle voulut, ils/elles voulurent

– des formes en [ɛ̃] → venir : il/elle vint, ils/elles vinrent

 Travaillez vos automatismes

1 **Emploi du plus-que-parfait.**
Vous n'aimez pas Pierre. Répondez-lui comme dans l'exemple.

• Pourquoi tu n'as pas dîné avec moi ?

– Parce que j'avais déjà dîné !

• Pourquoi tu n'es pas venu au cinéma voir Astérix ?

– ……

2 **Emploi de « avant de ». Répondez comme dans l'exemple.**

Interrogatoire

• Vous avez pris votre café. Puis vous vous êtes habillé(e).

– Non, je me suis habillé(e) avant de prendre mon café.

• Vous êtes sorti(e) puis vous avez appelé Paul.

– Non, ……

C'est toute une histoire !

Le dossier Vinci

3 – Disparition

1 **Le samedi 18 mai à 9 h, dans le bureau de Zoé Duquesne, au journal *Le Matin*.**

Zoé : Vous avez touché à quelque chose sur ce bureau ?
Grégory : Ah jamais. Je vous jure !... Pourquoi ?
Zoé : Hier soir, j'ai quitté mon bureau à 8 h. J'avais travaillé à un article tout l'après-midi. Je l'avais terminé. Je l'avais mis sur ma clé USB et j'avais rangé la clé dans ce tiroir. Elle n'y est plus !
Grégory : Ce n'est pas grave ! Vous n'aviez pas supprimé l'article dans votre ordinateur ?
Zoé : Non, je l'avais sauvegardé. J'en suis sûre. Mais il a disparu. Je n'y comprends rien !

2 **Quelques minutes plus tard.**

Julie : Qu'est-ce qu'il lui arrive ? Elle a l'air bien énervée.
Grégory : ......

Transcription

3 **Pendant ce temps, dans le bureau de Maxence Dupuis.**

M. Dupuis : Et le stagiaire ?
Zoé : J'ai demandé au gardien. Il m'a dit qu'il était parti à 20 h hier soir.
M. Dupuis : Et ce matin, il est arrivé à quelle heure ?
Zoé : Quand j'ai garé ma voiture dans le parking, la sienne n'y était pas. Il était 8 h 30. Après, je suis tout de suite montée dans mon bureau. Il est arrivé vers 9 h.
M. Dupuis : Tu as demandé au gardien si un étranger au personnel était venu dans la nuit ?
Zoé : Il m'a dit qu'il n'avait vu que les gens du journal.

4 **Au journal, tout le monde**

est au courant de la disparition du fichier.

 5 Dans le bureau de Maxence Dupuis.

M. Dupuis : Je vais aller voir le directeur et le service de sécurité. Tu pourras refaire ton article d'ici ce soir ?

Zoé : Tu n'y penses pas ! Il est sans doute déjà sur Internet ou alors il sortira demain chez un concurrent... Et puis j'ai tout perdu. L'article était terminé, j'avais détruit toutes mes notes.

M. Dupuis : Recontacte ton informateur...

Zoé : Il n'en est pas question ! On est samedi. Je ne vais pas le déranger pendant le week-end. Surtout pour lui dire que je me suis fait voler ses informations.

M. Dupuis : Si l'article sort quelque part, il le saura.

Zoé : Je sais... Ah... la honte, cette histoire ! Bon, en attendant, c'est moi qui vais disparaître. Pour une fois, je pars en week-end. On fera le point lundi. D'accord ?

M. Dupuis : Tu vas où ?

Zoé : Quelque part... Dans les Ardennes. Allez, ciao !

M. Dupuis : Bon, ben... Bon week-end !...

6 Dès que Zoé est sortie

M. Dupuis : Julie ? C'est Maxence. Dites-moi, vous n'aviez pas préparé un dossier sur Léonard de Vinci ?... Oui, le mystère de La Joconde... le roman de Dan Brown... tout ça... parce qu'on a un problème pour le dossier de demain... Oui, c'est Zoé qui devait le faire mais...

Compréhension et simulations

SCÈNE 1. Retrouvez l'emploi du temps de Zoé depuis le vendredi 17 mai.
Observez l'emploi des temps du passé.
Faites des suppositions : pourquoi le fichier et la clé USB ont-ils disparu ?

SCÈNE 2. Transcrivez la scène.

SCÈNE 3. Complétez l'emploi du temps de Zoé.
Notez celui de Grégory.

SCÈNE 4. Imaginez et jouez la scène (à quatre).
Les employés du *Matin* parlent de la disparition.
Chacun raconte ce qu'il a entendu et fait des suppositions.
Utilisez les expressions du tableau et celles de la page 20.

SCÈNE 5. Complétez les phrases.
Zoé pense que ... Elle refuse de refaire son article parce que ... Elle décide de ...
M. Dupuis décide de ...

Rapporter des paroles

Quand on exprime des paroles rapportées dans le passé, le temps des verbes change.

Paroles prononcées dans le passé	Paroles rapportées dans le passé
Je sors (présent)	Il m'a dit qu'il sortait (imparfait)
J'ai fini mon travail (passé composé)	Il m'a dit qu'il avait fini son travail (plus-que-parfait)
C'était difficile (imparfait)	Il m'a dit que c'était difficile (imparfait)
Je vais me promener (futur proche)	Il m'a dit qu'il allait se promener (imparfait + infinitif)
Je rentrerai (futur)	Il m'a dit qu'il rentrerait (conditionnel)

Prononciation
Différenciation [t] et [d].

Politique
Alors, ce petit-déjeuner avec le député ?
Très détendu.
Entre la tomme du Dauphiné
Et la poire du Pertuis
Il m'a tout dit
Les aides secrètes
Et les cadeaux sous le manteau.

Saint-Rémy-de-Provence

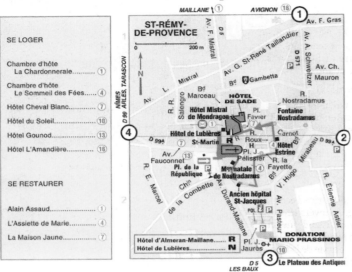

Gros bourg paisible au pied des Alpilles, Saint-Rémy est un point de départ idéal pour explorer cette chaîne de collines dont la flore nourrit depuis des siècles la pratique de nombreux herboristes. **Le musée des Arômes et des Parfums**, sur le boulevard Mirabeau, rend honneur à leur art.

Reconstruite après un écroulement en 1817, l'église de la ville, **la collégiale Saint-Martin**, n'a gardé que le clocher (1330) de l'édifice gothique antérieur. Son principal intérêt est un orgue exceptionnel (1983). Des récitals, durant le festival Organa et le samedi, permettent d'en apprécier la qualité. Dans la rue Hoche voisine se dresse toujours la maison où naquit **Nostradamus** en 1503.

La vieille ville rassemble également plusieurs beaux hôtels du xve au xviie siècle. De style Renaissance, l'hôtel Mistral de Mondragon (v. 1550) abrite **le musée des Alpilles** qui évoque les traditions locales. Datant de la fin du xve siècle, **l'hôtel de Sade** abrite d'intéressants vestiges provenant des sites archéologiques voisins (Glanum). Plus récent (xviiie siècle), l'hôtel Estrine est devenu **le Centre d'art-Présence Van-Gogh** qui consacre son rez-de-chaussée à l'œuvre du peintre et accueille aux étages des expositions d'art contemporain.

Ancien monastère (xiie siècle), **la maison de santé Saint-Paul**, sur le plateau des Antiques, accueillit et soigna Van Gogh en 1889-1890. Non loin de là, le mas de la Pyramide est une habitation troglodytique transformée en un musée rural. Il occupe les carrières romaines qui servirent à l'édification de **Glanum**.

De cette ville gréco-latine abandonnée au iiie siècle, il ne reste aujourd'hui qu'un impressionnant champ de ruines dominé par un mausolée et un arc de triomphe du ier siècle av. J.-C.

Provence, Côte d'Azur, Guides Voir, © Hachette Tourisme, 2006.

Compréhension du guide

1 Situez Saint-Rémy-de-Provence sur la carte p. 149.

2 Faites la liste des intérêts touristiques en complétant le tableau.

Nom du lieu	Époque	Ce qu'on peut y voir
musée des Arômes et des Parfums	Actuelle	Flore de la région Documents sur la fabrication des parfums
......	......	......

Rédigez

1 Retrouvez les lieux sur le plan. Rédigez un itinéraire à l'intention des touristes.

2 🌐 Écoutez et complétez le guide. On vous donne des informations sur :

a. Nostradamus   **c.** le site de Glanum
b. Van Gogh

Les films historiques

Caméra – *Marie-Antoinette*

2006, film américain, français et japonais de Sofia Coppola avec Kirsten Dunst. Évocation de la vie de la reine d'origine autrichienne, épouse mal-aimée du roi Louis XVI, guillotinée en 1793.

Forum – *Jeanne d'Arc*

1999, film français de Luc Besson avec Milla Jovovich. L'aventure de Jeanne qui entend des voix qui lui demandent d'aller délivrer la France de la domination anglaise, prend la tête d'une armée, délivre Orléans et finit brûlée sur un bûcher le 30 mai 1431 à l'âge de 19 ans.

Majestic – *Vercingétorix, la légende du druide-roi*

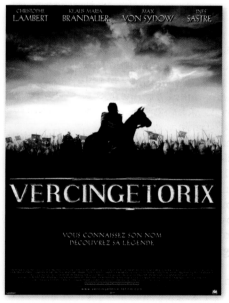

2001, film français de Jacques Dorfmann avec Christophe Lambert. Au cours du Iᵉʳ siècle avant Jésus-Christ, les troupes romaines envahissent la Gaule. Vercingétorix rassemble les tribus gauloises et se bat pour la libération de la Gaule.

Odéon – *La Reine Margot*

1994, film français, allemand et italien de Patrice Chéreau avec Isabelle Adjani et Daniel Auteuil. Pendant la nuit de la Saint-Barthélemy, où les catholiques tuent des centaines de protestants, Marguerite de Navarre cache un protestant et tombe amoureuse de lui.

Éden cinéma – *Germinal*

1993, film français, italien et belge de Claude Berry avec Renaud et Judith Henry. Sous le Second Empire, Étienne Lantier, un jeune chômeur devenu mineur, découvre dans le nord de la France la misère des travailleurs.

Forum – *Ridicule*

1996, film français de Patrice Leconte avec Charles Berling. À travers les aventures de Grégoire de Malavoy, issu d'une famille d'ancienne noblesse tombée dans la pauvreté, une étude de la vie de la cour du roi Louis XVI où il fallait être spirituel sans être ridicule.

Lido – *L'Homme au masque de fer*

1998, film américain et britannique de Randall Wallace avec Leonardo DiCaprio. Les célèbres mousquetaires sont réunis vingt ans après leurs premières aventures pour sauver le fils de l'un d'entre eux.

Arcade – *Napoléon*

2002, téléfilm d'Yves Simoneau avec Christian Clavier. Comment un jeune général corse prend le pouvoir, impose par la force des réformes révolutionnaires à la France et à une partie de l'Europe avant d'être battu et exilé sur une île de l'océan Atlantique.

D'après le site « allocine.com ».

L'histoire

• les régimes politiques
la monarchie (un roi, une reine) – l'Empire (un empereur, une impératrice) – la République (un président, des députés, une assemblée)

• les événements
une crise économique, financière une révolte (se révolter) – une révolution – un coup d'État

• les guerres
déclarer la guerre – entrer en guerre – se battre – gagner / perdre une bataille – une victoire / une défaite – une invasion (envahir un pays) – une conquête une armée – un soldat – un capitaine – un général un fusil – un canon – un bombardement (bombarder)

Les films à l'affiche

1 Lisez ci-dessus l'extrait du programme des cinémas. Retrouvez l'ordre chronologique des épisodes historiques racontés par ces films.
la Préhistoire – l'Antiquité – le Moyen Âge – la Renaissance (XVIᵉ siècle) – le XVIIᵉ siècle – le XVIIIᵉ – le XIXᵉ.

2 Associez chaque film aux mots des listes suivantes.
• *les lieux :* les arènes de Nîmes – l'abbaye du Mont-Saint-Michel – la cathédrale Notre-Dame de Paris - le château de Chenonceaux – le château de Versailles – l'Arc de Triomphe de Paris.
• *les personnes :* Jules César – Louis XIV – Molière – Voltaire – Rousseau – Victor Hugo.

Projet de film historique

Un metteur en scène français souhaite faire un film sur un moment de l'histoire de votre pays. Il vous demande de lui faire des propositions de sujets. Rédigez quelques propositions en résumant chaque sujet en trois lignes.

forum **vos délires** **contact** **chercher** **F.A.Q** ...

Le forum délire
Partagez vos idées, vos envies et vos rêves

Le forum du jour : une autre vie ?

N'avez-vous jamais rêvé d'avoir une autre vie, d'être né à une autre époque ou dans un autre lieu ?
Échangez vos rêves sur notre forum.

1 **Auriez-vous aimé vivre à une autre époque ?**
réponse

2 **Où auriez-vous aimé passer votre jeunesse ?**
réponse

3 **Quelle personnalité de l'histoire ou de l'actualité auriez-vous aimé être ?**
réponse

4 **Quel métier auriez-vous aimé faire ?**
réponse

5 **Quelle femme ou quel homme auriez-vous aimé rencontrer ?**
réponse

6 **Quel caractère, quelle personnalité auriez-vous aimé avoir ?**
réponse

7 **Quel pouvoir auriez-vous aimé avoir ?**
réponse

8 **Dans quel film auriez-vous aimé jouer ?**
réponse

9 **S'il n'y avait pas eu tel ou tel événement, auriez-vous pu être quelqu'un d'autre ?**
réponse

10 **Quel est votre plus grand regret ?**
réponse

Vos réponses aujourd'hui à 20 h

1 **Auriez-vous aimé vivre à une autre époque ?**

Non 30 %   Oui 70 %

La Préhistoire	2 %	La Révolution	1 %
L'Antiquité	12 %	Le XIXe siècle	21 %
Le Moyen Âge	15 %	Le début du XXe siècle	2 %
La Renaissance	10 %	Dans le futur	3 %
Les XVII et XVIIIe siècles	4 %		

ILS ONT DIT

Quel métier auriez-vous aimé faire ?

Emmanuelle Devos, comédienne

J'aurais aimé être archéologue. Lorsqu'on éprouve l'envie de jouer, c'est généralement pour être transporté dans une autre réalité. Gamine, les bouquins d'histoire me procuraient la même sensation que lire une pièce de théâtre aujourd'hui. Quand on a étudié l'histoire, on a besoin d'aller dans les musées voir les objets, les tableaux. On a alors l'impression de vivre d'autres aventures que la sienne ou celle de son siècle.

Fémina, supplément de *Midi Libre*

Auriez-vous pu être quelqu'un d'autre ?

Yann Arthus-Bertrand, photographe, journaliste et militant écologiste

Je haïssais l'école. L'ironie du sort, c'est que, aujourd'hui, deux écoles portent mon nom – l'une à Sysoing (Nord) et l'autre à Carentoire (Morbihan), qui sera inaugurée en juin 2007, alors que j'ai été viré de partout ! Entre 17 et 20 ans, j'ai vécu une période assez trouble, dont j'ai encore beaucoup de mal à parler aujourd'hui. J'aurais pu devenir un vrai voyou, car j'étais farouchement rebelle à l'autorité, à la discipline. Je suis parti de chez moi du jour au lendemain sans donner aucune nouvelle.

Extrait d'une interview de Patricia Kenouna, *Sélection du Reader's digest*, décembre 2006.

Quel est votre plus grand regret ?

La carrière d'écrivain que j'aurais aimé faire.
Pierre Bergé, créateur et entrepreneur spécialisé dans le luxe

Ne pas avoir dirigé un orchestre.
Michel Blanc, comédien

Que ma génération n'ait pas pu préparer un monde plus solidaire et plus fraternel pour mes enfants qui deviennent adultes maintenant.
Barbara Hendricks, cantatrice

J'aurais voulu des frères et des sœurs.
Mazarine Pingeot, écrivain

J'aurais aimé voyager davantage.
Michel Troisgros, cuisinier

Être né trop tard... Je suis très nostalgique des années 1950 et 1960. Je regrette même les années 1970 : le monde était alors beaucoup moins laid.
Christian Vincent, cinéaste

J'aurais aimé être une grande pianiste.
Danielle Tompson, scénariste

Sélectionnés dans « Le Questionnaire de Proust », *L'Express Mag*,

Lecture du document

1• **Présentez le document. Quelle est son origine ? De quoi est-il composé ?**

2• **Lisez l'extrait de l'interview d'Emmanuelle Devos.**
a. Pourquoi sa profession ressemble-t-elle à celle qu'elle aurait aimé avoir ?
b. Observez le temps des verbes.

3• **Lisez l'extrait de l'interview de Yann Arthus-Bertrand.**
a. Quelle vie aurait-il pu avoir ?
b. Imaginez pourquoi sa vie a été différente ?

4• **Lisez les réponses des personnalités à la question « Quel est votre plus grand regret ? » (À faire sous forme de tour de table)**

Donnez un conseil à chacun d'eux.
Exemple : à Pierre Bergé → « Il n'est pas trop tard. Vous pouvez encore écrire un livre. »

Répondez aux questions du forum

a. Chaque étudiant choisit une question et en tire une autre au sort.

b. Il prépare une réponse aux deux questions.

c. La classe commente les réponses.

Imaginez un questionnaire pour le forum délire

Imaginez et rédigez des questions sur un même sujet.

Exemple : Êtes-vous jaloux (jalouse) ?
(1) Quand un homme ou une femme regarde votre ami(e), êtes-vous mal à l'aise ?
(2) Ouvrez-vous le courrier de votre ami(e) ?
etc.

Imaginez un peu...

Faire des hypothèses au passé

> Si tu avais été plus souvent à la maison, **j'aurais eu envie** de rester !

> **Tu aurais pu** m'emmener avec toi !

> Je **n'aurais pas dû** prendre ce poste de commercial en Afrique.

> Si tu n'avais pas peur de l'avion tu **serais venue** avec moi.

> À ta place je resterais... Le directeur **aurait décidé** de me donner le secteur France.

1 a. Observez les formes en gras. Comment sont-elles construites ? Qu'est-ce qu'elles expriment ?
– une action réelle ? imaginée ?
– une action présente ? passée ?

b. Lisez le tableau. Trouvez ci-dessus un exemple pour les quatre emplois du conditionnel passé.

2 Exprimez des regrets et des reproches.
On propose à Marie un poste à l'étranger. Pierre lui donne des conseils.
Mais Marie n'a pas suivi les conseils de Pierre. Pierre le lui reproche. **Continuez.**
« Tu aurais dû accepter ce poste ... »

> Accepte ce poste.
> Tu connaîtras un nouveau pays.
> Je te donnerai des nouvelles des copains.
> Tu rencontreras des gens.
> Les gens seront très gentils avec toi.
> Nous viendrons te voir.
> Tu gagneras plus d'argent.
> Tes enfants parleront une langue étrangère.

3 Imaginez la suite en variant les pronoms sujets et en utilisant les verbes entre parenthèses.
a. Si nous étions allés en vacances au Brésil ... nous ... tu ... je ...
(*voir le carnaval de Rio – se baigner sur la plage de Copacabana – découvrir la forêt amazonienne – faire de la pirogue...*)

Le conditionnel passé

• **Formation**

avoir ou *être* au conditionnel présent + participe passé

parler	partir
j'aurais parlé	je serais parti(e)
tu aurais parlé	tu serais parti(e)
il/elle aurait parlé	il/elle serait parti(e)
nous aurions parlé	nous serions parti(e)s
vous auriez parlé	vous seriez parti(e)(s)
ils/elles auraient parlé	ils/elles seraient parti(e)s

• **Emploi**

1. Après une supposition exprimée au plus-que-parfait ou au subjonctif
S'il avait fait beau (Supposons qu'il ait fait beau), nous serions sortis et nous aurions déjeuné à l'auberge du Lac.

2. Pour exprimer un regret
Nous aurions dû aller au théâtre.

3. Pour donner un conseil
À votre place, je serais allé au théâtre.

4. Pour annoncer une information non vérifiée
Le ministre aurait démissionné.

b. Ah, si j'avais pu vivre à la campagne ... je ... tu ... les enfants ...
(*acheter une ferme – créer un gîte rural – recevoir des gens – avoir des animaux – monter à cheval – être au contact de la nature*)

Exprimer des sentiments

> Je souhaite que vous soyez heureux !

> Je suis heureux que vous soyez mariés.

> Je regrette que nous nous soyons séparés.

> Votre cadeau nous a fait très plaisir.

> Je suis content de te revoir.

Les mariages, moi ça me rend triste. Je suis déçu qu'il n'y ait pas de whisky.

Tu n'as pas honte ? Tu ne serais pas un peu jaloux ?

1 Quel sentiment est exprimé dans chacune des phrases du dessin ?

Exemple : Je souhaite … → le souhait
Faites la liste des différentes constructions qui permettent d'exprimer des sentiments.

2 Associez les contraires.

Exemple : le bonheur / le malheur
le bonheur – la confiance – la déception – l'enthousiasme – la fierté – la honte – l'insatisfaction – la jalousie – la joie – la peine – le plaisir – le malheur – la satisfaction – la tristesse

3 Que disent-ils dans les circonstances suivantes ? Variez les constructions.

Exemple : **a.** je suis fier – je suis content – j'éprouve une grande fierté

a. Un sportif a gagné une médaille d'or aux jeux Olympiques.
b. La compagne de Julien l'a quitté. Elle est allée vivre avec un collègue de Julien.
c. Clara commence un nouveau travail qui lui plaît beaucoup.
d. Lina et Joseph fêtent leurs 64 ans de mariage entourés de leurs enfants et de leurs petits-enfants.
e. Le chien de Marie est mort.
f. Jade vient d'assister au spectacle extraordinaire d'un chanteur.
g. Le fils de Pierre vient d'échouer à son bac pour la troisième fois.

4 Combinez les deux phrases.

Utilisez les formes « *être* + adjectif + *de / que …* ».
Réponse au message d'une amie

a. J'ai reçu ton message. Je suis content.
b. Je n'ai pas répondu à tes précédents messages. J'ai honte.
c. Tu vas bien. J'en suis heureux.
d. Ton ami est au chômage. Je suis triste.
e. Au travail, j'ai changé de service. J'en suis heureux.
f. Je ne suis plus avec ma meilleure collègue. Je suis déçu.
g. Nous partons en vacances en Russie. Je suis content.

L'expression des sentiments

Différentes constructions permettent d'exprimer les sentiments.

- **Construction « *être* + adjectif »**
Elle est fière de son succès.
Je suis heureux de venir.
Elle est triste de ne pas venir.

- **Construction « *être* + adjectif + proposition subordonnée » (quand la proposition principale et la proposition subordonnée ont des sujets différents)**
Elle est fière que vous participiez à la compétition.
N.B. Le verbe de la subordonnée est au subjonctif sauf quand le verbe de la proposition principale est « espérer », « avoir le sentiment que ». *J'espère qu'elle viendra.*

- **Construction « *avoir, éprouver, ressentir* + nom »**
J'ai du plaisir à le revoir.
Il éprouve une grande tristesse.
Elle ressent de la pitié pour lui.
N.B. « avoir honte » et « avoir pitié » se construisent sans article. Certains sentiments peuvent s'exprimer par un verbe : s'inquiéter – se satisfaire.

- **Verbes et constructions qui signifient « causer un sentiment »**
→ **verbes :** satisfaire – contenter – décevoir – etc.
Sa proposition ne me satisfait pas.
→ ***faire* + nom sans article**
Sa visite m'a fait plaisir.
Son déguisement lui fait peur.
→ ***rendre* + adjectif**
Marie rend Pierre heureux.
La nouvelle m'a rendu(e) triste.

 Travaillez vos automatismes

1 Dites-lui qu'il a eu tort comme dans l'exemple.
Vacances pourries
• Je suis allé(e) dans les Pyrénées. Il a plu tout le temps.
– À ta place, je ne serais pas allé(e) dans les Pyrénées.

2 Confirmez comme dans l'exemple.
Vous avez organisé une grande fête. Vos amis vous posent des questions.
• Il fait beau. Tu es contente ?
– Je suis contente qu'il fasse beau.

4 Imaginez un peu...

Le dossier Vinci

4 – Explications

1 Dimanche 19 mai, le matin dans un village des Ardennes.

Zoé : Maman, attends une seconde, j'achète *Le Matin*.
La mère : Tu ne peux pas t'en passer, hein ?
....
Zoé : Mais... c'est mon article !
La mère : Celui qu'on t'a volé ?
Zoé : Regarde ! En première page ! Et avec ma signature, en plus ! Maman, je crois que je deviens folle.
La mère : Il y a bien une explication.
Zoé : J'appelle le journal.

Quelques minutes plus tard.

La mère : Alors ?
Zoé : Je ne comprends pas. Dupuis et le directeur sont injoignables. Au journal, ils ne savent rien. L'équipe de nuit est partie. Ils m'ont dit qu'il y avait une réunion lundi à 9 h.

2 Lundi 20 mai, dans la salle de réunion du journal *Le Matin*.

Le directeur : Mesdames et messieurs, je vous ai réunis pour vous dire que vendredi dernier, nous avons fait des tests de sécurité. Nous avons vérifié que personne ne pouvait avoir accès à vos informations. Et nous avons eu quelques surprises...

Après la réunion.

Zoé : Tu peux m'expliquer ?
M. Dupuis : Je te jure. Quand tu es partie samedi matin, je n'étais pas au courant.
Zoé : Alors comment ils ont su pour le fichier et pour la clé USB ?
M. Dupuis : J'avais parlé de ton article au directeur.
Zoé : Ça devait rester entre nous !

M. Dupuis : Comprends-moi, Zoé. Le sujet était trop sensible.
Zoé : Tu me déçois, Maxence... Et tu as su quand, pour les tests de sécurité ?
M. Dupuis : Après ton départ, quand je suis allé voir le directeur.
Zoé : Tu aurais pu me téléphoner.
M. Dupuis : Il n'a pas voulu.
Zoé : Je peux savoir pourquoi ?
M. Dupuis : Il voulait que ce soit une... disons... expérience pour toi... Que tu t'en souviennes... Ben c'est vrai, n'importe qui pouvait avoir accès à tes dossiers. Tu aurais dû faire attention !
Zoé : Drôles de méthodes !

Une réceptionniste : Excusez-moi de vous déranger mais je voulais vous dire... au standard, ça n'arrête pas les appels au sujet de l'article de Mlle Duquesne. Tout le monde la demande, les télés, les radios...

3 | Un mois plus tard. ////////////////////////////

Le président du Jury : Mesdames et messieurs, je suis très heureux de remettre le prix Albert Londres, prix du meilleur journaliste francophone, à Zoé Duquesne du journal *Le Matin...*

Le directeur : Toutes mes félicitations, mademoiselle Duquesne. Le journal est fier de vous.
Zoé : J'espère que je pourrai être fière de mon journal s'il ne m'espionne plus !
Le directeur : ...

 Transcription .

Julie : Ça me fait plaisir que tu aies ce prix.
Zoé : Ça me fait plaisir que tu me dises ça. Au fait, ta série d'articles sur Léonard de Vinci, super !

 Transcription

A. Bossard : Je suis content pour vous.
Zoé : Tout ça, c'est grâce à vous.
A. Bossard : Mais non, vous m'avez aidé dans l'affaire Fibrasport. Je vous ai renvoyé l'ascenseur, c'est tout.
Zoé : ...

 Transcription

Compréhension et simulations

1 SCÈNE 1.
a. Racontez la scène.
b. Imaginez la scène au téléphone : le dialogue entre Zoé et son collègue du journal, les messages des répondeurs de M. Dupuis et du directeur.

2 SCÈNE 2. Avec ce que vous apprenez dans cette scène et ce que vous avez appris dans les scènes de la leçon 3, notez dans le tableau l'emploi du temps de Zoé, de M. Dupuis, du directeur et des services de sécurité à partir du vendredi 17 mai au matin.

	Vendredi 9 h
Zoé	Zoé travaille à son article
M. Dupuis	
Le directeur et les services de sécurité	

3 SCÈNE 3. Transcrivez la fin des scènes.
a. Que s'est-il passé :
– dans la carrière de Zoé ?
– entre Zoé et Julie ?
b. Imaginez d'autres fins possibles pour cette histoire.

Espoirs et déceptions

• **J'espère que tu viendras. – Espérons que tu viendras. – Je compte sur toi samedi soir.**
Ah, s'il pouvait venir !

• **Il m'a promis de venir. – Je vous promets...**

• **Elle n'est pas venue. Je suis déçu.**
Pendant la fête il a plu. C'est décevant.
C'est dommage..

Prononciation

Distinguez [ʒ] et [ʃ].

Jour de générosité
J'en ai eu de la chance !
Un chèque d'un million d'euros, au Loto !
Alors choisis... Un petit quelque chose...
Avec joie... Mais je n'ose...
Ce bijou ?... Il est chouette !
Ce château ?... J'adore !
Ce tableau recherché ?... J'hésite :
Est-ce qu'il va avec le style du château
Et la couleur du bijou ?

Chère Émilie, cher Simon,

J'ai un peu honte de vous remercier avec autant de retard pour votre envoi de photos. Elles nous ont rappelé avec émotion les sympathiques moments de l'été dernier. Nous avons eu beaucoup de plaisir à vous avoir comme voisins de notre résidence de vacances. Il en a été de même pour les enfants. En tout cas, votre départ a rendu les nôtres bien tristes. Nous espérons que la jambe de Simon ne le fait plus souffrir. Nathan regrette de l'avoir entraîné dans cette descente dangereuse des gorges du Verdon.

Depuis votre départ, nous avons beaucoup réfléchi et l'idée d'émigrer dans votre pays nous enthousiasme de plus en plus. Après dix ans d'une vie professionnelle un peu monotone, nous éprouvons le besoin de vivre une expérience forte. Pourquoi pas nous installer au Canada puisque nous parlons anglais et que nous aimons la nature ? Bien sûr, ce n'est pas pour cette année mais nous vous serions reconnaissants s'il vous était possible de répondre à quelques-unes de nos interrogations.

Vous nous avez dit que vous connaissiez des Français qui s'étaient récemment installés dans la ville de Québec. Pourriez-vous nous dire quelles sont les formalités à accomplir et nous préciser si elles sont longues et quel en est le coût ?

D'autre part, si notre dossier de sélection était accepté, pensez-vous que nous aurions une chance de trouver du travail en tant que médecin généraliste pour Nathan et ingénieur en biotechnologie pour moi ?

Enfin nous aimerions connaître le prix approximatif de la location d'une maison avec quatre chambres et jardin et le montant des dépenses courantes pour une famille comme la nôtre.

Tout cela n'est pas urgent mais je vous en remercie par avance. Recevez nos amitiés. Une bise aux enfants.

Lydia

S'informer par écrit

- **Je vous prie... Je vous serais reconnaissant...**
... de me donner les renseignements suivants
... de m'informer sur les offres d'emploi
... de me dire si je peux bénéficier de la sécurité sociale
... de me préciser quand... où...

- **Je voudrais savoir... Je souhaiterais savoir...**
... s'il reste des places dans votre camping
... quel est le prix de la place
... quand... comment...

- **Je voudrais connaître le prix de...**
→ Merci d'avance pour ces renseignements.
Je vous en remercie par avance.

Compréhension du message

1 Lisez le message ci-dessus. Dites si les phrases suivantes sont vraies ou fausses.
a. Émilie et Simon sont un couple sans enfant.
b. Ils vivent au Canada.
c. Ils sont venus passer leurs vacances en France.
d. Lydia et Nathan les connaissent depuis longtemps.
e. Lydia et Nathan ont au moins deux enfants.
f. Ils ont plus de quarante ans.
g. Ils veulent aller vivre au Canada.
h. Ils veulent changer de métier.
i. Leur dossier d'immigration est prêt.

2 Recherchez les formes qui expriment :
a. des sentiments
Exemple : J'ai un peu honte...

b. des demandes d'informations
Exemple : Pourriez-vous nous dire...

3 Émilie téléphone à Nathan pour répondre aux questions posées dans le message. Notez ses réponses.

Rédigez une lettre de demande d'informations

Vous avez envie d'aller dans un pays dont vous ne connaissez rien.

Vous écrivez à un ami français qui vit dans ce pays pour lui demander des renseignements (climat, coût de la vie, possibilité de logement pas cher, etc.).

Musique... et Paroles

Le texte est à nouveau à l'honneur dans les chansons. Entre les produits fabriqués de la « Star Ac », où la musique masque souvent la pauvreté des mots, et le rap où le texte fait sa propre musique, il existe des œuvres où paroles et musique se rencontrent pour créer un moment d'émotion et ouvrir une fenêtre sur le monde. Leurs auteurs-compositeurs-interprètes sont les héritiers de Brassens, Brel, Gainsbourg et, plus près de nous, de Cabrel, Renaud ou Souchon.

Il faut dire que depuis vingt ans, la chanson francophone s'est enrichie de sa diversité. Les Québécois (Garou, Isabelle Boulay), les Belges (Lara Fabian, Axel Red), les Africains (Corneille), les Français issus de l'immigration (Faudel, Diam's) y tiennent une place importante et les musiques s'inspirent de styles venus d'ailleurs. La nouvelle génération chante bien sûr l'amour, ses joies et ses peines. Elle peut aussi défendre des causes (contre la guerre, le racisme, le sexisme et l'exclusion) mais beaucoup de chanteurs se plaisent dans l'évocation du quotidien pour en dire la poésie ou au contraire pour s'en moquer.

Vincent Delerm : « Quatrième de couverture »

23 juillet, Paris s'éteint
Et sur le quai des Grands-Augustins
Nous tournons les pages à l'improviste
Devant l'étalage d'un bouquiniste
Je ne vous connais pas, je vous frôle,
Là sur le Quai, épaule contre épaule.
Nous jetons en même temps un œil sur
Les quatrièmes de couverture.
Une biographie de Signoret
Voilà le genre de choses qui vous plaît.
Un storyboard de Fellini
Le genre de truc qui vous fait lever la nuit.
Je vous devine à Juan-les-Pins
Un Press Pocket entre les mains [...]
Je connais bien votre poignet
Je connais vos mains, votre bracelet.
J'aime la manière dont vous reposez
Tristan Corbière sur le côté
Qu'allez-vous donc penser de moi si
J'attrape en rayon « Les années Platini » ?

« Quatrième de couverture »,
paroles : Vincent Delerm,
© 2004 Lili Louise Musique.

Amel Bent, « Ma philosophie »

Je n'ai qu'une philosophie
Être acceptée comme je suis
Malgré tout ce qu'on me dit
Je reste le poing levé
Pour le meilleur comme le pire
Je suis métisse mais pas martyre
J'avance le cœur léger
Mais toujours le poing levé.

Paroles et musique : Amel Bent, 2004,
« Ma philosophie », © Jive/BMG

Bénabar, « Le dîner »

J'veux pas y'aller à ce dîner, j'ai pas l'moral, j'suis fatigué, ils nous en voudront pas, allez on y va pas.
En plus faut que je fasse un régime ma chemise me boudine, j'ai l'air d'une chipolata, je peux pas sortir comme ça.
Ça n'a rien à voir je les aime bien tes amis, mais je veux pas les voir parce que j'ai pas envie.

Paroles et musique : Bénabar, 2005,
extrait de « Reprise des Négociations »
© Universal Music Publishing /
Ma Boutique.

La nouvelle génération de chanteurs

Lisez le texte « Musique... et Paroles ». Qu'est-ce qui caractérise la nouvelle génération de chanteurs ?

Comparez avec les chansons actuelles dans votre pays.

Découverte des extraits de chansons

1 « Ma philosophie » d'Amel Bent
Qu'apprenez-vous sur la chanteuse ?

2 « Le dîner » de Bénabar
Imaginez le dialogue entre Bénabar et sa compagne.

Les échos d'Écho sur
cle-inter.com/echo

3 « Quatrième de couverture » de Vincent Delerm
Mimez la scène avec un(e) autre étudiant(e).
Faites la liste des livres choisis par la jeune fille et des remarques faites par Vincent Delerm.
Exemple : une biographie de Signoret
→ le genre de choses qui vous plaît
Imaginez une suite à la chanson.

Évaluez-vous

1 Vous pouvez demander des informations et informer les autres.

Répondez « oui » ou « non ».

a. Dans un journal francophone, vous pouvez trouver la rubrique qui vous intéresse. ....
b. Avec l'aide d'un dictionnaire, vous comprenez l'essentiel d'un article de presse. ....
c. Vous pouvez demander ou donner les informations essentielles à propos d'un événement quotidien ou d'un événement paru dans la presse (quel est le type d'événement, qui est concerné, etc.). ....
d. Vous pouvez dire si un sujet vous intéresse et vous justifier. ....
e. Vous pouvez dire si une information vous paraît vraie ou fausse. ....
f. Vous pouvez réagir à une information en exprimant le sentiment qu'elle vous inspire. ....
g. Vous pouvez connaître une information en disant par exemple quelle autre information elle vous rappelle. ....
Vous pouvez lire, demander ou donner oralement des informations sur :
h. – des lieux (lieux touristiques, culturels, personnels), leur histoire, leur organisation, etc. ....
i. – des événements culturels ou de loisirs. ....
j. Quand vous écoutez une chanson française, vous comprenez certains mots. ....

Comptez les « oui » et notez-vous.

.../10

2 Vous comprenez des faits divers.

a. Trouvez le sous-titre qui correspond à chaque titre.

LA TERRE TREMBLE À LA MARTINIQUE

MEURTRE À CHÂTEAUNEUF

INCENDIE EN CORSE

LA GRÈVE DES TRANSPORTS SE POURSUIT

AGRESSION DANS LE MÉTRO

- Plusieurs centaines d'hectares ont brûlé et de nombreuses habitations ont été détruites par le feu.
- Les deux délinquants qui avaient attaqué plusieurs personnes âgées sur la ligne 8 du métro ont été arrêtés.
- Un mari jaloux tue sa femme.
- La secousse a fait des millions de dégâts et heureusement seulement quelques blessés.
- Aujourd'hui encore, les Parisiens devront se lever tôt pour aller travailler en voiture, à pied ou à vélo.

b. Voici des extraits d'articles de presse. Imaginez le titre de l'article.

(1) Deux inconnus attendaient l'enfant à la sortie de l'école. Des témoins les ont vus entraîner le garçon de 10 ans vers une voiture.
(2) Trente personnes qui avaient pris leur repas de midi à la cantine ont été hospitalisées.
(3) Le coffre du bijoutier avait été ouvert et la plupart des bijoux de valeur avaient disparu.

.../10

3 Vous pouvez faire des hypothèses et des suppositions.

Avec votre voisin(e), imaginez un dialogue à partir des situations suivantes. Imaginez plusieurs suppositions.

Lisez votre dialogue à la classe ou jouez-le. Décidez ensemble d'une note.

> Je viens d'apprendre une nouvelle ! Audrey a démissionné de son poste de chef de projet au laboratoire pharmaceutique Rousseau.

> Vous connaissez la nouvelle ? Cécile et Nicolas divorcent !

.../10

Vous comprenez le déroulement d'un fait.

Le 20/11/2007
SOTHEBY'S MET EN VENTE UNE TOILE DE TAMAYO RETROUVÉE DANS LES POUBELLES

Sotheby's* commence mardi ses ventes aux enchères d'art latino-américain avec une toile du peintre mexicain Rufino Tamayo, retrouvée au milieu de sacs poubelles par une New-Yorkaise en 2003 et estimée à un million de dollars.

Le tableau, *Trois personnages*, peint en 1970 par l'artiste mexicain mort en 1991, a été retrouvé en 2003 par Elizabeth Gibson, sortie de chez elle pour prendre un café lorsqu'elle a aperçu la toile entre des sacs d'ordures prêts à être collectés, avait récemment indiqué Sotheby's.

Le tableau avait été volé en 1987 à un couple de Houston (Texas, sud) qui en avait fait l'acquisition dix ans auparavant. Alertée, la police fédérale avait mené une enquête qui n'avait jamais rien donné.

Un expert de Sotheby's, August Uribe, n'a cessé de rechercher l'œuvre pendant 20 ans. Il avait ainsi suggéré aux présentateurs d'une émission de télévision, « Chefs-d'œuvre disparus », diffusée sur la chaîne publique PBS, de montrer à l'écran une photo de la toile. L'image avait également été choisie pour illustrer le site de l'émission sur Internet.

Mme Gibson, qui a affirmé ne rien connaître à l'art contemporain, a donc appris l'importance de la signature « Tamayo » et a pris contact avec M. Uribe deux ans après son appel télévisé.

Sotheby's a alors contacté le propriétaire, à qui le tableau a été rendu et qui a décidé de le mettre en vente.

Mme Gibson a reçu 15 000 dollars des propriétaires et touchera une commission sur la vente dont le montant est confidentiel, a indiqué à l'AFP un porte-parole de Sotheby's.

AFP, 20/11/2007.

* Célèbre salle des ventes aux enchères pour objets d'art de New York.

a. Que va-t-il se passer mardi ?

b. Remettez dans l'ordre chronologique les étapes de l'histoire du tableau.

1970 – l'artiste mexicain Tamayo peint le tableau
......

c. Que savez-vous des personnages suivants :

Rufino Tamayo
Elizabeth Gibson
August Uribe

.../10

 Vous savez raconter un événement par écrit.

Vous avez été témoin de la scène suivante (ou vous avez été vous-même dans cette situation). Vous la racontez brièvement dans une lettre ou un courriel à des amis.

Lisez votre lettre à votre voisin(e) et décidez d'une note.

6 🎧 Vous comprenez des informations sur la biographie d'une personne.

Marie vient d'apprendre une nouvelle à la radio. Elle informe son ami. Écoutez le dialogue et complétez la fiche.

Nom : Maurice Béjart

a. **Origine du nom :**
   ......

b. **Nationalité :**
   ......

c. **Profession :**
   ......

d. **Lieu de naissance :**
   ......

e. **Lieux de résidence :**
   ......

f. **Études :** ......

g. **Origine de sa vocation de danseur :**
   ......

h. **Début de sa carrière :**
   ......

i. **Œuvres les plus célèbres :**
   ...... de Stravinsky
   ...... de Ravel

Comptez 1 point par information juste.

.../10

7 🎧 Vous comprenez des informations à propos d'un lieu touristique.

...tant de la ville de Vannes, en Bretagne,
...ente quelques lieux touristiques de sa ville.
...le tableau.

	Époques	Ce qu'il faut voir	Autres remarques

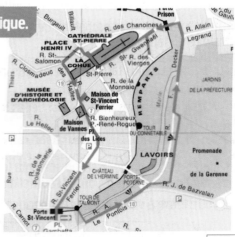

.../10

... des informations par écrit.

...ne et vous cherchez un petit boulot.
...ous intéresse mais vous voulez
...lieu, horaires, salaire, etc.).
...r ces informations.

.../10

Centre international
d'appels téléphoniques
cherche
personnes parlant parfaitement
une langue étrangère

Mondial appel@mondialappel.com

.../10

9   Vous utilisez correctement le français.

a. La construction passive. Reformulez les phrases en commençant par le mot souligné. Attention à l'accord du participe passé.

Le Tour de France

Le directeur du journal *L'Auto* a créé le Tour de France en 1903.

Cette compétition m'a toujours passionné.

Les organisateurs choisissent le parcours un an à l'avance.

On conserve toujours les grandes étapes de montagne.

L'année prochaine, on choisira la ville de Brest comme ville de départ.

Le maire de Brest nous invitera dans la tribune officielle.

Des millions de téléspectateurs suivront la compétition à la télévision.

Le président de la République félicitera le vainqueur à l'arrivée sur les Champs-Élysées.

L'Américain Lance Armstrong a gagné 7 fois le Tour de France.

b. Situer dans le temps. En 2005, un chef d'entreprise raconte.

« Il y a six mois que nous négocions avec une entreprise chinoise.

Le mois dernier, nous avons invité ses dirigeants en France.

Avant-hier, nous les avons accueillis à l'aéroport.

Hier, nous les avons emmenés voir Versailles.

Aujourd'hui, nous signons les contrats.

Ce soir, nous allons dîner à Montmartre.

Dans un mois, nous irons en Chine. »

Quelques années plus tard, le directeur raconte ses souvenirs.

Reformulez les phrases avec les nouvelles indications de temps.

« Je me souviens du jour où nous avons signé les contrats avec les Chinois. Ce soir-là, nous avons dîné… »

c. Le plus-que-parfait. Formulez la cause comme dans l'exemple.

Exemple : Hier, j'étais invité à dîner chez Karine et Harry. Je n'avais pas faim. À midi (*faire un repas d'affaires*).

→ À midi, j'avais fait un repas d'affaires.

• Il y avait Patrick et Anne-Sophie. Ils étaient fatigués. Ils (*voyager toute la nuit*). *avait voyagé toute la nuit*

• Je n'étais pas très en forme. La veille, j'(*sortir, se coucher tard*). *étais sorti, m'était couché*

• J'ai appris que Faustine et Gaspard allaient se marier. Ils (*se rencontrer chez moi*). Nous (*faire un voyage ensemble en Grèce*). *n'avait pas trouvé*

• Odile n'était pas là. Elle (*ne pas trouver de baby-sitter pour garder sa fille*).

d. Le conditionnel passé. Mettez les verbes au temps qui convient.

• *Le candidat malheureux à l'élection municipale*

« Si j'avais été élu, j'(*aider*) les jeunes en difficulté. *aurais aidé*

On (*construire*) un nouveau stade. *aurait construit*

Des entreprises (*s'installer*) dans notre ville. *se seraient installées*

Le quartier du port (*être rénové*). *a été rénové*

Vous (*payer*) moins d'impôts. » *auriez payé*

• *Les reproches de la copine*

« Si tu (*accepter*) l'invitation de Pierre-Antoine Dupré, il serait tombé amoureux de toi. Vous (*se marier*). Tu (*faire*) des tas de voyages. Vous (*avoir*) une fille que mon fils (*épouser*). »

e. Les constructions relatives. Complétez avec : *qui, que, dont*.

Je viens de lire un livre *que* j'ai beaucoup aimé.

C'est un roman *qui* se passe au Vietnam dans les années 1930.

Elle raconte l'histoire d'une jeune fille *qui* découvre l'amour avec un riche Chinois.

C'est *L'Amant* de Marguerite Duras, un livre *dont* on a fait un film.

Marguerite Duras est une romancière *dont* j'ai lu tous les livres.

.../20

Évaluez vos compétences

	Test	Total des points
• Votre compréhension de l'oral	6 + 7	.../20
• Votre expression orale	1 + 3	.../20
• Votre compréhension de l'écrit	2 + 4	.../20
• Votre expression écrite	5 + 8	.../20
• La correction de votre français	9	.../20
	Total	**.../100**

Projet : roman « à la carte »

Voulez-vous faire un cadeau original à une amie ? Offrez-lui un roman dont elle sera le personnage principal, qui se passera dans les lieux qu'elle connaît et où elle retrouvera des personnes de son entourage.

Pour préparer ce livre à la carte que la société Comédia pourrait réaliser, vous devrez :
– donner des informations sur votre personnage principal ;
– choisir le scénario du roman ;
– choisir les lieux où se passeront les principaux épisodes de l'histoire.

Les documents suivants vous aideront à réaliser ce projet.

Lisez l'encadré « Romans sur mesure ». Retrouvez les étapes de la fabrication d'un livre chez l'éditeur Comédia.

ROMANS « SUR MESURE »

La société Comédia[1] est spécialisée dans la création de romans « à la carte ».

Tout se fait par Internet. Le principe est simple : Comédia propose sept scénarios différents. Vous sélectionnez celui qui vous intéresse et Comédia vous envoie une longue liste de questions destinées à personnaliser le roman... « J'ai choisi un roman noir pour offrir à ma fille à Noël, explique Michel. On m'a donc envoyé une liste de questions extrêmement précises pour donner le maximum de renseignements sur sa personnalité, sa vie quotidienne, son entourage. Il faut bien deux heures pour tout remplir ! »

« On intègre alors ces données au scénario, grâce à un logiciel mis au point par notre informaticien », explique Étienne Rérolle (directeur de Comédia).

Un outil assez génial qui permet d'injecter tous les renseignements à la trame d'un ouvrage de deux cents pages en une minute à peine !

Un rédacteur reprend ensuite le livre pour corriger, adapter à la trame préformatée du roman certains détails particuliers, imprimer un style...

Le livre est ensuite imprimé, sur place, puis expédié par la poste. Le tout pour 33 €.

Midi Libre, 25/11/2006.

1. www.monroman.com

Faites le portrait de votre personnage principal.

1 Lisez le questionnaire de Proust rempli par le comédien Jean-François Balmer.

2 Complétez ce questionnaire pour le personnage principal de votre roman (vous, un(e) ami(e) ou une personne imaginaire).

Jean-François Balmer[1] et le Questionnaire de Proust[2]

Le principal trait de votre caractère ?
La lucidité.

Et le trait de caractère dont vous êtes le moins fier ?
Je ne suis pas toujours très délicat.

La qualité que vous préférez chez une femme ?
Son sourire.

Et chez un homme ?
La droiture.

La figure historique à laquelle vous auriez aimé ressembler ?
Lincoln.

Et vos héros, aujourd'hui ?
J'aimais bien Haroun Tazieff et Éric Tabarly[3]. Mais aujourd'hui je n'ai plus de héros : je trouve les hommes très décevants. Manque d'ambition, de passion.

Votre occupation préférée ?
Marcher. Mais aussi faire du vélo. Je peux pédaler des heures si je vais à mon rythme. J'ai grimpé deux, trois cols dans ma vie : les 22 kilomètres du Revard ou le Galibier. Et je peux dire que les Alpes, ça monte.

Votre plus grande peur ?
La foudre. Dans les années 1970, j'étais dans les Alpes. Il faisait beau. Tout à coup l'orage. Autour de moi, le tonnerre ricoche contre les montagnes, la foudre tombe à gauche, à droite. J'en ai encore les cheveux qui se dressent sur la tête.

Votre dernier fou rire ?
Avec Jacques Weber, un ami de trente ans.

Votre boisson préférée ?
Franchement ? Le vin rouge.

Votre livre de chevet ?
« Un singe en hiver » de Blondin[4].

La musique que vous aimez ?
Des chanteurs de country comme Johnny Cash, qui vient de mourir.

La chanson que vous sifflez sous votre douche ?
« The Wonder of You », d'Elvis Presley. Je ne la siffle pas, je la chante. Fort et faux.

Votre plus grand regret ?
Que les trottoirs se transforment en pistes pour rollers.

Que détestez-vous ?
Les spectateurs qui arrivent en retard au théâtre et qui parlent pendant que je joue.

Le talent que vous auriez aimé avoir ?
J'aurais voulu être un créateur. Hélas, je ne suis qu'un acteur.

Comment aimeriez-vous mourir ?
En avion. Je trouverais ça assez propre.

www.lexpress.fr/mag/arts/dossier/proust

1. Jean-François Balmer a joué de nombreux rôles au théâtre, au cinéma (*Madame Bovary*) et à la télévision (série « Boulevard du palais »).
2. Questionnaire de Proust : questionnaire d'origine anglaise auquel l'écrivain français Marcel Proust a été le premier à répondre en français.
3. Haroun Tazieff a exploré des volcans. Éric Tabarly était un navigateur.
4. Antoine Blondin : romancier et journaliste français (1922-1991), auteur d'*Un singe en hiver*, où il raconte l'aventure d'un ancien militaire alcoolique qui promet à sa femme de ne plus boire.

Choisissez votre scénario.

1 Lisez les extraits de romans ci-dessous.

2 Choisissez votre type de scénario (roman policier, roman de science-fiction, d'espionnage, roman d'amour, d'aventure, etc.).

3 Rédigez le scénario de votre roman en cinq ou six lignes.

Science-fiction *Globalia*, Jean-Christophe Ruffin

Nous sommes au début du XXIIᵉ siècle. Une partie importante du monde est devenue une zone hautement sécurisée protégée par une immense verrière qui recouvre les villes et les campagnes. C'est Globalia, l'État idéal où tout est contrôlé pour le bonheur des gens, où l'on ne vieillit plus et ne connaît plus aucun problème matériel. Mais deux jeunes gens, Baïkal et Kate, veulent s'échapper de Globalia pour connaître les territoires appelés « non-zones ». Ils ont choisi de s'enfuir à l'occasion d'une randonnée.

La plupart des randonneurs étaient déjà assis, laçaient leurs grosses chaussures ou bouclaient leur sac à dos. De temps en temps, ils s'arrêtaient pour observer la surprise des nouveaux arrivants et riaient de leur expression. Une femme fut prise de tremblements nerveux en découvrant le paysage et cria qu'elle avait le vertige. Il fallut la rassurer : elle était seulement, comme tout le monde, déroutée par l'espace ouvert et la lumière naturelle. Les autres lui firent remarquer les parois de verre qui entouraient la salle de tous côtés et formaient une immense voûte loin au-dessus des têtes. C'étaient bien les mêmes parois qui couvraient la ville et en faisaient une zone de sécurité. Ils parvinrent ainsi à la calmer.

© Édition Gallimard, 2004.

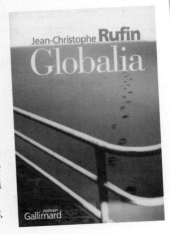

Projet
Policiers *L'Homme aux cercles bleus*, Fred Vargas

Depuis quelque temps, on peut voir dans différents endroits de Paris des cercles bleus dessinés à la craie. Ils entourent des objets chaque fois différents : un trombone, une bougie, etc. Autour de ce cercle, on a écrit la phrase : « Victor, mauvais sort, que fais-tu dehors ? ». Le phénomène amuse les journalistes mais inquiète le commissaire Adamsberg...

Le lendemain matin, on trouva le grand cercle rue Cunin-Gridaine, dans le 3ᵉ. Il ne comportait en son centre qu'un bigoudi* [...]

– Combien de temps ça va durer cette histoire, commissaire ?, lui demanda Danglard.

– Quelle histoire ?

– Mais les cercles, bon Dieu ! On ne va pas aller se recueillir devant des bigoudis tous les matins de notre vie, bon sang !

– Ah, les cercles ! Oui, ça peut durer longtemps, Danglard. Très longtemps même. Mais qu'est-ce que ça peut faire ! Faire ça ou autre chose, quelle importance ! C'est amusant, les bigoudis.

– Alors on arrête ?

Adamsberg releva la tête avec brusquerie.

– Mais c'est hors de question, Danglard, hors de question.

– Vous êtes sérieux ?

– Autant que je puis l'être. Ça grossira, Danglard, je vous l'ai dit.

Danglard haussa les épaules.

– On aura besoin de tous ces documents, reprit Adamsberg en montrant son tiroir. Ça nous sera peut-être indispensable après.

– Mais après quoi, bon Dieu ?

– Ne soyez pas impatient, Danglard, vous n'allez pas souhaiter la mort d'un homme, non ?

Le lendemain, il y eut un cornet de glace avenue du Docteur-Brouardel, dans le 7ᵉ.

© Édition Viviane Hamy, 1996.

* *Bigoudi* : sorte de rouleau utilisé pour faire boucler les cheveux.

Souvenirs et mystère *Dans le café de la jeunesse perdue*, Patrick Modiano

Qui est cette belle jeune fille surnommée Louki, de son vrai nom Jacqueline Delanque, qui fréquente le café Condé à Paris, dans les années 1960 ? Quatre personnages vont tenter d'éclaircir ce mystère : un étudiant de l'École des mines, un ancien agent des services secrets, un jeune écrivain et Louki elle-même.

PATRICK MODIANO

DANS LE CAFÉ DE LA JEUNESSE PERDUE

roman

nrf

GALLIMARD

Des deux entrées du café, elle empruntait toujours la plus étroite, celle qu'on appelait la porte de l'ombre. Elle choisissait la même table au fond de la petite salle. Les premiers temps, elle ne parlait à personne, puis elle a fait connaissance avec les habitués du Condé dont la plupart avaient notre âge, je dirais entre dix-neuf et vingt-cinq ans. Elle s'asseyait parfois à leurs tables, mais, le plus souvent, elle était fidèle à sa place, tout au fond.

Elle ne venait pas à une heure régulière. Vous la trouviez assise là très tôt le matin. Ou alors, elle apparaissait vers minuit et restait jusqu'au moment de la fermeture. C'était le café qui fermait le plus tard dans le quartier avec Le Bouquet et La Pergola, et celui dont la clientèle était la plus étrange. Je me demande, avec le temps, si ce n'était pas sa seule présence qui donnait à ce lieu et à ces gens leur étrangeté, comme si elle les avait imprégnés tous de son parfum.

© Éditions Gallimard, 2007.

Unité 2
S'intégrer
dans la société

L'Assemblée nationale pendant l'exposition « Mariannes ».

L'association Les Enfants de la Terre.

Pour **faciliter votre intégration** dans une société francophone, vous allez apprendre à ...

...**mieux connaître la vie publique**, les groupes associatifs et politiques

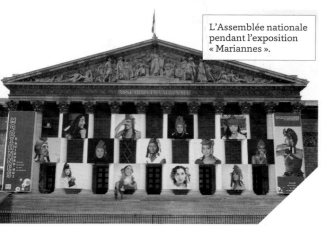

...**agir pour votre intérêt ou pour défendre une cause**, connaître et **défendre vos droits**

...comprendre, défendre et **exposer** des idées et des points de vue

SCÉNARIOS POUR LE FUTUR

Dans quarante ans, peut-être trente seulement, le monde aura changé. Le climat de la Terre, les ressources en énergie, la façon de travailler et les modes de vie se seront transformés. Mais les scientifiques ne sont pas d'accord sur ces évolutions. Aurez-vous fait les bons choix pour vous ou pour vos enfants ? Aurez-vous choisi le métier qui va se développer, le lieu d'habitation qui sera toujours vivable ? Étudiez ces différents scénarios et pariez sur le futur !

Le climat

Scénario 1 – Le réchauffement de la Terre. Dans quarante ans, les glaces des pôles auront fondu. La Terre se sera réchauffée. L'Afrique du Nord et le sud de l'Europe seront devenus des zones désertiques. Les anciennes terres gelées du Canada et de Sibérie seront habitables.

Scénario 2 – Le refroidissement de la Terre. Le Gulf Stream (courant chaud de l'océan Atlantique) aura changé sa route. La pollution aura fait écran aux rayons du soleil. On sera entré dans une nouvelle ère glaciaire. Les pôles auront gelé à nouveau. La moitié nord de la France sera sous la neige la moitié de l'année.

Les déplacements et les voyages

Scénario 1 – L'énergie sera devenue très chère. Les énergies renouvelables (le vent, le soleil, les vagues, les marées) suffiront seulement au chauffage et à l'éclairage des bâtiments. Pour cause de pollution, la conduite des véhicules à moteur aura été aussi limitée. Les gens resteront chez eux. Les déplacements seront virtuels.

Scénario 2 – On aura découvert une énergie propre bon marché. On se déplacera de plus en plus pour le travail et les loisirs.

L'habitation

Scénario 1 – Le logement individuel. On aura développé des énergies renouvelables. On aura créé de nouveaux matériaux de construction bon marché. Tout le monde se sera équipé de moyens virtuels de communication. Les gens pourront vivre où ils le souhaitent en ville ou à la campagne.

Scénario 2 – Les mégapoles. À cause des changements climatiques et de la mondialisation de l'économie, les gens auront été obligés d'émigrer. Ils se retrouveront dans d'immenses villes. Le logement sera plus petit et plus cher.

La durée de vie

Scénario 1 – Tous centenaires. La médecine, la chirurgie auront encore fait des progrès. La durée de vie continuera à augmenter.

Scénario 2 – Plus besoin de retraite. L'augmentation de la pollution et l'utilisation de produits chimiques dans l'agriculture, l'élevage, la vie quotidienne auront causé de nouvelles maladies. La population de la planète aura commencé à diminuer.

Les États

Scénario 1 – L'État tout-puissant. Les gens demanderont à l'État de les protéger face à ces changements. Ils abandonneront leur liberté à l'État qui s'occupera de tout.

Scénario 2 – La disparition de l'État. Les gens préféreront garder leur liberté. L'État confiera la santé, l'éducation, la justice, peut-être aussi la police, à des sociétés privées.

Le pouvoir
des grandes sociétés privées

Pour Jacques Attali, économiste et écrivain, les 30 prochaines années verront la fin du pouvoir des États. Celui-ci appartiendra alors à des groupes privés comme les compagnies d'assurances.

« Ces compagnies d'assurances exigeront non seulement que leurs clients paient leurs primes (pour s'assurer contre la maladie, le chômage, le décès, le vol, l'incendie, l'insécurité), mais elles vérifieront aussi qu'ils se conforment à des normes pour minimiser les risques qu'elles auront à couvrir. Elles en viendront progressivement à dicter des normes planétaires (quoi manger ? quoi savoir ? comment conduire ? comment se conduire ? comment se protéger ? comment consommer ? comment produire ?). Elles pénaliseront les fumeurs, les buveurs, les obèses, les inemployables, les mal protégés, les agressifs, les imprudents, les maladroits, les distraits, les gaspilleurs. »

Jacques Attali, *Une brève histoire de l'avenir*,
© éditions Fayard, 2006.

On s'adaptera
comme par le passé

Pour le prix Nobel de chimie 2005, Yves Chauvin, l'homme a toujours été obligé de s'adapter à des changements ou à des catastrophes.

Le magazine *Le Point* : De nombreux scientifiques s'inquiètent du réchauffement climatique.

Yves Chauvin : Pas moi ! Écoutez, le réchauffement se poursuit depuis des milliers d'années. Certes, il s'accélère. Mais l'homme s'y adaptera. Les gens s'angoissent parce que le niveau de la mer va monter. Mais il n'a pas arrêté de monter ! Voyez la grotte Cosquer en Méditerranée, elle est aujourd'hui sous plusieurs dizaines de mètres d'eau, mais autrefois elle était fréquentée par nos ancêtres. L'homme continuera à suivre le niveau de la mer, c'est tout.

Le Point, 11 mai 2006.

Les scénarios du futur et leurs conséquences

1• Lisez l'article de la page 50 avec l'aide du professeur.
Observez l'emploi des temps du futur.

2• Imaginez les conséquences de chaque scénario (recherche en grands groupes).
Exemple : Le climat, scénario 1. Le nord de la Sibérie va devenir très touristique, on pourra peut-être se baigner...

Les opinions de J. Attali et de Y. Chauvin

1• **L'extrait du livre de Jacques Attali**
• À quel scénario de l'article page 50 correspond l'idée de Jacques Attali ?
• Qui va s'occuper des problèmes des hommes ?
• Quelles seront les conséquences de cette nouvelle organisation ?

2• **L'interview d'Yves Chauvin**
• Quelle est l'opinion du prix Nobel de chimie sur le réchauffement de la planète ?
• Qu'en pensez-vous ?

Choisissez votre scénario pour le futur

1• À partir des documents des pages 50 et 51, imaginez votre scénario personnel pour le futur (lieu d'habitation, métier, etc.).

2• Présentez votre scénario et vos projets à la classe.

Décrire un changement

• changer (un changement) – se modifier (une modification)
Le climat va changer (se modifier).
Marie a changé (modifié) sa façon de vivre.
• devenir – se transformer (une transformation)
Le climat deviendra plus chaud. La région méditerranéenne se transformera en désert.
• évoluer (une évolution) – se développer (un développement) – augmenter (une augmentation) / diminuer (une diminution) – baisser (une baisse)
Le paysage va évoluer. Les forêts se développeront près des pôles. La température augmentera.

Indiquer des étapes dans le futur

Quand nous aurons fait cette navette spatiale, nous organiserons des voyages sur la Lune.

Nous aurons fini les plans **d'ici** à la fin décembre. Nous aurons construit le lanceur **en** 3 ans. Pour la navette, il faudra 2 ans de plus. **Dans** 6 ans, vous pourrez acheter votre billet.

Ça prendra beaucoup de temps ?

J'économiserai **jusqu'à ce que** je puisse acheter le billet.

❶ Notez les étapes de la construction de la navette spatiale.
a. Relevez les actions futures qui se passent avant d'autres actions futures. Observez le temps des verbes.
b. Qu'expriment les expressions en gras ?

❷ Ils disent ce qu'ils auront fait dans un an. Rédigez leurs projets.
a. Les amoureux
« Dans un an j'aurai quitté … »

Dans un an, je quitte mon travail. Nous louons un appartement. Nous faisons la fête.

Tu viens vivre avec moi. Ma société te recrutera. Tous les copains viendront à la fête.

b. L'architecte présente la future maison.

Dans un mois, j'ai fait les plans. Dans neuf mois, les maçons ont fini. Deux mois plus tard, la décoration est faite. Le 1er janvier, vous vous êtes installés. Votre ancien logement est vendu. Vous buvez le champagne !

❸ Complétez avec un mot pour exprimer la durée.
L'étudiante ambitieuse
a. … au 15 juin, je prépare le bac.
b. … 16 … 18 juin, je passe le bac.
c. … trois ans, j'aurai ma licence.
d. Après, je ferai un mastère … deux ans.
e. J'enverrai des CV … je trouve du travail.
f. Je pense en trouver … deux mois.

❹ Rédigez vos projets d'avenir ou les projets des personnes suivantes (utilisez les temps du futur et les expressions du tableau).
• L'ambitieux qui veut faire fortune
• Le futur maire de la ville présente ses projets
« Dans un an, j'aurai fait … »

Le futur antérieur

Il exprime une action future qui se passe avant une autre action future.
Les deux actions peuvent être dans une seule phrase ou dans deux phrases indépendantes.
Quand j'aurai travaillé trois heures, j'irai faire un jogging.
Au bout de deux heures, je me serai détendu. Je rentrerai.

• Formation
avoir ou *être* au futur + participe passé

faire	partir
j'aurai fait	je serai parti(e)
tu auras fait	tu seras parti(e)
il/elle aura fait	il/elle sera parti(e)
nous aurons fait	nous serons parti(e)s
vous aurez fait	vous serez parti(e)(s)
ils/elles auront fait	ils/elles seront parti(e)s

La durée dans le futur

• Pour préciser une date ou un moment
*La voiture sera réparée **d'ici** le 15 mars.*
*Le garagiste est en vacances **jusqu'à** mardi.*
*Le 15 mars, il travaillera **jusqu'à ce qu'il** ait fini la réparation. (jusqu'à ce que + subjonctif)*

• Pour indiquer une durée
→ à partir du moment présent
*L'écrivain aura écrit son roman **dans** trois mois.*
→ à partir d'un moment du futur
*Il le commencera dans deux mois. Il l'aura écrit **au bout de** quatre mois.*
→ sans relation avec un moment
*Le roman aura été écrit **en** quatre mois.*

Exprimer des conditions

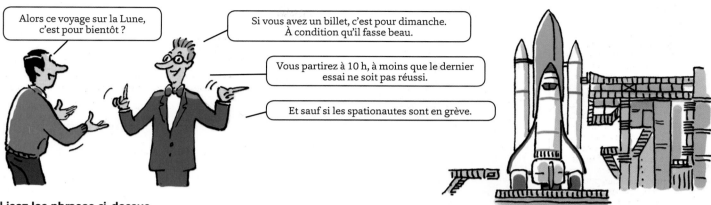

Alors ce voyage sur la Lune, c'est pour bientôt ?

Si vous avez un billet, c'est pour dimanche. À condition qu'il fasse beau.

Vous partirez à 10 h, à moins que le dernier essai ne soit pas réussi.

Et sauf si les spationautes sont en grève.

1 Lisez les phrases ci-dessus.
Quand doit avoir lieu le départ pour la Lune ?
À quelles conditions ? Relevez les expressions qui introduisent ces conditions.

2 Imaginez une condition ou une restriction en utilisant le mot entre parenthèses.
Projets de vacances en famille
L'été prochain, nous partirons en vacances en juillet (*à condition que …*)
Nous irons en Inde (*si …*)
Nous y resterons un mois (*à moins que …*)
Nous serons là pour le 1ᵉʳ août (*sauf si …*)
Notre fille qui passe le bac en juin viendra avec nous (*excepté si …*)
Nous visiterons le Nord et le Sud (*selon …*)

3 Imaginez des conditions et des restrictions.
Un(e) ami(e) vous demande :
a. de lui prêter votre voiture.
b. de loger un(e) de ses ami(e)s dans votre appartement pendant que vous êtes en vacances.

4 Dialoguez avec votre voisin(e). Feriez-vous les choses suivantes ? À quelles conditions ?

Je suis d'accord à condition que …

a. Un metteur en scène vous propose de jouer dans un film.
b. Un(e) ami(e) vous propose de l'accompagner dans une expédition en Amazonie.
c. Un(e) ami(e) vous demande de lui prêter une grosse somme d'argent.

Conditions et restrictions

1. Exprimer des conditions
• Tu réussiras à ton examen …
… **si** tu travailles régulièrement.
… **à condition de** ne pas sortir le soir.
(*à condition de* + infinitif)
… **à condition que** tu prennes des cours particuliers.
(*à condition que* + subjonctif)
• Tu réussiras mais **ça dépend** de ton travail.
C'est **selon (suivant)** le temps que tu y passeras.
C'est **fonction de** ton travail.

2. Exprimer des restrictions
• Tu réussiras …
… **sauf si (excepté si)** tu continues à passer trois heures par jour à jouer aux jeux vidéo.
… **à moins que** tu sortes tous les soirs.
(*à moins que* + subjonctif)

N.B. – On peut trouver « à moins que tu **ne** sortes … ».
Ce « ne » n'a pas de valeur négative.

• Il **n'**y a **qu'**en travaillant que tu réussiras.
C'est **seulement** en travaillant que tu réussiras.

 ## Travaillez vos automatismes

1 Emploi du futur antérieur
Vous êtes d'accord sur le programme. Confirmez comme dans l'exemple.
Programme du samedi
• On fait les courses puis on déjeune ?
– Oui, on déjeunera quand on aura fait les courses.

2 Exprimer des conditions
Le fils de 16 ans demande la permission à ses parents. L'un des parents répond. Confirmez sa réponse.
• Je pourrais sortir ce soir ?
– Si tu fais ton travail cet après-midi.
– Oui, à condition que tu fasses ton travail cet après-midi.

Vent de révolte

La baie de Somme

À deux heures de Paris, à l'endroit où la Somme rejoint la mer, s'étend une région de terre et d'eau qui, jusqu'à présent, a été épargnée par l'urbanisme et le tourisme de masse.

Au XIXᵉ siècle, des peintres comme Toulouse-Lautrec, des écrivains comme Victor Hugo ou Colette ont été charmés par la beauté sauvage de ces lieux.

Ils n'ont pas beaucoup changé. Il faut découvrir à pied ou à vélo ces paysages de prairies et d'étangs, ces petits ports, ces côtes où viennent jouer les phoques et admirer dans la lumière du soir les oiseaux du parc naturel.

1 – Une commune de la baie de Somme

1 Un soir d'avril, au Crayeux, petit village de la baie de Somme, dans le restaurant de Loïc Bertrand.

Le maire : S'il vous plaît. Je vous demande une seconde d'attention. Je voudrais lever mon verre en l'honneur de Loïc Bertrand, notre sympathique et talentueux cuisinier, qui vient d'avoir sa première étoile au guide Michelin…

Plus tard.
Le maire : Vous connaissez Gaëlle Lejeune, la nouvelle directrice du parc naturel ?
Loïc : J'ai entendu parler de vous. Bienvenue dans notre belle région !
Le maire : Excusez-moi, je vous laisse. J'ai quelqu'un à saluer…
Gaëlle : Alors vous voilà dans le club des grands cuisiniers ?
Loïc : Oh, vous savez, mon but, ce n'est pas la conquête des étoiles.
Gaëlle : Et c'est quoi ?
Loïc : Je voudrais développer mon hôtel-restaurant avec des activités de loisirs, de découverte de la région.
Gaëlle : Mais c'est trop petit ici !
Loïc : Justement, j'ai l'intention d'acheter la grande propriété sur la route de Saint-Martin. Quand je l'aurai rénovée, ça fera une magnifique résidence. Et puis, ça fera venir les touristes. Vous n'avez rien contre les touristes ?
Gaëlle : Ça dépend desquels. Je les aime bien à condition qu'ils respectent l'environnement.

2

Au parc naturel, un journaliste interroge la directrice Gaëlle Lejeune.

Le journaliste : Vous venez d'être nommée directrice du parc. Quels sont vos projets ?

Gaëlle : Continuer le travail de mon prédécesseur : l'extension du parc.

Le journaliste : À condition que vous puissiez le faire. Votre prédécesseur avait eu des problèmes. On dit que c'est pour cela qu'il est parti.

Gaëlle : Eh bien moi, je ne renoncerai pas.

Le journaliste : En face de vous, vous aurez des promoteurs immobiliers, des…

3

À la mairie du Crayeux

Le maire : Bonjour, monsieur Labrousse. Qu'est-ce que je peux faire pour vous ?

M. Labrousse : C'est au sujet de mes ordinateurs.

Le maire : Les ordinateurs pour votre classe ?

M. Labrousse : Oui, et le téléprojecteur. Vous avez promis…

Le maire : Écoutez, monsieur Labrousse, je crois que cette année, il faut y renoncer. Sauf si nous avons une aide du département.

M. Labrousse : Mais à Abbeville, mon collègue, il en a dix.

Le maire : À Abbeville, oui. Mais ici, nous sommes au Crayeux. C'est une commune pauvre : pas d'entreprise, très peu de touristes… Mais vous allez voir, monsieur Labrousse, ça va bientôt changer.

Compréhension et simulations

1 Lisez la publicité sur la baie de Somme.
Vous avez décidé d'aller visiter cette région. Votre voisin(e) vous demande pourquoi. Dialoguez.

2 SCÈNE 1.
Identifiez les personnages. Quels sont les projets de Loïc ?

3 SCÈNE 2. Écoutez l'interview en entier. Notez :
a. Quels sont les projets de Gaëlle ?
b. Qui va s'opposer à ses projets ?
c. Que va faire Gaëlle pour réussir ?
Transcrivez la fin de la scène.

4 SCÈNE 3.
Qui est M. Labrousse ?
Écoutez et jouez la scène avec votre voisin(e).

5 Jouez la scène.
Vous avez un projet (partir à l'étranger, acheter un appartement ou une belle voiture, obtenir l'emploi dont vous rêviez, etc.).
Vous avez dû y renoncer.
Vous en parlez à votre voisin(e) qui vous pose des questions.

But – Intention – Renoncement

• Buts et intentions
Pierre **a** l'intention de faire le tour du monde
Son **but**, son **intention**, son **projet**, c'est de construire lui-même son bateau.
Il construit un bateau **pour** faire le tour du monde.
Je l'aide **pour qu'**il puisse le faire vite. (*pour que* + **subjonctif**)
Il **a décidé** de m'emmener. **Tant mieux.**

• Renoncements
Pierre abandonne son projet. Il renonce à partir.
Tant pis pour moi.
Je ne peux rien y faire. Je n'y peux rien.

Prononciation

Distinguez [œ], [ø], [ɔ], [o].

Météo en folie
C'est la chaleur au pôle Nord
On n'y peut rien.
C'est la fraîcheur sur l'Amazone
Et c'est tant mieux.
Il pleut des seaux sur le désert
Ah, quel bonheur !
Les consommateurs sont heureux
Et les pollueurs généreux.

entreprises

Veolia : la mer à boire

[...] Quatre mois à peine après avoir inauguré la plus grosse usine mondiale de dessalement d'eau de mer [...] située à Ashkelon, en Israël (pour 167 millions d'euros), Veolia Environnement a remporté au début d'avril, à Bahreïn, un autre très gros morceau : l'usine de dessalement par distillation la plus importante du monde, d'une valeur de 275 millions d'euros. L'entreprise dirigée par Henri Proglio a ainsi détrôné Degrémont, filiale du groupe Suez, qui se targuait, jusque-là, d'être le champion du secteur, avec son énorme centrale de Fujairah, dans les Émirats arabes unis.

La course à la mer est loin d'être finie. Le dessalement a de très beaux jours devant lui. D'ores et déjà, 40 % de la population du globe habite à moins de 70 kilomètres d'une côte et l'avenir est au développement des mégalopoles. Or l'eau salée représente plus de 95 % des réserves de la planète. Déjà, d'ici à 2010, la capacité mondiale de production d'eau de mer dessalée devrait passer de 53 à 85 millions de mètres cubes par jour. De quoi alimenter 350 millions de personnes à travers le monde. Les États-Unis et les pays du golfe Arabique resteront les premiers clients des industriels du dessalement. Mais d'autres terrains de chasse pourraient s'ouvrir dans des régions fortement peuplées et confrontées à des problèmes croissants d'approvisionnement, comme la Chine, l'Inde ou encore les États du pourtour de la Méditerranée. Nul doute : sur ce marché estimé à 100 milliards de dollars, la compétition sera âpre. Les Français, aujourd'hui leaders mondiaux, doivent se colleter avec de solides challengers, tels l'américain General Electric ou le coréen Doosan, mais également avec une dizaine de petites sociétés d'origine chinoise, israélienne ou espagnole.

Le site de dessalement de l'usine Veolia située à Ashkelon, en Israël. L'eau salée représente plus de 95 % des réserves de la planète.

Georges Dupuy, *L'Express*, 15/05/2006.

Lecture guidée du texte

1 **Observez l'origine de l'article, son titre, la photo et la légende.**
Quel est d'après vous le sujet de l'article ?

2 **Lisez le 1er paragraphe.**
a. Mettez en fiche les informations qu'il donne.
• L'entreprise : ...... • Son directeur : ......
• Les réussites de l'entreprise (donnez des précisions : date, etc.)
(1) ......
(2) ......
• Les concurrents de l'entreprise : ......

b. Trouvez le sens des mots nouveaux sans dictionnaire.
le dessalement (pensez à « sel » et au préfixe « dé- »)
la distillation (d'après le contexte et le titre « boire la mer »)
détrôner (vous connaissez le mot « trône »)
se targuer : quand on dit sa fierté d'avoir réussi.

3 **Lisez le 2e paragraphe.**
a. Complétez ce résumé des informations.
« Dans les années qui viennent, les usines de dessalement ...... En effet, la population de la planète aura besoin ...... Elle trouvera cette eau ...... D'ici à 2010, on pourra ...... »

b. Trouvez dans le texte les mots qui signifient :
avoir un bel avenir – dès maintenant – la Terre – une très grande ville.

4 **Lisez les 3e et 4e paragraphes.**
a. Relevez les informations sur les sujets suivants :
(1) le marché des entreprises de dessalement
(2) les différentes entreprises de dessalement

b. Trouvez dans le texte les mots qui signifient :
• un marché (pour une entreprise) – qui doit faire face à...
– en augmentation – ce dont on a besoin
• dure, difficile – se battre avec

Les produits France

- Ariane
- Alcatel
- Chanel
- Château Yquem
- Christian Lacroix
- Christofle
- Citroën
- Danone
- Dom Pérignon
- Hachette
- Hermès
- La vache qui rit
- Lacoste
- Lu
- Michelin
- Perrier
- Peugeot
- Roche
- Roquefort
- Spot
- Thomson
- Vuitton

A voir quiz lundi

La France qui produit

→ **Une économie mondialisée**

L'économie française s'est aujourd'hui largement mondialisée. Les avions Airbus sont le fruit d'une coopération entre l'Allemagne, l'Espagne, la France et le Royaume-Uni. Près de la moitié de l'industrie française est contrôlée par des groupes américains et européens. Dans de nombreux secteurs, une part importante de la production est délocalisée dans le reste du monde et les entreprises françaises disposent de 20 000 filiales à l'étranger.

→ **Une agriculture modernisée**

Près d'un million d'agriculteurs et d'employés de l'industrie agroalimentaire font de la France un pays de grande production agricole. Celle-ci s'est spécialisée et concentrée : produits laitiers en Normandie, Bretagne et Pays de la Loire, céréales dans les grandes plaines autour de Paris et dans le Sud-Ouest, élevage en Bretagne et dans le Centre, vignes, fruits et légumes dans le Sud-Est.

L'agriculteur est un entrepreneur qui doit affronter la concurrence mondiale et satisfaire les exigences des consommateurs qui veulent des produits naturels et sains. Mais l'industrie agricole n'a pas abouti à l'uniformisation des produits. La France est encore le pays des 365 sortes de fromages, des vins variés et les spécialités régionales se maintiennent (le nougat de Montélimar, le Roquefort...).

→ **Des besoins en énergie**

La France est presque totalement dépendante de l'étranger pour ses approvisionnements en pétrole et en gaz mais elle couvre 50 % de ses besoins en électricité grâce en particulier à ses centrales nucléaires (Areva, Électricité de France). Le pays semble aujourd'hui prêt à entrer dans le siècle des énergies renouvelables et des économies d'énergie.

→ **Une industrie en mutation**

Les industries qui nécessitent beaucoup de main-d'œuvre sont aujourd'hui en partie délocalisées (le textile) ou robotisées (l'automobile). Le bâtiment et les travaux publics (Bouygues, Vinci) restent cependant des secteurs très dynamiques et demandeurs de main-d'œuvre.

La France est plus compétitive dans les secteurs à haute compétence technologique : la construction automobile (Renault, PSA), aéronautique (EADS qui produit les Airbus), ferroviaire (Alstom qui fabrique les trains à grande vitesse), l'industrie chimique et pharmaceutique (Sanofi-Aventis), les télécommunications (Safran), l'électronique (Thales) et l'armement (Dassault). À côté des grandes entreprises, de nombreuses PME (petites et moyennes entreprises) restent très dynamiques car elles ont su se spécialiser.

La France qui produit

1 Relevez les différents secteurs de l'économie.

Pour chaque secteur, trouvez les types de production. Pour chaque production, cherchez des marques de produits dans la liste ci-dessus.

Exemple :

secteur agroalimentaire → biscuits → marque Lu
Complétez avec d'autres produits.

2 Quelles sont les particularités de la production agricole et industrielle française ? Comparez avec votre pays.

Interview d'un agriculteur

Écoutez. Rémy, un agriculteur du sud de la France, parle de son métier. Complétez la fiche ci-dessous.

- Situation géographique de la propriété : ......
- Importance : ......
- Productions :
  - aujourd'hui : ......
  - il y a dix ans : ......
- Difficultés : ......
- Aides : ......
- Conditions de vie :
  - Avantages : ......
  - Inconvénients : ......

Les échos d'Écho sur
cle-inter.com/echo

Est-il vrai que Victor Hugo écrivait debout ? Quelle était la taille de Marylin Monroe ? Pourquoi dit-on « À vos souhaits ! » à quelqu'un qui vient d'éternuer ?

Vous avez essayé le Larousse, le Robert, le Quid, Google et Wikipédia... sans succès.

Envoyez-nous vos questions. Il y a probablement quelque part quelqu'un qui connaît la réponse.

Si vous connaissez une réponse, écrivez-nous ou laissez-nous un message sur le répondeur.

QUID : le site des pourquoi
Toutes les questions que vous vous posez

Les dernières réponses

■ **Quelle est l'origine du mot « bug » en informatique ? (***Izzo***)**

Un bug est un arrêt imprévu dans un programme informatique. Le mot vient de l'anglais et signifie « insecte ». Attirés par la chaleur des premiers gros ordinateurs, les insectes se collaient aux circuits et empêchaient le bon fonctionnement des appareils.

En fait, l'origine du mot est plus ancienne. Au XIXe siècle, Thomas Edison l'utilisait déjà pour parler d'un problème sur une ligne téléphonique.

Les dictionnaires français proposent de traduire « bug » par « bogue ».

(J. 007)

■ **Pourquoi la barbe revient-elle à la mode ? (***Ewann***)**

C'est vrai. Regardez nos acteurs : de Clovis Cornillac à Gérard Jugnot. Ils se laissent tous pousser la barbe. Pas la barbe sauvage des années 68. La barbe propre et courte.

Cette mode serait due à un besoin de retour à des valeurs traditionnelles. Grâce à la barbe, on paraît plus mûr, plus expérimenté, plus courageux.

(Géraldine)

■ **Mais pourquoi donc les emballages des CD et des cartouches d'encre d'imprimante sont-ils si difficiles à ouvrir ? (***Brice***)**

Il y a plusieurs raisons. Les emballages doivent être solides car les produits sont de plus en plus vendus par correspondance. En même temps, sur les rayons des supermarchés, les produits doivent se voir sans qu'on puisse les toucher. D'où ces emballages transparents très résistants.

(Oly)

Les questions qui attendent vos réponses

- Pourquoi les Britanniques sont-ils si attachés à leur reine ? (*Virginie*)
- Pourquoi l'emblème de la France est-il le coq ? (*Érik*)
- Pourquoi les Français sont-ils les plus gros consommateurs d'eau minérale du monde ? (*Peg*)
- Quelle est l'origine du drapeau français ? (*Liz*)

■ **Est-il vrai qu'à l'école les filles sont meilleures que les garçons ?** (*Pierjean*)

Voici la réponse que j'ai trouvée dans un article du *Journal du dimanche*. (Elena)

[...] Pères et mères de France, vous pouvez en tout cas être fiers de vos filles ! Une étude commandée par le ministère de l'Éducation nationale montre à quel point les garçons sont en permanence à la traîne à l'école.

Déjà les filles entrent au CP avec des niveaux de compétence plus élevés. Au collège, elles sont 82 % à réussir le brevet contre 79 % des garçons. Au lycée ensuite, elles réussissent mieux quel que soit le bac, technologique, professionnel ou général ; 84 % des candidates obtiennent ce dernier, cinq points de plus que les jeunes mâles. Mais le triomphe féminin ne s'arrête pas là : les jeunes femmes brillent encore plus à l'université où elles sont 69 % à décrocher leur licence du premier coup contre 59 % seulement pour les étudiants.

Et pourtant... Fabienne Rosenwald, l'auteur de l'étude, relève que « les filles se retrouvent dans des filières moins rentables à la fois scolairement et économiquement ». Les derniers chiffres du chômage sont sans appel : 8,8 % des hommes sont aujourd'hui sans emploi, contre 10,6 % des femmes. Les salariées sont également moins bien rémunérées, victimes d'une réelle discrimination. [...]

Les filles optent aussi souvent pour la branche « service » où le diplôme est plus difficile à obtenir qu'en « production », une filière préférée des garçons. Les bacheliers poursuivent également plus souvent leurs études en classes préparatoires aux grandes écoles et en IUT que les bachelières, qui privilégient l'université ou des formations très fortement féminisées, comme les écoles paramédicales ou l'enseignement. Avec, au bout du compte, des métiers nettement moins bien rémunérés que ceux d'ingénieurs ou de cadres supérieurs.

Alexandre Duyck, *Le Journal du dimanche*, 05/03/2006.

Entrez sur le site des pourquoi

1• **Choisissez une des questions de la page 58 ou tirez-la au sort.**
Essayez d'y répondre avec l'aide du groupe.

2• **Lisez les réponses écrites.**

3• **Écoutez les réponses qui sont sur le répondeur.**

Les filles meilleures que les garçons

1• **Lisez le premier paragraphe de la réponse à la question de la page 59. Que veut montrer cet article ?**

2• **Lisez le deuxième paragraphe. Complétez le tableau. Retrouvez l'organisation du système éducatif français que vous avez étudié dans *Écho A2*.**

Niveaux scolaires	Performances des filles	Performances des garçons
CP (Ire année de l'école élémentaire)	Plus élevées	
Collège		

3• **Recherchez en groupe les raisons des meilleurs résultats des filles.**

4• **Lisez la fin de l'article.**
a. Quelle est la situation des femmes dans la vie active ?
b. Recherchez dans le texte les causes de cette situation. Pouvez-vous donner d'autres causes ?

Posez vos questions

1• **Sur un petit papier, chaque étudiant rédige une question correspondant à une des entrées du menu du site.**

2• **Les papiers sont tirés au sort. Les réponses peuvent être immédiates ou préparées pour la séance suivante.**

Expliquez-moi

Présenter des causes

Pourquoi sont-elles si grosses, ces tomates ? C'est en raison des produits que tu y mets ?

Mais non, j'ai de belles tomates grâce à de nouvelles graines.

C'est dû à quoi ?

Elles sont belles parce qu'il les arrose beaucoup et comme son jardin est ensoleillé, ça pousse bien.

Puisqu'il plante des OGM, je vais faire pareil !

❶ Observez les phrases ci-dessus. Notez dans le tableau les formes qui servent à exprimer la cause. Complétez le tableau.

Pour demander une cause	Pour exprimer une relation de cause
Pourquoi	Elles sont grosses en raison des produits ...

❷ Complétez en utilisant : car – comme – grâce à – parce que – puisque.

Déménagement

Léa : Ce week-end, je fais une fête. Tu viens ?

Luc : Non, je ne suis pas libre puisque je déménage.

Léa : Tu déménages ? Pourquoi ?

Luc : ..... c'est trop petit chez moi. Hélène et moi, on a décidé de vivre ensemble. Alors puisque elle a deux enfants, il faut qu'on trouve un logement plus grand.

Léa : Et tu as trouvé ?

Luc : Oui, grâce à l'agence immobilière Alpha. Ils sont très efficaces.

Léa : Mais au fait, comme tu quittes ton appartement, il va être libre.

Luc : Oui, et alors ?

Léa : Il m'intéresse car j'en cherche un.

❸ Exprimez la cause par un verbe. Reliez les phrases en employant « être dû à ... » – « être causé par ... » – « s'expliquer par ... ».

Exemple : **a.** Ses mauvaises notes s'expliquent par ses absences.

a. Jean a eu de mauvaises notes à l'école. Il a été souvent absent.

b. Il a échoué à l'examen. Son travail était insuffisant.

c. Il n'avait pas assez travaillé. Il n'était pas intéressé par l'école.

d. Il manquait d'intérêt pour l'école. Il avait choisi la mauvaise filière.

La relation de cause

1. Demander / dire la cause

- **Pourquoi ? – Parce que** & car (very similar)

*Pourquoi n'a-t-il pas fini son travail ? – **Parce qu**'il est malade.*

- **Car.** *Il n'a pas fini **car** il est malade.*
- **La cause ... (la raison).** *Quelle est **la cause (la raison)** de son retard ? – Il est en retard **à cause (en raison) de** sa maladie.*
- **Être causé par – être dû à – s'expliquer par**

*Le retard **est causé par (est dû à) (s'explique par)** un problème d'ordinateur.*

2. Demander / dire l'origine

- ***D'où vient** la panne ? Quelle est son **origine** ? – **Ça vient de** la carte mémoire. C'est la carte mémoire qui est **à l'origine de** la panne.*

3. Quand la cause est évidente : comme — since

***Comme** il va pleuvoir, je ne sortirai pas.*

4. Quand la cause est connue de l'interlocuteur : *puisque*

– *Mon ordinateur est en panne.*

– *Alors tu ne vas pas pouvoir travailler.*

– *Ben non, **puisqu**'il est en panne !*

5. Quand la cause est positive : grâce à (thanks to)

***Grâce à** ce médicament, il a pu guérir très vite.*

❹ Distinguez « parce que », « pour », « puisque ». Complétez.

Léa : Pierre va au Pakistan.

Luc : Pourquoi ? Pour son travail ?

Léa : Non, parce qu' il adore ce pays.

Luc : Puisqu' il va au Pakistan, dis-lui de te rapporter un châle en cachemire. Ils sont superbes.

Léa : Dis-moi, tu peux me remplacer une heure à l'heure du déjeuner ?

Luc : Non, parce que je déjeune avec Hélène.

Léa : ... tu déjeunes avec Hélène, rappelle-lui la réunion de demain. puisque

Présenter des conséquences

Ces nouvelles graines **permettent** une meilleure production. **Par conséquent**, les prix baisseront. **De sorte qu'**on pourra en exporter.

SALON DE L'AGRICULTURE

Je vais **donc** en planter, moi aussi.

Utiliser les OGM, ça peut avoir des **conséquences**. Ces produits peuvent **causer** des maladies. Ils peuvent **provoquer** des catastrophes. **Donc** moi, je n'en plante pas.

MEUH !

1 Observez les phrases ci-dessus. Faites la liste des conséquences de l'utilisation des graines OGM.

Conséquences positives	Conséquences négatives
... elles permettront une meilleure production	

Classez les mots qui servent à exprimer la conséquence.

2 Reliez la cause et la conséquence en utilisant l'expression entre parenthèses.

Exemple : Duval est un homme de gauche, il va **donc** augmenter les impôts.

Discussion avant les élections

• Duval est un homme de gauche. Il va augmenter les impôts. (*donc*)

– Bernier-Lissac est une femme de droite. Elle va supprimer des postes de fonctionnaires. (*par conséquent*)

• Duval est un ancien prof. Il s'intéressera aux écoles. (*de sorte que*)

– Bernier-Lissac est directrice de supermarché. Elle devrait s'intéresser aux petites entreprises. (*en conséquence*)

• La politique de Duval : des créations d'emplois (*permettre*)

– La politique de Bernier-Lissac : la ville sera plus belle. (*rendre*)

3 Recherchez les causes et les conséquences. (travail à faire à deux)

Un(e) de vos ami(e)s abandonne ses études de médecine pour être acteur (actrice) de cinéma.

Dialogue avec votre voisin(e) pour parler de la situation de votre ami(e) :

« Tu connais la nouvelle ? Lydia abandonne ses études de médecine.

– Pourquoi ? ... »

La relation de conséquence

1. La conséquence introduite par un mot grammatical

Le climat de la Terre se réchauffe...

Donc
Par conséquent
C'est pourquoi ⎤ la glace des pôles fond.
De sorte que ⎦

La conséquence peut être exprimée dans la même phrase ou dans une phrase indépendante.

Il pleut donc je reste chez moi.
Il pleut. Donc je reste chez moi.

2. La conséquence est exprimée par un verbe.

• Conséquences négatives : *causer – provoquer*
Le réchauffement du climat causera (provoquera) des catastrophes.

• Conséquences positives : *permettre*
Les économies d'énergie permettront de développer l'économie.

• Conséquences positives ou négatives : *créer – produire – entraîner – rendre* + **adjectif**
La construction de l'aéroport créera (produira) des emplois.
Elle entraînera aussi des problèmes de bruit.
Le manque d'eau rendra la région désertique.

 Travaillez vos automatismes

1 Exprimez la cause avec « grâce à ». Vous avez trouvé une amie extraordinaire. Confirmez comme dans l'exemple.

• C'est avec elle que tu as trouvé ton appartement ?

– Oui, je l'ai trouvé grâce à elle.

2 Utilisez « puisque ». Répondez aux propositions de votre ami.

• Je vais en ville. Tu veux venir ?

– Puisque tu y vas. Je viens.

Vent de révolte

2 – Avis de tempête

1 Le maire du Crayeux et son adjoint reçoivent Yasmina Belkacem qui représente la Société pour les énergies nouvelles (SPEN).

Le maire : Alors, ce serait possible ?
Yasmina : Tout à fait, vous avez le vent, l'espace… Vous pouvez faire un parc d'éoliennes… Et grâce à ce parc, vous aurez des revenus importants.
M. Duval : Ça rapportera combien ?
Yasmina : Une éolienne rapporte 25 000 € par an. 20 000 à la mairie et 5 000 au propriétaire du terrain.
Le maire : Et il n'y a pas de frais ?
Yasmina : Non, puisque nous nous occupons de tout.
Le maire : J'ai entendu dire que ça faisait beaucoup de bruit.
Yasmina : Ah, ce n'est pas silencieux. Mais vous n'entendrez rien puisque les éoliennes seront à 3 km du village…

2 Fin mai, le conseil municipal du Crayeux vient de se réunir.

Le maire : 18 voix pour, 6 contre, le projet d'installation des éoliennes est adopté. (*applaudissements*)
G. Labrousse : Je vous préviens. On ne se laissera pas faire. Dès ce soir, je crée un comité anti-éoliennes !
Le maire : Il ne sera pas gros, votre comité. Une partie de vos amis écologistes restent avec nous. Ils sont pour les éoliennes.
G. Labrousse : Je les mettrai en garde. Ce projet va provoquer une catastrophe écologique. C'est la mort des oiseaux du parc naturel.
Le maire : Nous avons voté, Labrousse. Respectez la démocratie.
G. Labrousse : Vous savez bien qu'il manque l'accord du préfet.
Le maire : Il dira oui.
G. Labrousse : Eh bien, nous avertirons la presse et on saura que les éoliennes sont construites sur les terrains de quatre conseillers municipaux.
Le maire : Au lieu de nous menacer, Labrousse, faites quelque chose pour le développement de la commune.
Tout ce que vous savez faire, c'est demander de l'argent !

Par 18 voix contre 6, le conseil municipal du Crayeux a adopté un projet d'installation de 20 éoliennes.
Pour devenir réalité, le projet doit encore avoir l'autorisation du préfet mais une forêt d'éoliennes va peut-être bientôt pousser sur le plat pays de la baie de Somme.

3 **Deux jours plus tard, sur le marché du Crayeux.**

Gaëlle : Pétition contre les éoliennes... Madame, vous ne voulez pas signer la pétition ?

La dame : Mon mari dit que ça va rapporter de l'argent à la commune.

Gaëlle : Ça va surtout rapporter de l'argent à la société qui les installe.

La dame : Je n'y comprends rien, moi !

Gaëlle : Je vous explique. D'abord, ça va causer beaucoup de bruit.

La dame : Ça ne me dérangera pas beaucoup. Je suis à moitié sourde.

Gaëlle : Mais non, vous m'entendez très bien. Et puis, ça ne va pas faire beau dans le paysage. Vous ne trouvez pas ?

La dame : Je ne sais pas, moi.

Gaëlle : Et puis, ça va provoquer le départ des oiseaux.

La dame : Ah ça, ça va pas faire plaisir à mon mari.

Gaëlle : Vous voyez. Il a envie que les oiseaux restent, votre mari.

La dame : Ben oui, il est chasseur.

4 **Vers 18 h, le téléphone sonne au restaurant de Loïc Bertrand.**

Loïc : Allô, hôtel-restaurant de la Baie...

Gaëlle : Bonsoir, c'est Gaëlle Lejeune... du parc naturel. Excusez-moi de vous déranger.

Loïc : C'est bon. Les premiers clients n'arrivent qu'à 19h30. Vous allez bien ?

Gaëlle : Oui, ça va, merci. Je voulais vous dire... Je ne vous ai pas vu ce matin à la manifestation...

Loïc : Oh, vous savez, moi, je ne veux me fâcher avec personne.

Gaëlle : Je comprends mais...

 Transcription

Compréhension et simulations

 ① SCÈNE 1.

Qui est Yasmina Belkacem ? Que propose-t-elle ?
Faites la liste de ses arguments.

 ② SCÈNE 2.

a. Racontez ce qui s'est passé avant la scène.
b. Relevez les arguments du maire et ceux de G. Labrousse.

Les arguments du maire	Les arguments de G. Labrousse
le conseil municipal a voté	...

 ③ SCÈNE 3.

a. Observez le dessin et lisez la première réplique.
b. Imaginez le dialogue entre Gaëlle et la dame.
c. Écoutez l'enregistrement. Comparez avec votre production. Notez les arguments de Gaëlle.

 ④ SCÈNE 4.

a. Lisez la partie transcrite et imaginez la suite.
b. Écoutez et transcrivez la fin de la scène.

⑤ Jouez la scène (à deux).

Inspirez-vous de la scène 2 et utilisez le vocabulaire du tableau.
Le voisin qui habite au-dessus de votre appartement organise tous les soirs des fêtes bruyantes.
Vous allez le voir et vous vous expliquez.

Mettre en garde – Menacer

• **Vous avez intérêt à ne rien dire –**
Vous feriez mieux de ne rien dire
Ne vous laissez pas faire

• **Je vous préviens...**
Je vous avertis... ⎱ Ne dites rien !
Je vous mets en garde... ⎰

• **Menacer quelqu'un**
Je l'ai menacé de porter plainte à la police.

Prononciation

Différenciez [ã], [na], [an].

L'invité
On attend un ami... On entend tous les bruits.
On n'attend pas l'ennui... On n'entend que la vie.
Il a juste vingt ans... Il en a de la chance.
Il n'a pas d'ennemis... Il n'en sait rien encore.

Ça s'est passé récemment

LES OPPOSANTS AU MARIAGE POUR TOUS MANIFESTENT DIMANCHE À PARIS

À deux jours du vote solennel du projet de loi ouvrant le mariage et l'adoption aux couples de même sexe, les opposants se retrouvent dimanche après-midi à Paris pour une nouvelle manifestation. À l'appel du collectif de « La Manif pour tous », ils défileront entre la place Denfert-Rochereau et les Invalides à partir de 14 h 30. Les organisateurs espèrent réunir plusieurs dizaines de milliers de personnes.

Comme lors des manifestations précédentes, l'UMP et le FN auront leur délégation. Dans une lettre adressée aux militants, le président de l'UMP, Jean-François Copé a invité les membres de son parti à « participer en masse » à la manifestation, « afin de montrer à ce gouvernement et à sa majorité que nous mènerons le combat jusqu'au bout ».

AFP, 20/04/2013.

Première grève des fonctionnaires du quinquennat de Hollande

C'est une première pour le gouvernement Ayrault : les 5,2 millions de fonctionnaires sont appelés à cesser le travail jeudi par trois syndicats, un mouvement de grogne qui se cristallise principalement autour des rémunérations et de l'emploi.

Quelques 120 rassemblements et manifestations sont prévus dans toute la France, dont une manifestation à 14 heures à Paris à partir de Port-Royal. Le mouvement doit toucher les trois versants de la fonction publique (État, territoriale et hospitalière) où le gouvernement compte une part importante de son électorat.

Le Monde.fr avec AFP/31.01.2013

CRÈCHE « BABY-LOUP » ANNULATION DU LICENCIEMENT DE L'EMPLOYÉE VOILÉE

Il y a cinq ans, une employée de la crèche « Baby-Loup » dans le département des Yvelines qui voulait garder le voile islamique dans l'établissement, avait été licenciée. Une loi interdit en effet le port de signes religieux trop visibles dans un espace public.

La Cour de cassation vient d'annuler ce jugement au motif que la crèche « Baby-Loup » est un établissement privé. Le licenciement constitue « une discrimination en raison des convictions religieuses ».

Le ministre de l'Intérieur, Manuel Valls a aussitôt regretté cette décision, y voyant une « mise en cause de la laïcité ».

Sources : Le Figaro, 19/03/2013.

Fermeture partielle du site de Florange en Lorraine

La partie du site sidérurgique de Florange Lorraine consacrée à la production d'acier s'est définitivement arrêtée de fonctionner hier, suite à l'accord entre le gouvernement et le groupe Arcelor-Mittal, propriétaire du site. Cette décision met fin à un conflit de plus d'un an entre le leader mondial de l'acier d'une part, et les syndicats appuyés par le gouvernement français d'autre part. Arcelor-Mittal avait souhaité arrêter la production d'acier à Florange considérant qu'elle n'était pas rentable. Le groupe mettait alors plus de 600 personnes au chômage. Le gouvernement et les syndicats avaient fait pression sur l'entreprise pour qu'elle trouve un repreneur, envisageant même une nationalisation temporaire. Mais personne ne s'était porté candidat pour le rachat de la partie à vendre. Un accord intervenu en mai accepte la fermeture du site contre la promesse qu'Arcelor-Mittal reclassera les ouvriers licenciés. Les syndicats regrettent que le gouvernement ait abandonné son projet de nationalisation.

Clés pour comprendre la France

◆ La Constitution de 1958

Article 1 : « La France est une République indivisible, laïque, démocratique et sociale. Elle assure l'égalité devant la loi de tous les citoyens sans distinction d'origine, de race ou de religion. Elle respecte toutes les croyances. Son organisation est décentralisée. »

Article 2 : « La langue de la République est le français. L'emblème national est le drapeau tricolore bleu, blanc, rouge. L'hymne national est La Marseillaise. La devise de la République est Liberté, Égalité, Fraternité. Son principe est : gouvernement du peuple, par le peuple, pour le peuple. »

◆ L'État providence et ses fonctionnaires

La France compte 6 millions de **fonctionnaires** (employés de l'État). C'est le quart de la population active. Ils sont enseignants, policiers, juges, employés des hôpitaux. Ils travaillent pour La Poste, la SNCF et les grandes entreprises publiques.

Les Français sont très attachés à **la fonction publique**. Pas seulement parce que « fonctionnaire » est synonyme de sécurité de l'emploi et des salaires mais aussi parce qu'ils considèrent que **l'État** doit assurer **un service public** dans les domaines essentiels (éducation, police, transport, énergie, santé, etc.). Ce service public garantit le respect du principe de justice et d'égalité.

Quel que soit le problème : chômage, inondation, absence d'animation dans la ville, manque d'autorité des parents, on se tourne vers l'État protecteur.

L'école publique (de l'école primaire jusqu'à l'université) qui scolarise 80 % des jeunes est le reflet des conceptions républicaines et des aspirations des Français.

◆ Le principe de laïcité

La France est un pays **laïque**. Les religions peuvent s'exercer librement mais elles sont exclues de l'espace public. Les signes religieux « ostensibles » (très visibles) sont donc interdits dans les écoles publiques.

Ce principe de laïcité peut poser des problèmes aujourd'hui car la composition religieuse du pays a changé. 67 % des Français se disent **catholiques** mais 6 % seulement sont des catholiques pratiquants. L'islam est la deuxième religion de France avec 5 millions de **musulmans**. Les **protestants** représentent 2 % de la population, les **juifs** 1 %, les **bouddhistes** 0,6 %.

◆ Une figure emblématique : Charles de Gaulle

À trois moments de l'histoire, le général de Gaulle a eu un rôle capital pour l'avenir de la France. En 1940, il prend la tête de la résistance contre l'armée allemande de Hitler qui avait envahi le pays. En 1944, quand la France est libérée par les armées alliées (américaine, anglaise, canadienne, etc.), il est chargé de la réorganisation du pays. En 1958, il est rappelé au pouvoir pour résoudre le problème de la guerre d'Algérie. Grâce à lui, la France aura une Constitution stable, les pays de l'ancien empire colonial obtiendront leur indépendance, la France retrouvera une place importante dans le monde.

Les événements et leur explication

1 Lisez les deux premiers articles de la constitution de 1958. Quelle est la conséquence de chaque mot ?

Exemple : République → les dirigeants sont élus par le peuple

2 Faites une lecture rapide de la suite du texte « Clés pour comprendre la France ».

3 Partagez-vous la lecture des quatre articles de presse.

a. Relevez les informations essentielles de l'article que vous avez choisi : que s'est-il passé ? Où ? Quand ? Etc.
b. Recherchez l'explication de l'événement dans « Clés pour comprendre la France ».
c. Complétez votre information grâce à Internet ou en demandant au professeur.
d. Présentez votre travail à la classe.

La politique

(Voir aussi le vocabulaire de l'histoire, p. 33.)

• l'État – les pouvoirs (exécutif, législatif, judiciaire) – l'administration – la fonction publique – un fonctionnaire
le gouvernement – le Premier ministre – un ministre – un secrétaire d'État
L'Assemblée législative (les députés) – le Sénat (les sénateurs) – voter une loi – ratifier un traité

• les élections (un électeur) – voter – élire – une élection – un référendum – une voix pour / contre

• Les syndicats – une fédération de syndicats
adhérer à un syndicat – une grève – appeler à la grève – faire grève – revendiquer (une revendication)

 *Les échos d'Écho* sur cle-inter.com/echo

ILS L'ONT FAIT … ILS L'ONT DIT …

Réagissez !

➔ A-t-on le droit de désobéir ?

Nouvelles destructions de champs de maïs

Malgré la présence de pro OGM, plusieurs centaines de militants du Collectif des faucheurs volontaires ont détruit samedi après-midi deux parcelles de maïs transgénique dans le Puy-de-Dôme et le Loiret. À Marsat (Puy-de-Dôme), près de Riom, les militants (500 selon les organisateurs, 300 selon la police) ont entièrement détruit un champ de 5 hectares de maïs dont 1,5 de plants génétiquement modifiés, sous les yeux d'environ 90 gendarmes mobiles et les insultes de presque autant de chercheurs et d'agriculteurs venus défendre leurs cultures. […] « C'est une défaite de la démocratie et de l'État de droit. Ce qui s'est passé est gravissime pour la recherche et cela fait le jeu de nos concurrents américains », expliquait Alain Toppan, responsable des essais en plein champ chez Biogemma.

Sacrés Français, Drôles de Français, Direction Jacques Riquier,
© éditions Pharos/Jean-Marie Laffont, 2005.

❯ **Vos réactions**

• Je suis d'accord avec le Collectif. Avant que ces maïs OGM soient cultivés dans le champ, il faut qu'ils aient été expérimentés. Il faut qu'on ait prouvé qu'ils ne sont pas dangereux pour notre santé et notre environnement. (Rolando)

• Bien que je sois contre les OGM, je trouve regrettable que les manifestants aient employé ces moyens. (Liza)

• Ils savaient qu'ils prenaient des risques en détruisant le champ devant les gendarmes. Ils l'ont fait quand même. C'est très courageux. Cela montre qu'ils sont sûrs d'avoir raison. (Feelou)

• Moi, je regrette que les gendarmes ne soient pas intervenus. Il y a tout de même d'autres moyens pour faire connaître ses idées. Au lieu de détruire, on écrit des articles. On s'explique à la télévision. (Kazan 34)

➔ Téléchargement illégal :
vers un assouplissement de la loi

Aujourd'hui, télécharger illégalement de la musique sur Internet est devenu une pratique courante surtout chez les jeunes. Une enquête récente a montré que 75% des 15 à 17 ans la considérait comme normale. Or, le téléchargement non payant constitue un préjudice pour les créateurs et les entreprises de diffusion des produits culturels (musique ou films). En 2009, le gouvernement a donc proposé un projet de loi pour protéger les droits des créateurs. Bien que certains artistes, producteurs et 60% des internautes soient défavorables à la pénalisation du partage des fichiers, la loi dite « Hadopi » a été votée.

Mais les internautes ont quand même continué à télécharger et la loi reste critiquée au nom des libertés individuelles.

Il est aujourd'hui question de rendre la loi moins répressive. Les auteurs seraient rémunérés grâce à une taxe payée par les entreprises du Net.

❯ **Vos réactions**

•

ILS L'ONT ÉCRIT ...

➜ Chasse aux fumeurs. Jusqu'où ira-t-on ?

Après l'interdiction de fumer dans tous les lieux publics, les entreprises pourraient refuser d'employer un fumeur.

❯ Vos réactions

• _____

➜ Peut-on laisser faire la dictature de la mode ?

Après Madrid, qui a surpris en interdisant aux mannequins jugées trop maigres de défiler, c'est maintenant en Inde que ces mêmes mannequins ne peuvent pas défiler.

Les autorités estiment que pour une certaine taille les jeunes filles doivent avoir un poids minimum. Elles veulent interdire l'image de mannequins filiformes qui selon elles seraient responsables de bon nombre de cas d'anorexie chez les jeunes filles.

En Angleterre, le débat est lancé. Les créateurs de mode protestent contre cette décision affirmant qu'il est beaucoup plus facile de faire des vêtements pour des filles très minces. Ces vêtements tombent parfaitement bien et peuvent être portés par n'importe quel mannequin sans trop de retouches. Kate Moss, la top model britannique qui a lancé la mode du mannequin filiforme, a déclaré que les autorités ne pouvaient pas empêcher les mannequins de défiler sur un simple critère de poids.

D'après actualité-de-stars.com (2007).

❯ Vos réactions

• _____

Lecture de l'article « Nouvelles destructions... »

1• **Quel passage de l'article donne :**
– une information ?
– une opinion ?

2• **Trouvez les mots qui ont le sens suivant :**
(a) un organisme génétiquement modifié – (b) les défenseurs d'une idée politique – (c) un coupeur de céréales – (d) un champ – (e) une céréale produite artificiellement

3• **Présentez le fait divers :**
– le lieu
– les différents acteurs présents sur le lieu
– ce qui s'est passé
– les causes du fait divers
– ses conséquences

4• **Reformulez l'opinion d'Alain Toppan en continuant les phrases suivantes :**
« Dans une démocratie, on ne doit pas ...
Les lois de la République n'ont pas été ...
Les chercheurs français vont être ...
Les fabricants américains de graines OGM ... »

5• **Lisez et classez les réactions des internautes.**
Pour le Collectif : ......
Contre : ......
Opinion nuancée : ......

6• **Dans ces réactions, observez :**
a. l'emploi du subjonctif passé (voir forme p. 68) ;
b. les mots qui permettent d'exprimer des oppositions ou des nuances.

Lecture commentaire des autres documents

La classe se partage les autres documents.

1• **Chaque groupe prépare une présentation du document en indiquant :**
– l'information donnée par le document ;
– les réactions du groupe.

2• **Chaque groupe présente ses réflexions à la classe.**

Employer le subjonctif passé

1 **Observez les phrases ci-dessus. Écrivez-les dans le tableau. Remarquez le temps et le mode des verbes.**

1er verbe de la phrase	2e verbe
J'ai peur ...	que nous n'ayons pas fini...

Dans quel cas emploie-t-on le subjonctif ?
a. après les verbes ......
b. après les expressions ......

2 **Mettez les verbes à la forme qui convient.**
La créatrice de parfums Laura Mirmont va bientôt présenter un nouveau parfum.
« D'ici la fin de la semaine prochaine, il faut que nous (*trouver*) le slogan.
Il faut que nos partenaires (*signer*) le contrat. Tarek, tu vas à Madagascar mais il faut que tu (*rentrer*) samedi.
J'aimerais que les affiches (*être préparées*) pour le mois prochain.
Camille, avant le 15 mars, il faut que vous (*réserver*) une salle.
Je veux que les invités (*recevoir*) leur invitation un mois avant la présentation. »

3 **Imaginez ce qu'ils disent dans les situations suivantes. Utilisez les verbes et expressions entre parenthèses.**
a. Les parents programment l'avenir de leur fils.
« À 18 ans, j'aimerais que tu aies passé le bac. À 20 ans ... »
(j'aimerais, je voudrais, il faudrait – pour que... – jusqu'à ce que...)
b. Avec un(e) ami(e) vous revenez d'une soirée. Vous échangez vos impressions.
« Je regrette que Paul ne soit pas venu ... »
(j'ai apprécié... je regrette... j'ai peur... il aurait fallu... à condition que...)

Le subjonctif passé

Le subjonctif passé s'emploie après les mêmes verbes ou expressions que le subjonctif présent quand l'action du verbe est antérieure à une autre action.
Je voudrais que tu fasses la vaisselle (maintenant).
*Je pars. Quand je reviendrai, je voudrais que tu **aies fait** la vaisselle* (action antérieure à celle de « revenir »).

1. Forme du subjonctif passé
avoir ou *être* au subjonctif + participe passé

Il faut...
que j'aie fini	que je sois allé(e)
que tu aies fini	que tu sois allé(e)
qu'il/elle ait fini	qu'il/elle soit allé(e)
que nous ayons fini	que nous soyons allé(e)s
que vous ayez fini	que vous soyez allé(e)(s)
qu'ils/elles aient fini	qu'ils/elles soient allé(e)s

2. Emplois principaux
a. Quand on demande, souhaite par anticipation
Il faut que les enfants aient rangé leur chambre avant midi.
b. Quand on exprime un sentiment, une opinion, un doute sur quelque chose qui a peut-être eu lieu
J'ai peur (1)
Je regrette — *qu'elle soit partie sans m'attendre.*
Je doute
c. Après toutes les expressions qui sont suivies du subjonctif (avant que, pour que, à condition que, bien que, etc.) **quand ces expressions introduisent une action achevée.**
Il a quitté la salle avant que le professeur ait fini son cours.
Pour juger ce film, il faudrait que vous soyez allé le voir.
(1) On peut dire « J'ai peur qu'il **ne** soit parti ». Ce « ne » n'a pas de valeur négative.

Enchaîner des idées

Speech bubbles:
- **Bien que** la forme de cette robe soit belle, je n'aime pas les couleurs.
- **Alors que** l'an dernier sa collection était très colorée.
- C'est très original **mais** c'est **quand même** beau.
- **Au lieu de** chercher l'originalité, il ferait mieux de penser que toutes les femmes ne sont pas des mannequins.

1 Dans chacune des phrases ci-dessus, notez les idées qui s'opposent.

Les formes de la robe sont belles / ......

Observez les constructions de ces oppositions.

2 Reliez les deux phrases en utilisant l'expression entre parenthèses et en faisant les transformations nécessaires.

Un homme qui a de la chance

a. Il ne joue pas souvent au Loto. Il gagne de temps en temps. (*bien que*)

b. Il n'avait pas travaillé. Il a réussi à son examen. (*alors que*)

c. Il y avait beaucoup de voitures en ville. Il a trouvé une place. (*quand même*)

d. Il n'est pas très sociable. Toutes les filles veulent lui parler. (*pourtant*)

e. Il ne parle pas. Les gens le regardent. (*même si*)

3 Complétez les enchaînements d'idées en utilisant « or » et « donc ».

a. J'adore la danse contemporaine ... hier une amie m'a proposé une place ... je suis allée voir le nouveau spectacle de Mathilde Monnier.

b. Interrogé par la police, M. Jo dit qu'il a passé la soirée chez lui ... quelqu'un l'a vu à 22 h dans la rue Rousseau ... il cache quelque chose.

c. Émilie dit qu'elle veut quitter Romain ... elle part en vacances avec lui ... elle n'a pas pris sa décision.

d. Nous devions aller à Paris en train le 20 ... ce jour-là, il y a une grève de la SNCF. Est-ce que nous y allons en voiture ?

L'enchaînement des idées

1. Les deux idées sont opposées

Elle n'aime pas l'opéra. En revanche elle adore le cinéma.

2. La suite des actions n'est pas logique

a. *pourtant – quand même – tout de même*
Elle n'aime pas l'opéra ...
***Pourtant** elle est allée voir Carmen.*
*Elle a **quand même** acheté le CD de Roberto Alagna.*
*Elle est **tout de même** allée à la Scala avec sa sœur.*

b. *bien que* + subjonctif
***Bien qu'**elle n'ait pas d'argent, elle a acheté une nouvelle voiture.*

c. *alors que* + indicatif (change l'ordre des idées)
*Elle a acheté une nouvelle voiture **alors qu'**elle n'a pas d'argent.*

d. *même si* + indicatif (en général pour une action future)
***Même s'**il pleut, nous sortirons.*

3. Quand l'action prévue est remplacée par une autre
***Au lieu d'**aller au cinéma, elle est allée à l'opéra.*

4. « Or » introduit une information inattendue qui modifie la suite logique

*Ce soir, je devais rentrer à Marseille par le train. **Or** la SNCF est en grève. Je resterai **donc** ce soir à Paris.*

*Elle avait envie d'acheter la nouvelle Audi. **Or** son salaire a diminué. Donc, elle gardera sa vieille voiture.*

Travaillez vos automatismes

1 Emploi du subjonctif passé. Vous préparez une randonnée avec des amis. Confirmez comme dans l'exemple.

- Pierre, avant ce soir, tu dois acheter la nourriture.
– Oui, il faut que tu aies acheté la nourriture.
- Moi, je dois avoir trouvé la carte.
– ...

2 Emploi de « *bien que* + subjonctif ». Confirmez comme dans l'exemple.

Bavardages autour de la machine à café
- C'est bizarre, Paul a un petit salaire mais il a une grosse voiture.
– C'est vrai, bien qu'il ait un petit salaire, il a une grosse voiture.

Vent de révolte

3 – Le vent tourne

1 Le 30 mai. Au parc naturel de la baie de Somme.

G. Labrousse : Je suis venu vous voir parce qu'on a décidé d'organiser une fête de l'environnement.

Gaëlle : C'est une bonne idée.

G. Labrousse : Et on voudrait savoir si vous nous autoriseriez à la faire ici.

Gaëlle : Ici, dans le parc ? Vous n'y pensez pas. Des centaines de voitures, des vendeurs de saucisses…

G. Labrousse : Mais on observera le règlement. Les voitures resteront sur la route…

Gaëlle : J'ai peur que vous n'ayez pas compris, Gérard. Ici, ce n'est pas mon parc. Je n'ai pas le droit de vous donner cette autorisation. Paris ne le tolérerait pas ! Je suis désolée.

G. Labrousse : Bon, ben, d'ici ce soir, il faut qu'on ait trouvé un endroit…

2 Pendant ce temps, les défenseurs des éoliennes s'activent.

M. Duval : Il faut se dépêcher. Leur fête de l'environnement, c'est dimanche.

Ludivine : Donc il faut qu'on ait distribué nos tracts samedi.

M. Duval : Par conséquent, il faut que vous les ayez préparés aujourd'hui.

Jérémy : Qu'est-ce qu'on met sur le tract, monsieur Duval ?

M. Duval : Il faut des phrases choc !

 Transcription

3 Le samedi 1er juin, vers 10 h, au bord de la mer.

Yasmina : Bonjour. Vous savez si on peut rejoindre le village de Saint-Martin par là ?

Loïc : C'est déconseillé. Ça peut être dangereux. La marée va monter. Vous n'êtes pas d'ici ?

Yasmina : Non, je suis dans la région pour le boulot. Je loge à l'hôtel de Saint-Martin.

Loïc : Il est bien ?

Yasmina : Moyen. Mais ça va. C'est juste pour deux ou trois jours. Qu'est-ce que vous pêchez là ?

Loïc : Des coques.

Yasmina : Ça se mange ?

Loïc : Bien sûr, et c'est même très bon… Mais il faut venir en goûter chez moi. Je suis le patron du restaurant de la Baie.

Yasmina : Ah, j'ai entendu parler de votre restau. Je voulais y aller.

Loïc : Pourquoi pas ce soir ? Je vous invite.

Dimanche matin à 8 h, au café du Crayeux.

Un homme : Monsieur le maire, vous êtes au courant ? Il y a eu des dégradations à la mairie.

Le maire : Qu'est-ce que c'est que cette histoire ?

L'homme : Je viens de le voir en passant. On a tagué les murs. On a cassé des vitres et on a peint en vert la statue.

Le maire : Labrousse, vous êtes devenu complètement fou !

Labrousse : Eh, attendez. Je n'y suis pour rien dans cette histoire !

Le maire : Si ce n'est pas vous, ce sont les vôtres. Je vous avertis, je veux qu'avant ce soir vous ayez tout nettoyé et tout réparé.

Labrousse : Alors, écoutez-moi bien, monsieur le maire. Je vais rester calme. Moi et les miens, comme vous dites, on est allés hier soir à Abbeville pour une réunion. On a discuté. On a imprimé des tracts. Ça a duré toute la nuit. À 6 h, on prenait un café dans un bar d'Abbeville et en arrivant au Crayeux, on est venu ici pour en prendre un second. Et ce ne sont pas les témoins qui manquent !

Compréhension et simulations

1 SCÈNE 1. Résumez la conversation entre Gaëlle et Gérard Labrousse.

« Gérard Labrousse est allé voir Gaëlle pour … »

2 Jouez la scène. Inspirez-vous de la scène 1 et utilisez le vocabulaire du tableau.

Vous avez l'intention d'organiser une fête dans votre école de langue. Vous demandez l'autorisation au directeur. Il pose des conditions.

3 SCÈNE 2.

a. Lisez le début de la scène. D'après vous qui sont Jérémy et ses amis ? Quelles sont leurs idées ?

b. Transcrivez la fin de la scène.

4 SCÈNE 3.

a. Écoutez et racontez la scène.

b. Jouez-la à deux en faisant une petite mise en scène.

5 Scène 4.

Vous êtes journaliste au journal local de la baie de Somme. Vous avez assisté à cette scène.

Vous rédigez un bref article pour votre journal.

Interdiction et autorisation

• une règle – une loi – une consigne
observer... respecter un règlement
obéir à la loi – obéir à quelqu'un
• interdire (Je lui interdis de partir)
déconseiller / conseiller (Je lui déconseille de partir)
tolérer (Je tolère son départ)
permettre (Je lui permets de partir)
autoriser (Je l'autorise à partir)
dispenser (Je le dispense de rester)
• une interdiction – une tolérance – une dispense –
une dérogation – une permission – une autorisation
• une épreuve obligatoire / facultative / en option

🎧 Prononciation

Différenciation [y] – [i] – [u] – [ø].

Infraction

Deux individus...
Sur un deux-roues... dans cette rue
C'est exclu.
Et si en plus... vous avez bu... de l'alcool de bambou
C'est pas permis... Je punis !

Demandes et réclamations

Élise MONTIEL
150West 52th street
NEW YORK 10019
USA

New York, le 10 juillet 2013
Université de Picardie
Service des inscriptions

Madame, Monsieur
Je vous serais reconnaissante de bien
vouloir m'envoyer les formulaires
d'inscription pour la 2ᵉ année de doctorat.
Je suis actuellement en stage aux États-
Unis et je n'ai pas trouvé ces formulaires
téléchargeables sur le site de l'université.

Internship ?

❶

À :
Cc :
Objet :

Signature : Signature n°2

Bonjour,
Du vendredi 3 mars à 8 heures jusqu'au mardi 7 à 11
heures ma ligne téléphonique a été coupée. Je n'ai donc
pu utiliser ni ma ligne fixe, ni ma ligne ADSL, ni Internet,
et j'ai dû faire un large usage de mon téléphone portable.
L'entretien que j'ai eu le vendredi 3 à 8h30 avec votre
service assistance a montré que cette interruption n'était
pas due à mon installation et que la réparation était de
votre responsabilité.

❷

Objet :

Bonjour Jérémy
Nous avons l'intention de retourner
l'été prochain en Bulgarie.
Pourrais-tu me rendre le Guide Bleu
que je t'ai prêté quand tu es passé
nous voir à Noël. J'en ai besoin
pour préparer notre voyage.
Merci de nous le faire parvenir
assez vite.
J'espère que tu vas bien.
Amitiés
Elsa

❸

Objet :

Chère Lou,
Marie garde un souvenir inoubliable
du repas libanais que tu nous as
préparé la semaine dernière.
J'ai envie moi aussi de me lancer
dans la cuisine orientale pour lui
faire une surprise.
Tu nous as parlé d'un magasin où
on trouve un excellent tahini. Te
serait-il possible de me donner son
adresse ?
Merci d'avance.
Bises.
Guillaume

❹

Madame, Monsieur
Il y a cinq ans j'ai souscrit un crédit auprès de
votre banque pour l'achat de mon appartement
situé 25 rue des Bouchers à Moulins.
Il s'agit d'un crédit à taux fixe avec
des remboursements de 400 € mensuels.
Ce crédit arrive à échéance dans quinze ans.
Pour des raisons que je vais vous exposer, je
sollicite une réduction du montant de ces
remboursements entraînant bien entendu
un report de l'échéance finale.

expires

Je vous en remercie par avance et vous prie
d'agréer, Madame, Monsieur, l'expression
de mes salutations distinguées.

❺

Le relevé de mon compte courant que vous venez
de m'envoyer comporte me semble-t-il une erreur et
le solde ne correspond pas à mes propres calculs.

❻

Compréhension des lettres

Lisez les documents ci-dessus. Pour chacun, complétez le tableau.

Qui écrit ?	
À qui ?	
Objet de la demande	
Type de lettre (familière, administrative)	
La lettre est-elle complète ? Que manque-t-il ?	

Écriture

Complétez les lettres selon les indications suivantes. (Aidez-vous des autres documents.)

1. Document 1. Rédigez la phrase finale et la formule de politesse.

2. Document 6. Imaginez le début de la lettre.

3. Document 2. Rédigez la fin de la lettre.

4. Document 5. Rédigez quelques phrases pour argumenter la demande.

Infos pratiques

SITES UTILES

service-public.fr (tous types de renseignements administratifs)

diplomatie.gouv.fr (informations générales sur la France)

cidj.com

cned.fr (Centre national d'éducation à distance)

cnous.fr (logement étudiant et restaurant universitaire)

education.gouv.fr

etudiant.gouv.fr

Les infos administratives

Lettres de demande

• Pour demander

Je souhaiterais recevoir une documentation sur…

Je vous serais très reconnaissant…

… de bien vouloir m'envoyer (me faire parvenir) une documentation sur…

… s'il vous était possible de m'accorder un entretien (un congé, une bourse)…

• Pour réclamer

Je vous prie de… (Je vous serais reconnaissant de bien vouloir…)

… vérifier (me rembourser, etc.).

Demandes orales

1 Lisez les « Infos pratiques » ci-dessus. Comparez avec les moyens d'information dans votre pays.

2 Écoutez. Ils demandent des informations. Complétez le tableau.

Document	1
À quel organisme la personne s'adresse ?	La préfecture
Quelle est la demande ?	Comment obtenir la carte grise d'une voiture
Quelle est la réponse ?	……

OÙ SE RENSEIGNER ?

• **Internet.** C'est aujourd'hui la façon la plus pratique et la plus rapide pour se renseigner. Selon l'information que vous recherchez, tapez le nom de la ville, de l'entreprise, de l'administration ou de l'association concernée.

Mais attention, vérifiez que le site est à jour.

• **Les annuaires téléphoniques.** Dans les **Pages Jaunes**, vous trouverez les magasins, services et administrations classés par thème.

Dans les **Pages Blanches** figurent non seulement le nom des abonnés au téléphone mais aussi des pages d'informations pratiques très complètes. Comment faire pour demander une bourse, une naturalisation, se marier, déclarer une naissance, obtenir une aide au logement, chercher un emploi, créer une association, etc.

• **Le téléphone.** Les services d'urgence seront toujours à votre écoute. Vous en trouverez la liste dans les journaux locaux. Gardez en mémoire les trois numéros principaux : la police (17), les pompiers (18), le SAMU (service d'aide médicale urgente ; 15).

Les services publics (Sécurité sociale, mairie, impôts) sont en général à l'écoute et disponibles mais, en cas de demandes trop spécifiques, vous n'accéderez pas à la personne qui peut vous renseigner. Il est alors préférable d'envoyer un courrier électronique.

• **Les services accueil.** Les **mairies** accueillent et renseignent les nouveaux résidents. Vous y trouverez la liste des associations culturelles et sportives ainsi que des renseignements administratifs. N'oubliez pas qu'à Paris il y a une mairie dans chaque arrondissement. En région, il y a souvent deux **offices du tourisme** (ou syndicat d'initiative), celui de la ville et celui du département. À Paris, le **CIDJ** (Centre information et documentation jeunesse) répond aux questions spécifiques des jeunes.

FAIRE VALOIR SES DROITS

• Le site www.vosdroits.service-public.fr vous renseignera sur vos droits. Les compagnies d'assurances disposent aussi d'un service d'aide juridique.

• En cas de problème grave (coups et blessures, agressions, vols, etc.), il faut se rendre au **commissariat** de police (dans les villes) ou à la **gendarmerie** (en milieu rural) pour porter plainte.

• S'il s'agit d'un problème avec une administration qui ne donne pas suite à votre demande, vous pouvez vous adresser au service du **Médiateur de la République**.

• Dans les autres cas (problèmes avec un commerçant qui refuse de vous rembourser un objet défectueux, avec un voisin désagréable, avec un hôtelier malhonnête), adressez-vous au **tribunal** qui vous orientera vers **un conciliateur de justice** (gratuit) ou vers un **avocat**.

Les échos d'Écho sur cle-inter.com/echo

Association « J'aime ma ville »
Ville de Châteauneuf
La boîte à idées

→ Circulation, pollution, bruit, manque d'espaces verts sont des problèmes auxquels notre ville doit faire face.

→ Manque de solidarité, solitude, insécurité sont aussi des difficultés pour lesquelles il est difficile de trouver des solutions.

Pourtant, ici et là, des municipalités et des associations agissent pour rendre leur ville plus agréable.
C'est aussi le but de notre association.

Voici des réalisations dont Châteauneuf pourrait s'inspirer. Ajoutez vos idées.
Envoyez-les-nous par courriel ou laissez-les-nous sur le répondeur tél. : ...

☞ Besançon (Franche-Comté)
Plus on jette plus on paie

[...] Pour faire face au coût croissant des déchets, le Grand Besançon a décidé, courant 1999, de responsabiliser les usagers en les taxant non plus selon la dimension de leur foyer et de leur maison mais en fonction de ce qu'ils rejettent réellement. La taxe d'enlèvement des ordures ménagères (TEOM) est devenue une redevance (REOM) calculée au volume de la poubelle grise (déchets non recyclables). Elle augmente si vous réclamez une poubelle plus grande et double s'il vous en faut une seconde.

Ça m'intéresse, septembre 2007.

☞ Suresnes (Île-de-France)
Permis contre travail

Pour tenter d'enrayer la progression du nombre de jeunes qui conduisent sans permis, la ville de Suresnes a trouvé une idée originale. Elle prend à sa charge jusqu'à 80 % du coût de l'examen (qui revient à 1 200 € environ). En échange, les 18-25 ans doivent proposer un projet à caractère humanitaire ou social. [...] « Nous leur demandons de s'engager pour trente heures, explique Jean-Loup Dujardin, chargé de mission à la politique de la ville et à la prévention. Il peut s'agir aussi bien d'encadrer des activités sportives que d'aider au soutien scolaire, ou encore de faire les courses pour une personne âgée. »

L'Express, 02/02/2006.

☞ Villeneuve-d'Ascq (Nord-Pas-de-Calais)
Un système d'échanges de services

À Villeneuve-d'Ascq s'est développé un système d'échanges locaux. Les membres de cette association s'échangent des services. Un exemple : vous êtes informaticien et vous avez besoin que quelqu'un garde votre chien pendant vos vacances. C'est un travail dont se chargera gratuitement un autre membre de l'association en échange d'une intervention sur son ordinateur en panne.

☞ Montréal (Canada)
Les jardins communautaires

Depuis 1975, la ville de Montréal au Québec a développé des jardins communautaires. Ce sont des terrains municipaux dans lesquels les habitants peuvent disposer d'une parcelle pour cultiver des légumes ou des fleurs. La ville met à la disposition des habitants la terre, l'eau, des cabanes à outils et des spécialistes auxquels les jardiniers peuvent demander des conseils.

Pour ces habitants c'est l'occasion de réaliser leur rêve d'avoir un coin de jardin à cultiver, de créer des liens de convivialité et de solidarité et de préserver un espace naturel dans le centre de la ville.

☞ À Strasbourg (Alsace)
Vive le vélo !

Plus de 400 km de pistes cyclables. Des points Vélocation pour louer un vélo quand on arrive à la gare ou au parking. Plus de 1 600 places de stationnements pour vélos. Strasbourg est en France la pionnière de ce moyen de transport.

À l'exemple de sa voisine allemande Fribourg dans laquelle le vélo est parfaitement intégré.

☞ Toulouse (Midi-Pyrénées)
Un quartier autonome

C'est un record en Europe. Toulouse accueille chaque année 15 000 nouveaux résidents pour lesquels il faut trouver un logement.

Près de l'usine de construction de l'Airbus A380, la ville est en train de réaliser le plus grand quartier durable de France. Pas question de refaire les erreurs des « villes nouvelles » des années 60 avec leurs tours trop éloignées des centres-villes et coupées des activités commerciales et professionnelles.

Andromède est un quartier dans lequel maisons individuelles et petits immeubles s'élèvent au milieu de grands espaces naturels (un tiers de la superficie du quartier). Tous les équipements sont prévus (commerces, écoles, installations sportives) et la ville construit 14 000 m² de bureaux qui doivent créer 6 000 emplois auxquels s'ajouteront les emplois de service et de commerce.

Une ville autonome à quelques minutes du centre de Toulouse où l'on pourra aller grâce au tramway ou au métro.

Découverte du document

1• Quelle est l'origine du document ? À qui s'adresse-t-il ? Que propose-t-il ?

2• Travail en petits groupes. La classe se partage les articles du document. Pour chaque article, complétez la fiche de présentation.

a. Nom de la réalisation ou de l'initiative : …

b. Lieu : …

c. À quel besoin correspond-elle ? … *→ what are we trying to solve*

d. Description rapide : …

e. Originalité et nouveauté : …

f. Opinions du groupe sur l'initiative : …

3• Présentez votre initiative à la classe.

Écoute du répondeur

a. Lisez le tableau de vocabulaire ci-dessous.

b. Écoutez les messages du répondeur. Complétez le tableau.

Message	Problème posé	Suggestion du correspondant

Projet : une idée pour votre ville

1• Recherche d'idées en groupe

a. Faites la liste des défauts de votre ville.

b. Recherchez des idées pour les améliorer.

2• Développez et rédigez une idée pour améliorer la vie dans votre ville (individuellement ou en petits groupes).

3• Présentez vos idées et discutez.

La ville

- une ville – une agglomération (l'agglo) – le centre – la périphérie – la banlieue
- les déplacements – une voie piétonne – un espace piétonnier – le bus (un couloir de bus) – une piste cyclable – le métro – le tramway (une station, un arrêt)
- les services (crèches, écoles, etc., cliniques, hôpitaux – banques, assurances – poste)
- les équipements sportifs (stade, piscine, etc.), culturels (bibliothèque, théâtre, etc.)
- la qualité de vie : la qualité de l'air – le bruit – la propreté – le tri des déchets – la sécurité - les espaces verts

C'est l'idéal !

Caractériser, ajouter une information

> Voici l'armoire **où vous rangerez vos affaires**, le règlement **auquel nous sommes très attachés**. Le service **dont vous faites partie** est ici.

> Voici le bureau **dans lequel vous serez** et l'ordinateur **sur lequel vous allez travailler**.

> Et voici votre collègue, celui **avec qui vous allez, faire équipe**. C'est Marc Jollis **qui a beaucoup d'expérience** et que vous **apprécierez**.

① Observez les phrases ci-dessus. Quel mot caractérise chaque groupe en gras ?

Réécrivez les phrases sans utiliser les pronoms relatifs.
Exemple : *Voici une armoire. Vous rangerez vos affaires dans cette armoire.*

② Combinez les deux phrases en une seule.

a. En utilisant « auquel, à laquelle, etc. »
• Samedi soir, je fais une petite fête. Tu es invitée à cette fête.
• Il y aura Paul et Lucie. Tu leur as parlé la dernière fois.
• J'ai prévu des activités. Tu t'intéresseras à ces activités.
• On fera un concours de danse. Tu participeras à ce concours.

b. En utilisant « préposition + lequel, laquelle, etc. »
• Fanny a une maison de campagne. Elle peut loger dix personnes dans cette maison de campagne.
• Elle a deux amies brésiliennes. J'ai fait une expédition en Amazonie avec elles.

• Elle a écrit un livre. Elle a eu le prix Femina pour ce livre.
• Elle est entourée d'animaux. Elle ne peut pas vivre sans ses animaux.

③ Complétez avec un pronom relatif.

Un maire présente sa ville à des visiteurs.
a. Voici le terrain … nous allons construire une piscine olympique.
b. Ici, vous voyez le Centre culturel … nous avons inauguré l'an dernier. C'est un projet … l'État a participé.
c. La pollution est un problème … je suis très sensible. Ces bâtiments … nous avons utilisé de nouveaux matériaux permettront de faire des économies d'énergie.
d. Voici le jardin public près … se trouve le lycée.

④ Imitez le texte ci-dessus. Présentez votre logement et les objets intéressants qu'il contient.

Voici le dictionnaire de français avec lequel j'ai passé mon examen.

Les pronoms relatifs composés

Grâce aux pronoms relatifs, on peut ajouter des informations à propos d'un nom ou d'un pronom.
*Je connais un restaurant [**qui** n'est pas cher] et [**que** les artistes fréquentent].*
_{1ʳᵉ information   2ᵉ information   3ᵉ information}
Le pronom relatif représente le nom ou le pronom qui le précède.
*Voici votre collègue, **celle** avec qui vous ferez équipe.*
Le choix du pronom relatif dépend de la fonction grammaticale du mot qu'il remplace (pour les pronoms relatifs déjà étudiés voir page 132)

1. Le pronom relatif représente une personne ou une chose complément indirect introduite par la préposition « à »
• **préposition *à* + *qui*** (seulement pour les personnes)
*J'ai rencontré la personne **à qui** tu as vendu ta maison.*
• **auquel (à laquelle, auxquels, auxquelles)**
*J'habite le XIIᵉ arrondissement, un quartier **auquel** je suis habitué. (Je suis habitué à ce quartier)*
*L'association **à laquelle** j'appartiens…*
*Les sujets **auxquels** je m'intéresse…*
*Les amies **auxquelles** tu penses…*

2. Le pronom relatif représente un complément indirect introduit par une préposition autre que « à » et « de »
• **préposition + lequel (laquelle, lesquels)**
*Voici l'immeuble **dans lequel** se trouve mon bureau.*
*La thèse **sur laquelle** il a travaillé cinq ans est terminée.*

3. Le pronom relatif représente un complément introduit par une expression du type « à côté de », « près de », etc.
• **duquel (de laquelle, desquels, desquelles)**
*Voici le square **à côté duquel** j'habite.*

Utiliser les pronoms compléments

> Elle est célibataire ? Tu **le lui** as demandé ?

> Oui, elle **me l'**a dit.

> Tu **lui** as donné du travail ?

> Oui, je **lui en** ai donné.

> J'ai reçu des chocolats d'un client.

> Offre-**m'en** un !

❶ Observez les constructions ci-dessus. Trouvez ce que représente chaque pronom en gras.

le → Est-ce qu'elle est célibataire ?

lui ...

Repérez les différents types de constructions.

❷ Répondez en utilisant la construction avec deux pronoms.

Deux amies parlent de leurs compagnons

• Est-ce que François te présente ses copains ?

– Oui, il me les présente.

• Et toi, tu lui présentes tes amis ?

– Oui, je ... *les lui présente / les lui ai présentés*

• Est-ce qu'il te fait des cadeaux ?

– Oui, ... *Il m'en fait*

• Est-ce qu'il te prête sa voiture ?

– Non, *Il ne me la prête pas* *Il ne me l'a pas prêtée*

• Et toi, tu lui prêtes la tienne ?

– Oui, ... *je lui la prête*

• Est-ce qu'il te demande de l'argent quelquefois ?

– Oui, ... souvent *Il m'en demande souvent*

• Et dans ce cas, qu'est-ce que tu fais ?

– Je ... *lui en donne*

❸ Répondez en utilisant la construction avec deux pronoms.

Luc admire une chanteuse célèbre. Il est allé la voir dans sa loge.

• Tu lui avais apporté des fleurs ? – Oui, je ...

• Elle t'a dédicacé sa photo ? – Oui, elle ...

• Tu lui as donné ton numéro de téléphone ? – Oui, ...

• Elle t'a donné le sien ? – Non, ...

Construction avec deux pronoms

1. Objet indirect + objet direct (avec les 1re et 2e personnes du verbe)

– *Marie **te** raconte sa vie ?*

– *Elle **me la** raconte.*

Elle	me	vous		+	le	la		+ verbe
	te	nous				les		

2. Objet direct + objet indirect (avec la 3e personne)

– *Marie raconte **sa vie** à **Pierre**.*

– *Elle **la lui** raconte*

Elle	le	la		+	lui		+ verbe
		les				leur		

3. Objet indirect + pronom « en »

– *Marie fait **des cadeaux** à **tes enfants** ?*

– *Elle **leur en** fait.*

Elle	me	te	lui	+ en + verbe
	nous	vous	leur	

4. Au passé composé

*Sa vie... Elle **me l'**a racontée.*

*Elle ne **la lui** a pas racontée.*

*Des cadeaux... Elle **leur en** a fait.*

*Elle ne **m'en** a pas fait.*

N.B. *me, te, le, la* devant voyelle → *m', t', l'*.

5. À l'impératif

• **Construction fréquente à l'impératif négatif**

*Ton histoire, ne **la lui** raconte pas.*

*Des cadeaux, ne **leur en** fais pas.*

• **Moins fréquent à l'impératif**

*Raconte-**la-moi**. Donne-**m'en**.*

Travaillez vos automatismes

Préparez vos réponses. Elles sont très souvent utilisées dans la conversation.

❶ Au passé composé

• Tu as dit à Marie de venir ?

– Je le lui ai dit.

❷ Au futur

• Il te prêtera son appartement.

– Il me le prêtera.

Vent de révolte

4 – Bon vent, les éoliennes

1 Le dimanche matin.

Yasmina : Allô, Loïc ?
Loïc : Bonjour, Yasmina, tu as bien dormi ?

Transcription

Yasmina : Je voulais aussi te dire… Tu es au courant des dégradations à la mairie ?
Loïc : Oui, on m'en a parlé.
Yasmina : Eh bien, je les ai vus.
Loïc : Ceux qui ont fait le coup ?
Yasmina : Oui.
Loïc : Quand ça ?

Yasmina : En revenant de chez toi. C'était… quoi ? 2 heures ?
Loïc : Oui, à peu près.
Yasmina : Pour rentrer à Saint-Martin, j'ai pris la route qui traverse Le Crayeux. En passant devant la mairie, j'ai vu trois jeunes et un plus âgé… et celui-là, je l'ai reconnu.
Loïc : Ce n'était pas Labrousse ?
Yasmina : Non, j'hésite à te le dire… C'était Duval.
Loïc : Ah, l'ordure… J'ai compris. Il a fait ça pour casser Labrousse et son association… Alors qu'est-ce que tu vas faire ?
Yasmina : Rien. Duval, c'est mon meilleur allié, c'est grâce à lui que je vais vendre mes éoliennes. Mais je ne suis pas d'accord avec ses méthodes. Alors toi, tu peux peut-être en parler au maire.
Loïc : C'est ce que je vais faire.
Yasmina : Mais ce n'est pas moi qui te l'ai dit, d'accord ? Tu ne me mêles pas à cette affaire.
Loïc : Je te le promets.

2 Le 15 juin, à la préfecture d'Amiens.

La préfète : Avant de commencer je vais faire les présentations bien que la plupart d'entre vous se connaissent. Alors, à ma droite…

Transcription

La préfète : Donc, je vous ai réunis pour faire le point sur les éoliennes, un sujet sur lequel on a dit beaucoup de choses dans les journaux et ailleurs… Sur cette question, je tiens à le préciser, les intérêts de la collectivité doivent passer avant les intérêts particuliers. D'un côté, il est impossible de construire les éoliennes sur la commune du Crayeux en raison du parc naturel ; la loi est très précise sur ce point. Mais d'un autre côté, nous ne pouvons pas laisser Le Crayeux sans ressources. Je propose donc que toutes les communes de la région se regroupent dans une communauté de communes et que les grandes questions soient réglées au niveau de la communauté.

Je donne un exemple. Les éoliennes pourraient être installées sur la commune de Saint-Martin, loin du parc naturel, mais les revenus de cette activité iraient à la communauté. Et la communauté recevrait aussi les revenus touristiques du Crayeux…

1 SCÈNE 1.

a. Transcrivez le début de la scène.

b. Écoutez la fin de la scène. Reconstituez l'emploi du temps de Yasmina depuis la scène 3 de la page 70.

c. Quelle information apporte Yasmina ? Pourquoi donne-t-elle cette information à Loïc ?

2 SCÈNE 2.

a. Écoutez la première partie de la scène (non transcrite). Faites la liste des personnes présentes à la réunion.

Nom	Titre
Mme Richer-Lanson	
...	Députée d'Abbeville

b. Écoutez la suite de la scène. Quelle solution propose la préfète ?

3 SCÈNE 3.

a. Que s'est-il passé entre Duval et le maire ?

b. Imaginez une suite à l'histoire.

---

3 **Deux heures après, dans les jardins de la préfecture.** /////////////////////

G. Labrousse : C'est étonnant, votre adjoint Duval n'est pas là ?
Le maire : Duval a démissionné. Vous ne le saviez pas ?
G. Labrousse : Ça alors. Duval qui donne sa démission !
Le maire : Oui, il n'est pas très en forme en ce moment, Duval.

La préfète : Et alors, dites-moi, cette affaire de dégradations dans votre mairie, où ça en est ?
Le maire : On a trouvé les coupables.
La préfète : Mais je n'en ai rien su.
Le maire : Vous savez, au Crayeux, on lave son linge sale en famille.

Gaëlle : Elles sont délicieuses, ces tapas. Je ne sais pas ce que c'est.
Loïc : Des coques.
Gaëlle : Qu'est-ce que c'est bon !
Loïc : Il y en a plein la baie. Il suffit de baisser les yeux. Mais c'est vrai que vous, vous regardez les oiseaux.
Gaëlle : Les oiseaux se posent quelquefois pour manger des coquillages.
Loïc : C'est la spécialité de mon restau. Il faut venir les goûter.
Gaëlle : Je ne dis pas non.
Loïc : Pourquoi pas ce soir ? Je vous invite.

Enchaîner des idées

- **Succession d'idées**
D'abord (premièrement) ... Ensuite (après) ...
Enfin (pour finir) ...
Premièrement ... Deuxièmement ...

- **Idée complémentaire**
De plus ... Par ailleurs

- **Idées parallèles ou opposées**
D'un côté ... De l'autre – D'une part ... D'autre part

- **Pour insister**
J'insiste sur un point ... J'attire votre attention sur ...
Je pense que ...

Prononciation

Enchaînement des constructions avec deux pronoms.
Secret
Je lui en ai parlé. Je le lui ai montré.
Elle me l'a demandé. Je le lui ai prêté.
Elle me l'a rendu en me disant tout bas
Ne le leur dites pas. Ne leur en parlez pas.
Ou bien je suis perdue !

C'est tellement mieux **ailleurs**

« L'herbe est toujours plus verte dans le pré du voisin », dit le proverbe. Les Français, depuis quelques années, semblent fascinés par l'étranger. Dans la liste de leurs plats préférés, le steak-frites n'arrive qu'en 3e position derrière le couscous et les spaghettis bolognaise. Les jeunes rêvent de travailler en Irlande ou en Australie et dans tous les débats politiques, on cite en exemple le modèle social suédois ou les choix écologiques allemands.

**Pourrait-on vivre mieux en prenant un peu partout ce qu'il y a de meilleur ?
Voici quelques-uns de nos choix que chacun complétera selon son expérience.**

Rythmes de vie, suivez l'Espagne

Voici plus ou moins comment se passe une journée en Espagne. Plus on va vers le sud et plus le rythme tend à être lent : petit déj' vers 10 heures pour les plus courageux, apéro tapas sur les coups de 14 heures et à 15 heures on passe à table pour reprendre l'après-midi vers 17 heures. Le soir, on dîne vers 22 heures pour sortir vers minuit faire un tour, boire un pot ou aller écouter de la musique et danser.

Aux heures d'apéritif et la nuit, on croise les jeunes dans les bars qui offrent des tapas, petites assiettes d'amuse-gueule qui sont souvent extraordinairement bonnes et très méditerranéennes (à base d'huile d'olive). L'ambiance est souvent à la fête et le contact humain chaleureux.

C'est donc un rythme qu'il faut prendre pour réellement profiter de l'Espagne. Si on passe à côté, on loupe sans doute ce qui fait l'âme de l'Espagne.

Par l'équipe de Zetud.Net.

Prendre son bain... à Budapest

Budapest compte plus d'une centaine de sources thermales riches en calcium, magnésium, sulfates... Un bon cocktail pour rhumatisants, cardiaques et autres stressés et tout ça dans des décors magiques, ottoman ou Art déco. Certaines sources datent des Romains, d'autres ont été découvertes par les Turcs.

Variez votre menu comme vous l'entendez : piscine froide, puis bain thermal chaud (hmm !) suivi d'un massage. Vous en sortirez rajeuni de dix ans.

Les bains Gellért. L'établissement le plus célèbre, le plus cher et le plus touristique. Superbe décor Art nouveau, intérieur et extérieur. Magnifique piscine intérieure aux murs couverts de mosaïques, une autre dans le jardin, avec, toutes les heures, de fausses vagues en été (ce fut la première piscine à vagues d'Europe !).

Le Guide du routard, 2004-2005.

Petit-déjeuner, préférez la Pologne

Le petit-déjeuner polonais est riche et varié.
Il se compose généralement :
– d'un verre de jus de fruit
– de charcuteries diverses (jambon, saucisson, pâté)
– de tranches fines de fromages
– d'un œuf dur
– de tranches de tomates
– de radis, de concombre
– de miel ou de confitures
– de différentes sortes de pains noirs ou blancs.
– de « zupa mieczna », soupe au lait avec des céréales.

www.toutleurope.fr (actualités européennes)

Veiller... au Québec

« Imaginez quelques maisons autour d'un lac, dans une forêt de Mauricie au Québec, à deux heures de voiture du premier village. C'est là que nous avons acheté notre maison de campagne, il y a trois ans. Nous y avons trouvé le calme, la nature et bizarrement aussi la convivialité.

J'aime les soirs d'été... Après le souper – c'est le dîner au Québec et on le prend tôt –, il y a toujours quelqu'un pour faire un grand feu de bois et pour inviter les voisins de manière improvisée. Chacun arrive avec quelque chose : de la bière, une tarte aux bleuets (1)... On discute : les dernières nouvelles, les résultats du concours de pêche, les histoires qui se sont passées dans le pays... et on chante des chansons québécoises ou de vieilles chansons françaises.

Catherine, Avignon.

(1) Sortes de myrtilles.

Se marier... à Tahiti

Descendant de la pirogue à balancier au Tiki Village, les futurs époux accostent sur la plage, accueillis par les villageois au son des ukulélés. On conduit la mariée dans le faré bambou pour y être apprêtée par les femmes du village. Massée à l'huile de monoï, on l'habille ensuite en princesse tahitienne. Son fiancé, emmené en pirogue sur une plage à proximité du village, y est tatoué (au feutre) et habillé en grand chef. On l'accompagne au village où la mariée, le grand prêtre et les villageois, tous vêtus de costumes de fête traditionnels, le reçoivent en musique.

Après les présentations, le grand prêtre invite les futurs époux à pénétrer sur le marae, temple tahitien de pierre, face au lagon, où il va les unir. La cérémonie se déroule en tahitien et est traduite par un interprète. Les mariés sont bénis puis reçoivent leurs noms tahitiens et ceux de leurs futurs enfants. Ils se dirigent ensuite vers la chaise royale, et fleuris de couronnes et de colliers, ils sont portés par quatre guerriers pour obtenir leur certificat de mariage traditionnel en tapa (écorce de l'arbre à pain).

On leur sert le champagne tandis que les jeunes filles du village leur offrent un spectacle de danse et les invitent à se joindre à elles avant qu'ils n'embarquent sur la pirogue royale pour une promenade romantique au son des ukulélés et des guitares.

Les jeunes mariés rejoignent alors un somptueux faré royal flottant.

Geneviève Mansion, *Tant de choses à faire avant de mourir*,
© Agence Serendipity, 2005

Lecture des quatre premiers documents

1 Lisez le titre. Cherchez l'explication de ce titre dans l'introduction.

2 Partagez-vous les quatre articles. Lisez chaque article en vous aidant d'un dictionnaire. Notez les particularités. Comparez-les aux habitudes françaises et à celles de votre pays.

3 Présentez l'article à la classe et discutez.

Lecture de « Se marier... à Tahiti »

(Travail collectif ou en petits groupes)

1 Lisez le texte. Classez le vocabulaire.

Les actions des personnes	Les objets	Les personnages	Les lieux
Arrivée en pirogue	Une pirogue à balancier	Les futurs époux	La plage de Tiki Village

2 Faites la liste des étapes du mariage.

3 Notez les différences avec une cérémonie de mariage dans votre pays.

Continuez le dossier « C'est tellement mieux ailleurs »

1 Quel mode de vie aimeriez-vous importer dans votre pays ou en France ? Rédigez un petit texte pour le présenter.

2 Exposez-le à la classe.

Les échos d'Écho sur cle-inter.com/echo

Évaluez-vous

1 Vos compétences et vos connaissances faciliteront votre adaptation à la société française.

Répondez « oui » ou « non ». Comptez les « oui » et notez-vous.

a. Vous connaissez un peu l'organisation politique et administrative d'une ville et d'une région française. ...
b. Vous pouvez comprendre des textes et des conversations qui portent sur une ville ou une région. ...
c. Vous connaissez un peu l'organisation politique et administrative de la France. ...
d. Vous pouvez citer les noms du président de la République, du Premier ministre, des principaux partis politiques, des principaux syndicats. ...
e. Vous connaissez les emblèmes de la République (drapeau, hymne, etc.). ...
f. Vous pouvez comprendre le sujet d'un article ou d'une conversation portant sur l'économie. ...
g. Vous savez repérer ce qui est interdit, toléré, autorisé. ...
h. Vous savez demander une autorisation. ...
i. Vous savez comment vous informer. ...
j. Vous savez comment faire valoir vos droits en cas de problème. ...
.../10

2 Vous connaissez la vie publique en France.

Dites si les phrases suivantes sont vraies ou fausses.

a. En France, le président de la République est le chef du parti qui a gagné les élections. ....
b. Il y a 21 régions en France. Chaque région a une grande autonomie dans les domaines culturel, éducatif et économique. ....
c. En France, il y a beaucoup de fonctionnaires. ....
d. La devise de la France est Liberté, Égalité, Prospérité. ....
e. En France, l'agriculture et l'industrie alimentaire sont des secteurs importants de l'économie. ....
f. La France produit du pétrole. ....
g. L'énergie nucléaire compense une partie des besoins en électricité. ....
h. La plupart des enfants français vont à l'école publique. ....
i. La gendarmerie est la police des campagnes. ....
j. Plus de la moitié des Français sont des catholiques pratiquants. ....
.../10

3 Vous comprenez une explication.

Pierre Norois, petit industriel installé à Port-Camargue, est interviewé pour l'émission de radio « Réussites ». Écoutez et cochez les bonnes cases.

Pierre Norois s'est installé
☐ au bord de l'Atlantique ☐ il y a quelques années
☐ au bord de la Méditerranée ☐ récemment

Il fait fabriquer
☐ en France ☐ parce qu'on ne trouve pas d'ouvriers
☐ à l'étranger ☐ parce que le travail coûte moins cher

Il fabrique
☐ des toiles de tentes ☐ des voiles de bateaux
☐ des drapeaux ☐ des rideaux
☐ Il a continué l'activité de ses parents en se spécialisant.
☐ Il a choisi une activité totalement différente.

Quels sont les avantages pour lui ?
☐ À Port Camargue, il y a beaucoup de bateaux.
☐ Ses clients sont contents de venir le voir.
☐ Il peut inviter ses amis.
☐ Il peut faire de la planche à voile.
☐ Le climat est agréable.
☐ Il vend beaucoup de planches à voile.
.../10

Vous comprenez un texte sur la politique de la ville.

L'auteur parle de la ville de Fribourg en Allemagne.

À peine débarqué du train, le visiteur se retrouve dans une ambiance qui évoque les villes flamandes, danoises ou hollandaises. Partout le vélo est roi : le réseau de pistes cyclables dépasse les 500 kilomètres alors qu'il n'atteint pas les 100 kilomètres dans la plupart de nos villes.

Les habitants de Fribourg se plaisent à souligner que pour deux habitants on ne dénombre pas moins de trois bicyclettes. Tout près de la gare, voici la maison du Vélo, inaugurée en 1999 : un bâtiment tout rond en bois, avec éclairage solaire et toit végétalisé. Dans cette sorte de Roissy de la bicyclette, on trouve un parking pour les voitures d'une entreprise de carsharing (entendez « auto-partage »). Ces voitures sont mises à la disposition des habitants vingt-quatre heures sur vingt-quatre, dans tous les quartiers, avec une accessibilité plus facile et plus rapide que les traditionnels systèmes de location. Au premier étage de la maison du Vélo, un garage gardé jour et nuit, d'une capacité de mille bicyclettes, et au deuxième étage les services offerts aux cyclistes : réparations, pièces de rechange, location d'équipements comme sièges pour enfants ou remorques, agence de voyages, spécialisée dans les excursions à deux roues, etc. Ce parking à vélo est très bon marché et permet l'accès direct des habitants au train, au bus et au tram.

Bref, à Fribourg, le vélo a fini par supplanter la voiture. Mais la municipalité a tout fait pour cela : la quasi-totalité des quartiers est en zone « 30 kilomètres à l'heure », les places de stationnement ont été réduites, les tarifs des parkings automobiles augmentés. Alors que les déplacements urbains ont crû de 30 % en trente ans, la part des voitures est tombée de 60 % à 37 %.

Jean-Marie Pelt, *C'est vert et ça marche*, © Fayard, 2007

Lisez le texte ci-contre. Dites si les affirmations suivantes sont vraies ou fausses. Indiquez la phrase du texte qui le prouve.

a. À Fribourg, circuler à vélo est plus facile que dans une ville française.

b. Chaque Fribourgeois a plusieurs vélos.

c. La maison du Vélo a été construite selon les normes écologiques.

d. On peut facilement passer des transports en commun au vélo.

e. Quand on a besoin d'une voiture, il est facile d'en louer une.

f. Dans la maison du Vélo, on peut garer sa voiture.

g. La municipalité de Fribourg a développé les transports en commun.

h. Elle encourage les trajets à plusieurs dans une même voiture.

i. Il est facile de se garer dans le centre-ville.

j. On ne peut pas rouler à plus de trente kilomètres à l'heure.

.../10

 Vous savez formuler une interdiction, une autorisation, un avertissement.

Préparez le dialogue entre l'automobiliste et l'ouvrier. Lisez-le ou jouez-le devant la classe. Décidez ensemble d'une note.

« C'est interdit ! »

« À vos risques et périls ! »

« Je vous l'avais bien dit ! »

.../10

 6 | Vous savez rédiger un projet.

Vous avez une passion (le sport, la lecture, la musique) ou vous voulez défendre une cause (pour l'amélioration de votre ville, pour l'éducation des enfants en difficulté).

Pour regrouper des personnes qui ont la même passion ou qui défendent la même cause, vous voulez créer une association. Vous allez rédiger votre projet d'association (10 lignes maximum). Vous indiquerez :

(1) pourquoi cette association sera utile
(2) les actions futures de l'association
(3) la date et le lieu de la première réunion pour les personnes intéressées
(4) comment vous contacter

Lisez votre projet à la classe et décidez ensemble d'une note.

.../10

 7 🎧 Vous comprenez des informations à la radio.

Écoutez ces informations extraites d'un journal à la radio.
Pour chaque nouvelle, complétez le tableau.

	Événement	Date	Lieu	Causes de l'événement	Conséquences
1	Signature du traité de Lisbonne				
2					

Corrigez ensemble et notez-vous.

.../10

 8 | Vous comprenez et vous pouvez donner une explication.

a. Lisez l'article ci-contre. Relevez les ressemblances et les différences entre la situation des immigrés et des non-immigrés. Quelles explications pouvez-vous donner de ces différences ?

b. Si vous deviez aujourd'hui vivre en France ou dans un pays francophone, pensez-vous qu'il vous serait facile ou difficile de vous adapter ? Expliquez pourquoi en quelques lignes.

Le point sur l'intégration des immigrés en France

Les modes de vie familiaux se rapprochent...
Au cours des dernières décennies, la vie familiale des immigrés a connu les mêmes évolutions que celle de l'ensemble de la population, avec notamment un accroissement du nombre de personnes seules et de familles monoparentales, des ruptures et remises en couple plus fréquentes [...]. Comme l'ensemble de la population, les immigrés commencent leur vie de couple sans être mariés, mais ce mode d'entrée en union reste encore peu fréquent pour ceux venus du Maghreb ou de Turquie.

... mais l'intégration sociale et économique des immigrés est difficile
Le taux de chômage des immigrés est supérieur de sept points à celui des non-immigrés [...] Les difficultés des immigrés à accéder au travail s'expliquent en partie par leur formation initiale : 56% d'entre eux ont un diplôme ou une formation inférieure au BEPC... c'est souvent parce qu'ils sont issus de milieux familiaux moins favorisés. On constate aussi qu'à diplôme égal, un étranger trouve moins facilement un emploi et bénéficie de promotions moins importantes notamment lorsque les différences d'origine (ethnique, culturelle, religieuse) sont apparentes.

Rachida Dati, Garde des Sceaux, ministre de la Justice, et Rama Yade, secrétaire d'État auprès du ministre des Affaires étrangères, en 2007, toutes deux issues de l'immigration, exemples d'une réussite sociale.

Gérard Mermet, *Francoscopie 2013* © Larousse 2012.

.../10

Vous utilisez correctement le français.

a. Mettez les verbes au futur antérieur.

L'anniversaire

Ce soir, c'est l'anniversaire de ma copine Julie. Je veux lui faire une surprise. À 19 heures, j'(*préparer*) un bon repas. Une amie (*venir*) m'aider. Nous (*décorer*) le salon et nous (*mettre*) la table.

À 20 heures, quand Julie rentrera du travail, je (*s'habiller*), tous ses amis (*arriver*). Les cadeaux (*être placés*) sur une petite table. Le champagne (*être mis*) au frais. Tout le monde (*se regrouper*) pour chanter « Bon anniversaire ».

b. Condition et restriction. Vous êtes d'accord mais vous posez vos conditions. Continuez la réponse en utilisant l'expression entre parenthèses.

• Tu peux me prêter de l'argent ?
– Oui… (*à condition que…*)
• On fait une balade dimanche ?
– D'accord… (*ça dépend…*)
• Tu peux me prêter ta voiture ?
– Oui… (*à moins que…*)
• Je déménage le week-end prochain. Tu peux venir m'aider ?
– Pas de problème… (*sauf si…*)

c. Expression de la cause. Lisez ces titres de presse et leur sous-titre. Rédigez une phrase pour expliquer la cause de l'événement. Utilisez les expressions données une seule fois.

à cause de – car – être causé par – grâce à – venir de

• **Loi sur les universités**. Les étudiants en grève
• **Fête du 14 juillet**. Circulation interdite sur les Champs-Élysées
• **Victoire de l'équipe de Marseille**. Deux buts de Ribéry
• **La sécheresse dure depuis six mois**. Mauvaise récolte de blé
• **Reprise de l'immigration**. Manque de main-d'œuvre.

d. Voici deux projets de loi et leurs conséquences. Rédigez ces notes en n'utilisant qu'une fois les verbes suivants.

causer – créer – entraîner – permettre – provoquer

• Suppression du baccalauréat
→ économies réalisées
→ diminution de la motivation des étudiants
• Ouverture des magasins le dimanche
→ nouveaux emplois
→ relance de l'économie
→ difficultés d'organisation pour les employés

e. Le subjonctif passé. Mettez le verbe entre parenthèses au temps qui convient.

Un cadre ambitieux

Dans six mois, il faut que nous (*gagner*) le marché asiatique.

L'année prochaine, je veux que l'entreprise (*doubler*) son chiffre d'affaires et que nous (*arriver*) en tête des entreprises du secteur.

J'aimerais que le directeur général (*démissionner*) avant la fin de l'année.

Il faut qu'avant le 1er janvier le conseil d'administration m'(*élire*) directeur général.

f. Les propositions relatives. Continuez les deux phrases en utilisant un pronom relatif (dont, auquel, lequel, etc.).

Au Centre Georges-Pompidou

• Voici un tableau de Matisse. Ses couleurs sont éclatantes.
• Pour cette œuvre, César a rassemblé des objets. Avec ces objets, il a fait une sculpture.
• Ici Yves Klein a exposé une toile blanche. Au milieu de cette toile, il a peint un point bleu.
• Marcel Duchamp a fait une copie de *La Joconde*. Il a rajouté des moustaches à *La Joconde*.
• Ce sont des œuvres étranges. J'ai du mal à m'habituer à ces œuvres.

…/10

Évaluez vos compétences

	Test	Total des points
• Votre compréhension de l'oral	3 + 7	… / 20
• Votre expression orale	1 + 5	… / 20
• Votre compréhension de l'écrit	2 + 4	… / 20
• Votre expression écrite	6 + 8	… / 20
• La correction de votre français	9	… / 20
	Total	…/100

Projet : ma vie est un roman

> « Un roman est un miroir qui se promène le long d'une route », fait dire l'écrivain Stendhal à l'un des personnages du roman *Le Rouge et le Noir*.
>
> Il y a dans les romans beaucoup de scènes que nous aurions pu vivre ou qui nous rappellent des souvenirs. Les scènes suivantes vous montreront que la réalité n'est jamais loin de la fiction.
>
> Inversement, il y a dans notre vie des moments qui pourraient devenir des scènes de roman. N'avez-vous jamais dit à propos de certains événements : « On pourrait en faire un roman » ?
>
> Choisissez un de ces moments et rédigez-le sous forme d'un petit récit.
>
> Lisez le récit à la classe et rassemblez les différents récits dans un recueil.

Une situation embarrassante

1 Lisez l'extrait de Malavita. Relevez : a. les mensonges de Blake ; b. les situations embarrassantes ; c. comment Blake cherche à sortir de la situation.

2 Recherchez quelques situations embarrassantes que vous avez vécues ou dont vous avez été le témoin.

Frédéric Blake (Fred) est un ancien membre de la mafia new-yorkaise, en fuite parce qu'il a trahi les siens. Avec sa femme et ses deux enfants, il est condamné à changer souvent de logement mais aussi à s'inventer chaque fois un nouveau nom et un nouveau métier. Dans la scène suivante, les Blake viennent de s'installer à Cholong-sur-Avre, en Normandie. Ils ont loué une maison. Fred décide de faire la connaissance de son voisin qui travaille dans son jardin.

– Nous sommes américains et nous avons emménagé hier.

– ... Américains ?

– C'est une bonne ou une mauvaise nouvelle ?

– Vous avez choisi la France ?

– Ma famille et moi, nous voyageons beaucoup à cause de mon métier.

Voilà où Frédéric voulait en venir depuis le début, il s'était aventuré dans le jardin à seule fin de prononcer un mot, un seul. Depuis la découverte de la Brother 900[1], il lui tardait de présenter au monde son nouveau personnage de Frédéric Blake.

– C'est quoi votre métier ?

– Je suis écrivain.

– ... Écrivain ?

La seconde qui suivit fut délicieuse.

– C'est passionnant, ça, écrivain... plutôt des romans ?

Fred avait anticipé la question :

– Oh non, peut-être plus tard, pour l'instant j'écris sur l'Histoire. On m'a commandé un bouquin sur le Débarquement[2], raison de ma présence ici [...].

– Ah, ce Débarquement... Est-ce qu'on se lassera un jour de raconter ces journées-là ?

Nous, à Cholong, on est un peu loin du théâtre des opérations.

– Ce bouquin sera une sorte d'hommage à nos Marines, dit Fred pour écourter la conversation. Et puis, j'y pense, ma femme et moi allons organiser un barbecue, pour lier connaissance, faites passer le mot aux gens du quartier.

– Des Marines ? Je pensais que seuls les GI avaient débarqué ?

– ... J'aimerais parler de tous les corps d'armée, à commencer par la flotte. Bon, vous n'oubliez pas pour le barbecue, hein ?

– Vous allez sans doute consacrer un chapitre à l'opération Overlord[2] ?

– ... ?

– On comptait comme sept cents vaisseaux de guerre, non ?

– Un vendredi, ce serait parfait, celui de la semaine prochaine, ou celle d'après, je compte sur vous.

En filant vers la véranda, Fred se mit à regretter de ne pas écrire de romans.

© Éditions Gallimard, 2004.

1. *Brother 900* : ancienne machine à écrire.

2. En 1944, la France est occupée par l'Allemagne de Hitler. Les Alliés (Anglais, Américains, Canadiens, etc.) décident de débarquer en Normandie. Cette opération avait pour nom de code « Overlord ».

Tonino Benacquista
Malavita

folio

Une situation tendue *Le Gone[1] du Chaâba*, **Azouz Begag**

❶ Lisez l'extrait du *Gone du Chaâba*. Relevez les détails qui montrent :
a. qu'on est dans un quartier pauvre des années 1960 ;
b. qu'il s'agit d'une population d'immigrés.

❷ Comment peut-on expliquer le comportement des deux femmes ?

❸ Recherchez en petits groupes des situations de conflits, de disputes, etc., que vous avez vécues ou dont vous avez été témoin.

Fils d'immigrés algériens, Azouz Begag raconte son enfance dans un bidonville[2] de Lyon : le Chaâba. L'histoire se passe dans les années 1960.

Zidouma fait une lessive ce matin. Elle s'est levée tôt pour occuper le seul point d'eau du bidonville : une pompe manuelle qui tire de l'eau potable du Rhône, l'*bomba* (la pompe) [...].

Elle n'en finit pas de répéter les opérations. Le temps passe. Elle sait bien qu'au *Chaâba* il n'y a qu'un seul puits, mais son comportement indique une volonté précise. Elle tient à prendre son temps, beaucoup de temps. Et que quelqu'un s'aventure à lui faire la moindre remarque, il va comprendre sa douleur ! Justement ce quelqu'un attend à quelques mètres. C'est la voisine de Zidouma qui habite dans le baraquement collé au sien. Des deux mains, elle tient un seau dans lequel s'amoncellent[3] des draps sales, des vêtements pour enfants, des torchons... Elle patiente, elle patiente... Zidouma infatigable ne daigne[4] même pas tourner les yeux, bien qu'elle ait senti depuis quelques minutes déjà une présence dans son dos qui marque des signes d'énervement. Elle ralentit même ses mouvements.

Et la voisine patiente toujours, elle pati... non, elle ne patiente plus. Laissant tomber son seau, elle charge, tel un bouc, sur sa rivale. Le choc est terrible. Les deux femmes s'empoignent dans des cris de guerre sortis du tréfonds des gorges.

Attirées par l'agitation, les autres femmes sortent des baraques...

© Éditions du Seuil, 1986.

1. Gone : un enfant dans la langue régionale de Lyon.

2. *Bidonville* : quartier où la population très pauvre a construit elle-même des baraquements (habitation faite avec des objets trouvés çà et là). Les derniers bidonvilles ont disparu au début des années 1970.

3. *S'amonceler* : former un tas ; s'entasser.

4. Zidouma ne se retourne pas, par mépris pour sa voisine.

Projet
Une situation étrange *Et si c'était vrai...*, **Marc Lévy**

Arthur vient de rentrer chez lui. Il prend une douche en écoutant la radio. Tout à coup il entend un claquement de doigts qui accompagne la musique. Mais le bruit ne vient pas de la radio...

À bien entendre, il semblait que le claquement de doigts qui accompagne la mélodie provenait de la penderie. Intrigué, il sortit de l'eau, et marcha à pas de loup vers les portes du placard, pour mieux entendre. Le bruit était de plus en plus précis. Il hésita, prit son souffle et ouvrit brusquement les deux battants. Ses yeux s'écarquillèrent, il fit un mouvement de recul. Cachée entre les cintres, il y avait une femme, les yeux clos, apparemment envoûtée par le rythme de la chanson, faisant claquer son pouce contre son index, elle fredonnait.

– Qui êtes–vous, qu'est-ce que vous faites là ? questionna-t-il.

La femme sursauta et ouvrit ses yeux en grand.

– Vous me voyez ?

– Bien sûr que je vous vois.

Elle semblait totalement surprise qu'il la regarde [...]. Elle prit Arthur par le poignet et lui demanda s'il la sentait quand elle le touchait. L'air excédé, il confirma avec fermeté qu'il avait senti quand elle l'avait touché, qu'il la voyait et l'entendait parfaitement [...].

[*La jeune femme refuse de dire qui elle est. Elle semble seulement heureuse.*]

– Soyez gentille, prenez vos affaires et rentrez chez vous, et puis sortez de ce placard à la fin.

– Doucement, ce n'est pas si facile que ça, je ne suis pas d'une précision absolue, quoique ça s'améliore ces derniers jours.

– Qu'est-ce qui s'améliore depuis quelques jours ?

– Fermez les yeux, j'essaie.

– Vous essayez quoi ?

– De sortir de la penderie, c'est ce que vous voulez, non ? Alors fermez les yeux, il faut que je me concentre, et taisez-vous deux minutes.

– Vous êtes folle à lier !

"Une fable romantique, enlevée, tendre et pleine d'esprit, adaptée du best seller de Marc Lévy."
Christelle Laffin, Télé 7 Jours

UN FILM RÉALISÉ PAR MARK WATERS

Et si c'était vrai...

(JUST LIKE HEAVEN)

– Oh, ça suffit d'être désagréable, taisez-vous et fermez les yeux, on ne va pas y passer la nuit. Décontenancé, Arthur obéit. Deux secondes plus tard il entendit une voix qui provenait du salon.

– Pas mal, juste à côté du canapé mais pas mal.

Il sortit précipitamment de la salle de bains et vit la jeune femme assise par terre au centre de la pièce.

© Éditions Robert Laffont, 2000.

---

❶ Lisez l'extrait de *Et si c'était vrai.*
a. Relevez tout ce qui est bizarre
b. Imaginez qui est cette femme. D'où vient-elle ?

❷ Recherchez en petits groupes des situations étranges que vous avez vécues ou dont vous avez été témoin.

Unité 3 S'affirmer au quotidien

Pour que vous soyez pleinement **acteur dans vos relations sociales**, vous allez apprendre à...

...**mieux parler de vous**, de vos souvenirs, de vos expériences, de vos opinions

CONTRE LA FERMETURE DU BUREAU DE POSTE À POINTE-SAINT-CHARLES

Mon bureau de poste je l'aime public!

(et proche, SVP!)

Action-gardien
Table de concertation
communautaire
de Pointe-Saint-...

HERBORISTERIE

...**faire face** à certaines situations embarrassantes, **soulever un problème** d'intérêt collectif, **motiver** les autres, **défendre** une cause

...**agir** dans les situations relatives à la **santé** et au **bien-être**

Test Savez-vous **vous adapter ?**

POUR S'INTÉGRER DANS UN PAYS ÉTRANGER, IL FAUT BIEN SÛR EN PARLER LA LANGUE MAIS AUSSI S'HABITUER À DES CODES DE VIE ET À DES COMPORTEMENTS DIFFÉRENTS. DÉCOUVREZ SI VOUS AVEZ NATURELLEMENT DES CAPACITÉS D'ADAPTATION. RÉFLÉCHISSEZ AUX FAÇONS DE LES ACQUÉRIR.

1 Vous devez faire une tâche qui vous ennuie.
- ❏ **a.** Vous la remettez au lendemain.
- ❏ **b.** Vous la faites tout de suite.

2 Un ami vous propose de l'accompagner à un cocktail organisé par des gens de sa profession. Vous dites :
- ❏ **a.** Non merci, je ne connaîtrai personne.
- ❏ **b.** Pourquoi pas, je rencontrerai de nouvelles têtes.

3 Quand vous sortez, ce que vous n'oubliez jamais, c'est :
- ❏ **a.** votre portable et votre agenda.
- ❏ **b.** votre carte bancaire.

4 En rentrant du travail, vous rencontrez des amis dans votre rue.
- ❏ **a.** Vous bavardez avec eux cinq minutes.
- ❏ **b.** Vous les invitez à prendre un verre chez vous.

5 Quand vous êtes en voyage...
- ❏ **a.** Vous dormez mal.
- ❏ **b.** Vous vous endormez facilement et vous vous réveillez en pleine forme.

6 Quand vous partez en vacances à l'étranger...
- ❏ **a.** Vous achetez un voyage organisé par un tour-opérateur.
- ❏ **b.** Vous achetez un vol sec et vous réservez seulement la première nuit à l'hôtel.

7 Quand vous voyagez...
- ❏ **a.** Vous prenez vos repas aux mêmes heures que dans votre pays.
- ❏ **b.** Vous adoptez les habitudes locales.

8 Dans un pays étranger, à l'heure du déjeuner...
- ❏ **a.** Vous cherchez un restaurant de votre pays, une pizzeria ou un MacDo.
- ❏ **b.** Vous préférez un restaurant local.

9 Dans votre pays, vous rencontrez des francophones qui parlent assez bien votre langue.
- ❏ **a.** Vous leur parlez dans votre langue.
- ❏ **b.** Vous leur parlez français.

10 Quand vous êtes dans une autre région ou dans un pays étranger...
- ❏ **a.** On vous reconnaît tout de suite à votre accent.
- ❏ **b.** Vous perdez petit à petit votre accent.

11 Quand vous parlez français et qu'il vous manque un mot...
- ❏ **a.** Vous le cherchez dans votre dictionnaire.
- ❏ **b.** Vous vous débrouillez en faisant des gestes.

12 Dans un pays étranger, vous êtes invité(e) à une fête. Vous ne connaissez pas les danses locales.
- ❏ **a.** Vous regardez avec intérêt.
- ❏ **b.** Vous vous lancez et vous rejoignez ceux qui dansent.

VOTRE PROFIL D'ADAPTATION

Comptez les « b » que vous avez obtenus.

De 0 à 4 « b » – Vous êtes trop **RIGIDE**. Si vous partez à l'étranger, vous risquez d'avoir très vite le « mal du pays ». Préparez votre séjour, documentez-vous sur la société, la culture, les coutumes du pays. Arrivé(e) là-bas, fréquentez des compatriotes qui se sont bien adaptés. Essayez de voir le côté positif des nouveautés. Par exemple, si les Français se serrent souvent la main, c'est pour faciliter les relations.

De 5 à 8 « b » – Vous êtes un **NOSTALGIQUE**. Vous vous adaptez plus facilement que les « rigides » mais suivez les conseils que nous leur donnons.

De 9 à 11 « b » – Vous êtes un **DIPLOMATE**. Vous savez vous adapter en restant vous-même.

Vous avez 12 « b » – Vous êtes un **CAMÉLÉON**. Vous adoptez avec plaisir les habitudes du pays dans lequel vous vivez. Vous avez d'étonnantes capacités d'adaptation.

[L'INTERVIEW]

Émilie a dû quitter Paris pour vivre en Champagne. Comment s'est-elle adaptée ?

Ils ont choisi de vivre en France

Plus vraiment japonais, pas tout à fait français, Akira Suzuki, 64 ans, a mis son savoir-faire japonais et son expérience française au service d'un tofu[1] made in France. C'est à 21 ans qu'il a connu son choc culturel français. À l'époque, il est interprète et accompagne l'équipe nationale de handball. Chansons paillardes[2], bains de minuit, bizutage[3], rien ne lui est épargné. « *J'ai, depuis, cette curiosité pour ce comportement des Français. J'ai gardé ma politesse japonaise mais la France a modifié mon attitude. Je parle beaucoup et je m'adresse à n'importe qui sans hésitation.* »

Marianne, 14/10/2006.

1. Pâte à base de soja. – 2. Chansons très vulgaires chantées par les jeunes ou les étudiants. – 3. Épreuves stupides que les étudiants de certaines écoles font passer aux nouveaux.

« *La vie des familles d'origine portugaise est bien différente de ce que la plupart des Français imaginent,* souligne Marie Dos Santos, professeur de géographie dans la banlieue de Lyon. *Bien souvent, quand nous entrons dans nos maisons, nous ne sommes plus à Lyon, à Paris ou ailleurs. Nous sommes purement et simplement au Portugal. Chaque matin, en sortant de la maison, nous passons cette frontière que nous avons créée.* » Ce que Marie Dos Santos exprime poétiquement en réajustant sur ses épaules son châle noir comme une fadista, Michel Teixeira le dit, lui, plus directement : « *Je suis fils d'immigrés portugais et je vis en France. Et alors ? Cela ne signifie pas que je ne parle pas portugais avec mes parents, que je ne mange pas de la morue avec des pommes de terre, du chorizo et du salpicao[1], ou que je ne sais pas qui est premier dans la Superliga Portuguesa ! Il ne se passe pas un jour sans que je pense à mon pays. J'arrive à vivre au Portugal par procuration.* »

Marianne, 06/01/2006.

1. Saucisson fumé.

Le film **Bienvenue chez les Ch'tis** raconte avec humour les préjugés et les difficultés d'adaptation d'un employé de La Poste, originaire du sud de la France et qui est nommé dans le Nord.

Faites le test

1• Lisez chaque question et choisissez la réponse qui vous convient. Vous pouvez faire ce travail oralement à deux en interrogeant votre voisin(e).

2• Comptez vos réponses « b » et découvrez votre profil d'adaptation. Ce profil correspond-il à votre expérience ? Dans quelles situations vous adaptez-vous…
– facilement ?
– difficilement ?
(changement dans les études, le travail, les voyages, changement de résidence, séparation avec une personne, etc.)

3• Présentez votre profil et vos réflexions à la classe. Discutez.

L'interview

1• Écoutez le document
Aide à l'écoute → *prendre ses cliques et ses claques* : rassembler ses affaires avant de partir –
Reims : capitale de la Champagne –
se renfermer : se couper des autres.

2• Vous êtes un(e) ami(e) d'Émilie. Pendant son séjour en Champagne, vous êtes resté(e) en contact avec elle. Une ancienne collègue d'Émilie vous pose des questions :
a. Tu sais où est Émilie ? Pourquoi est-elle là-bas ?
b. Est-ce que ça lui plaît ?
c. Comment sont les gens ?
d. Il y a des bons côtés quand même ?
e. D'après toi, qu'est-ce qu'elle va faire ?

Témoignages

Lisez les témoignages. Dites oralement comment s'est passée l'adaptation de ces personnes à la vie en France.

L'adaptation

• S'adapter (à) – s'habituer (à) – se faire (à)
Il s'est adapté au climat – Je ne suis pas habitué à la nourriture – Les petits-déjeuners copieux, je ne m'y fais pas

• Une habitude – un mode de vie
– une façon (une manière) de vivre
– une coutume – une tradition

• Adopter/rejeter une façon de vivre

Identifier, présenter une personne ou une chose

Devant le beffroi de la ville de Douai

– Tu reconnais ?

– Ça, c'est **du** Mozart, non ?

– Exact. C'est **une** symphonie de Mozart. Mais laquelle ?

– **La** symphonie *Jupiter*. C'est celle que je préfère. C'est **une** horloge qui fait cette musique ?

– Non, c'est **un** carillon. Il est célèbre. C'est **le** carillon utilisé dans le film *Bienvenue chez les Ch'tis*.

– C'est intéressant.

– C'est obligatoire de monter le voir. De là-haut on voit toute **la** ville. C'est très beau.

❶ Dans les phrases du dialogue, observez l'emploi des articles en gras. Trouvez ceux qui introduisent...

a. des choses bien différenciées

b. des ensembles indifférenciés

c. des choses uniques ou précises

Observez comment se construisent :

C'est ... Il est ...

❷ Complétez avec un article : *un* (*une, des*), *le* (*la, les*), *du* (*de la*).

Dans un restaurant d'Arras

Le client (lisant le menu) : C'est quoi _____ carbonnade ?

La serveuse : Ce sont _____ morceaux de bœuf cuits dans _____ bière. On ajoute aussi _____ miel.

Le client : C'est _____ spécialité d'Arras ?

La serveuse : Pas précisément mais c'est _____ spécialité de la région Nord-Pas-de-Calais.

Le client : Alors je vais prendre _____ carbonnade. Qu'est-ce que vous avez comme dessert ?

La serveuse : Vous aimez _____ tartes ? Nous avons _____ tartes au sucre maison.

❸ Complétez avec *c'est* (*ce sont*), *il* (*elle*) *est*, *ils* (*elles*) *sont*.

Conversation à propos d'un film

• Tu as vu *Bienvenue chez les Ch'tis* ?

– Non.

• _____ étonnant. Tout le monde l'a vu !

– _____ un bon film ?

• Oui, _____ très amusant. _____ du très bon cinéma comique. Les acteurs principaux, _____ Kad Mérad et Dany Boon. _____ excellents.

– J'aime bien Kad Mérad. _____ génial dans *Pur week-end*.

• _____ un acteur qui peut tout jouer.

– _____ vrai. Je l'ai entendu dans une émission de radio. _____ très intéressant. Et _____ intelligent.

Pour présenter ou identifier

1. Placer la personne ou la chose dans une catégorie (ou classe)

Personnes ou choses différenciées ou comptables → **article indéfini**	C'est **un** arbre. C'est **une** employée. Ce sont **des** arbres. Ce sont **des** employés.
Personnes ou choses indifférenciées (présentées comme des ensembles non comptables) → **article partitif**	C'est **du** bois de pin. Ce n'est pas **de l'**amour, c'est **de la** tendresse. Il y a **du** monde dans la rue.

2. Préciser ou caractériser la catégorie

*C'est **une** employée sympathique.*

*Ce sont **des** filles que je connais depuis longtemps.*

3. Quand la personne ou la chose sont uniques ou spécifiques, on emploie l'article défini (voir aussi les articles p. 130)

*Regardez, c'est **le** beffroi de Douai.*

*Ce sont **les** employés de l'usine.*

Pour éviter de confondre « c'est » et « il/elle est »

1. Quand on présente ou qu'on identifie

***c'est* + nom** (précédé d'un article, d'un possessif ou d'un démonstratif)

*Le Nord, **c'est une région** intéressante.*

2. Quand on qualifie

• **il(s)/elle(s) + être + adjectif**

*Je connais la ville d'Arras. **Elle** est très **belle**.*

• ***c'est* + adjectif** quand on qualifie une situation générale ou qu'on se réfère à la phrase précédente

*Je suis allé(e) à Lille. **C'est** très **beau**. **C'était passionnant**.*

Remarques

• Certains mots indiquant la profession, la nationalité, une qualité peuvent être nom ou adjectif. La construction dépend de l'intention de celui qui parle.

Je connais Marie. Elle est professeur au collège de Bergues (qualificatif). *C'est un bon professeur* (identification).

Je connais Marie. C'est une professeure du collège de Bergues (identification). *Elle est bon professeur* (qualification)

• On trouve souvent la construction : « ***c'est* + adjectif + *de*** »

***C'est passionnant d'**observer les oiseaux dans le parc du Marquenterre.*

Caractériser

Lille

Une **grande** ville du nord de la France.
Capitale de la Flandre française
Une des **capitales européennes** de la culture
Magnifique ville d'art

À voir :

- **Le Vieux Lille** avec ses belles façades de briques rouges et de pierres sculptées
- **Le musée des Beaux-Arts** où l'on peut admirer les œuvres de grands peintres comme Goya, Renoir ou Manet

1 **Dans le texte ci-dessus, observez :**
- les adjectifs placés avant le nom
- les adjectifs placés après le nom

Pouvez-vous trouver une règle ?

2 **Dans le texte suivant, les mêmes adjectifs apparaissent deux fois. Donnez leur sens dans chaque cas.**

Début juillet, à Douai, nous avons assisté à la **grande** fête des Gayants. Les Gayants sont des marionnettes très **grandes**

qu'on promène pendant trois jours dans les **différentes** rues de la ville. Chaque jour, le défilé de ces géants suit un itinéraire **différent**. Nous avons suivi un char de **jeunes** filles déguisées en personnages de dessins animés qui a été très applaudi par les **jeunes** enfants.

L'adjectif avant ou après le nom

1. Généralement l'adjectif qualificatif se place après le nom :
une région magnifique

On peut placer certains adjectifs avant le nom si on veut mettre en valeur la qualité :
une magnifique région

2. On ne peut pas placer avant le nom :
- les adjectifs qui indiquent la couleur, la forme, la nationalité, la religion :
une maison bleue, un toit pointu, un enfant grec
- les participes passés, les participes présents et les adjectifs suivis d'un complément :
une région intéressante, facile d'accès

3. Quelques adjectifs courts et fréquents se placent la plupart du temps avant le nom.
grand – petit – beau – joli – bon (meilleur) – mauvais – demi – premier – dernier – nouveau
un bon élève, mon dernier jour de vacances

4. Dans certaines associations « adjectif + nom » ou « nom + adjectif », l'adjectif peut prendre un sens particulier.
un grand homme (un homme célèbre) – une grande fille (une fille raisonnable)

Ce sens n'est pas dû à la place de l'adjectif car dans « une grande ville », « grand » a son sens courant.

Le défilé a traversé mon **ancien** quartier pour aller dans le centre-ville et ses maisons **anciennes**.
Ah ! ces **chers** Monsieur et Madame Gayant ! Ils sont appréciés des habitants de Douai même si cette **belle** fête coûte chaque année très **cher**.
Tout s'est bien passé mais au retour nous avons eu un **bel** embouteillage.

 ## Travaillez vos automatismes

1 **Dans le langage familier, on dit « c'est pas » au lieu de « ce n'est pas » et « c'est » au lieu de « ce sont ».**

Corrigez cet enfant.
- C'est pas cher
– Ce n'est pas cher.

2 **Vous n'appréciez pas le voyage. Un ami vous téléphone. Répondez-lui de manière familière.**
- C'est intéressant ?
– Non, c'est pas intéressant.

3 **Confirmez comme dans l'exemple. Attention à la place de l'adjectif.**
Présentation de l'équipe à la nouvelle collègue
- Marie, c'est la directrice. Elle est compétente.
– C'est vrai. C'est une directrice compétente.

Situations embarrassantes

Vous apportez un dossier d'inscription à l'université avec un jour de retard et le secrétaire vous le refuse. Une personne que vous n'avez plus envie de voir vous invite avec insistance. Le serveur du restaurant devient agressif quand vous lui faites remarquer que la viande est carbonisée... Comment faire face à ces situations difficiles et embarrassantes ?

OSEZ DEMANDER, OSEZ INSISTER

Alex, un jeune écrivain, et Lætitia sont très amoureux l'un de l'autre. Lætitia trouverait normal de vivre avec Alex mais ce dernier hésite. Pour lui, la vie en commun finit toujours par tuer l'amour... Mais Lætitia insiste et menace. Alex va alors voir Jacques, son éditeur et son meilleur ami.

Dans l'appartement de Jacques

Alex : ... Il faut que je l'écrive ce livre. Mais pour l'écrire, j'ai besoin que tu sois présent. Et pour ça, je me demandais si ce ne serait pas une super idée que tu viennes habiter chez moi, le temps que je le finisse.

Jacques : Que j'habite chez toi ?

Alex : Voilà !

Jacques : Quoi ? Moi ?

Alex : Oui, voilà !

Jacques : Que je te coache ?

Alex : Voilà !

Jacques : C'est quoi la vraie raison, Alex ?

Alex : Tu sais, elle m'a posé un ultimatum. Elle vient habiter chez moi à partir de lundi, 8 heures. C'est ça ou elle me quitte. Je suis pas prêt. J'ai besoin de réfléchir.

Jacques : Ah oui. Tu t'es dit, si l'autre truffe[1] est dans les murs, elle sera obligée d'attendre.

Alex : Oui.

Jacques : Ça ne marchera pas. Pas avec elle.

Alex : Ou alors, j'ai une autre solution. Tu viens habiter chez moi parce que tu as besoin de la présence de ton meilleur ami, parce que tu fais une dépression.

Jacques : Je ne suis pas en dépression.

Alex : Eh non.

Jacques : Donc, c'est non !

Jacques quitte son appartement. Alex le suit dans la rue.

Alex : Jacques, Jacques, je t'en supplie, viens vivre avec moi... Bon, très bien, c'est comme tu voudras. Je ne finirai pas mon bouquin et puis toi, tu seras viré.

Jacques : C'est du chantage ça !

Alex : Peut-être.

Extrait du film *Ce soir, je dors chez toi* (2007),
réalisé par Olivier Baroux.

---

1. Une truffe : ici, idiot, imbécile (familier).

Monsieur,

Ce matin, lors d'une conversation téléphonique que j'ai eue avec votre assistante, j'ai sollicité une place de stagiaire ingénieur du son pour le tournage de votre prochain film. Elle m'a répondu que l'ingénieur du son en titre refusait la présence de stagiaires car ils pouvaient gêner son travail.

Je me permets de vous écrire et d'insister car je pense ne pas avoir assez motivé ma demande.

Tout d'abord, le CV ci-joint vous permettra de vérifier que j'ai la formation nécessaire pour observer et éventuellement assister votre ingénieur du son. Je lui promets que je serai d'une discrétion absolue et que je n'interviendrai que s'il me le demande.

Par ailleurs, je n'attends aucune rémunération de ce stage.

Enfin, je voulais vous dire toute l'admiration que j'ai pour les films que vous avez faits et en particulier pour leur bande son. Assister en tant que stagiaire au tournage d'un de vos films serait pour moi un honneur et un grand plaisir.

Avec mes remerciements anticipés et dans l'attente d'une réponse positive, je vous prie d'agréer, Monsieur, l'expression de mes respectueuses salutations.

Valentine Ducret

Demander – Insister – Refuser

• **Demander**

Je voudrais… J'aimerais (bien) que tu viennes.
Est-ce que tu pourrais… Est-ce qu'il te serait possible de venir ?
Je serais très heureuse que tu viennes. Cela me ferait plaisir que…
Je voudrais (je voulais) te demander de… Est-ce que je peux te demander de me remplacer ?
Ce serait très gentil si tu pouvais me prêter 500 €.
Pourrais-tu me rendre un service ? Je peux te demander une faveur ?

• **Plus formel, à l'écrit :**

Je souhaiterais avoir un entretien avec vous.
Je vous serais très reconnaissant s'il vous était possible de m'accorder un entretien.
Je sollicite un entretien…

• **Insister**

Allez ! Fais un effort !
J'insiste. Je me permets d'insister.
Mais si, vous devez venir ! Il faut absolument venir – J'y tiens.
Je vous en prie (je vous en supplie), venez !

• **Refuser**

Je suis désolé… Désolé… Je regrette, c'est impossible.
Je voudrais bien (j'aimerais bien) mais je suis obligé de refuser.
Si je pouvais venir, je le ferais volontiers mais…
Je vous le promets. Dès que c'est possible, je vous appelle…

---

1 Lisez l'extrait du film.

a. Quelle est la situation du couple Lætitia et Alex ? Comment peut-on expliquer le comportement des deux jeunes gens ?

b. Que demande Alex à Jacques ? Pourquoi ?

c. Quels sont les arguments utilisés…
– par Alex pour convaincre Jacques ?
– par Jacques pour refuser ?

d. Repérez les constructions et les mots familiers.

2 Écoutez. Ils demandent et insistent.

Pour chaque situation, complétez le tableau

Situation générale Qui demande ? À qui ? Que demande-t-on ?	....
Arguments de demande 1. .... 2.	Arguments de refus 1. .... 2. ....

3 Jeux de rôle (à faire avec votre voisin(e)).

Choisissez une situation et jouez-la.

• Vous allez déménager. Vous avez besoin d'aide. Vous téléphonez à un(e) ami(e).

• Vous achetez une voiture. Le vendeur vous dit qu'il ne la recevra que dans un mois. Vous demandez une réduction sur le délai de livraison.

• Au restaurant, vous n'avez pas réservé. Il n'y a plus de place. Vous insistez.

4 Lisez la lettre ci-contre.

a. Qui écrit ? À qui ? Pourquoi ?

b. S'agit-il d'une première demande ?

c. Relevez les arguments apportés par Valentine. Comment sont-ils introduits ?

5 Rédigez une lettre pour la situation suivante :

Vous avez rempli un dossier de candidature pour un stage en France (stage de langue, stage professionnel, de loisir, etc.). Il a été refusé.
Vous écrivez une lettre pour essayer d'obtenir ce stage.

SACHEZ DIRE NON

1. Lisez le texte. Trouvez le sens des mots nouveaux d'après le contexte et d'après les définitions suivantes :

lignes 1 à 12 : une attaque – avoir l'intention – respectueux des traditions – une règle

lignes 13 à 20 : « C'est votre affaire ! » – obligatoire – pendant – parler de

lignes 21 à la fin : sacré, qui doit être respecté – montrer – ressembler à

2. La classe se partage les situations suivantes. Martine Villandreux, Anna et Paul rencontrent chacun un(e) ami(e). Ils lui parlent de leur situation et lui donnent leur opinion.

« J'ai une nouvelle à t'apprendre… Figure-toi que… Mais je pense que… »

3. Que diriez-vous dans les situations suivantes ? Vous pouvez préparer un dialogue avec votre voisin(e) et le jouer.

a. Dans une soirée, une personne que vous avez rencontrée pour la première fois vous demande votre numéro de téléphone. Vous n'avez pas envie de le lui donner.

b. Au téléphone, une société vous annonce que vous avez gagné un cadeau et vous propose un rendez-vous. Vous savez qu'il s'agit d'une publicité déguisée.

c. Un(e) ami(e) de votre compagne (compagnon) vient très souvent chez vous. Vous ne le supportez plus.

d. Au travail, chaque soir, votre directeur vous apporte un travail urgent à faire. Vous ne pouvez pas partir à l'heure.

4. Lisez « Modes de vie : le couple en France ». Faites la liste :
– des différentes façons de vivre en couple
– de tous les événements qui peuvent arriver dans un couple :
« se rencontrer – se plaire – sortir ensemble – etc. »

Faites des comparaisons avec les habitudes de votre pays.

Le film *Mauvaise Foi* de Roschdy Zem. Clara est juive. Ismaël est musulman. Ils s'aiment et ils ont un enfant. Sera-t-il juif ou musulman ?

La scène se passe dans les années 1970. Le narrateur, Paul Blick, et sa petite amie, Anna Villandreux, sont étudiants. Le père d'Anna est un riche chef d'entreprise. Paul, lui, vient d'une famille plus modeste. Anna se trouve enceinte et les deux jeunes gens annoncent la nouvelle à Martine Villandreux, la mère d'Anna.

1　Lorsque Martine Villandreux comprit que nous avions décidé de garder l'enfant, elle lança une seconde offensive dont je n'avais pas imaginé les conséquences :
　– Et vous comptez vous marier quand ?
　En 1976, le monde était encore vieux, conventionnel […]. Un enfant devait avoir un père et une mère officiellement liés, un état civil conforme aux canons menaçants des bons usages.
　– On n'a aucune intention de se marier.
　J'avais répondu cela le plus naturellement du monde, sans
10　la moindre volonté de provocation ou d'agression. Ces quelques mots eurent le don de faire violemment réagir la mère d'Anna :
　– Si vous voulez garder cet enfant, cela vous regarde, mais je vous demanderai de vous comporter en parents responsables. Un mariage est indispensable. Et le plus tôt sera le mieux. […]

Durant le trajet qui nous ramenait chez nous, Anna commença déjà à évoquer l'idée qu'un mariage, « après tout, n'était pas la fin du monde, que cela n'avait aucune importance, et qu'on pouvait bien faire plaisir aux
20　parents ».
　– Je n'ai aucune intention de faire plaisir à ta mère en me livrant à des simagrées[1] ridicules.
　– J'imagine que tu respectes là tes sacro-saints principes politiques ? Tu veux que je te dise ? Tu es aussi rigide qu'elle, aussi injuste.
　– Mais, enfin, c'est extraordinaire ! En quoi est-ce que je fais preuve d'injustice dans cette histoire ? J'ai quand même le droit d'être simplement contre le mariage sans passer pour un sauvage.
30　– De toute façon tu es toujours contre tout. Tu regardes le monde et les autres à travers tes lunettes de gauchiste.

Jean-Paul Dubois, *Une vie française*,
© Éditions de l'Olivier, 2004, coll. Points, 2005.

---

1. Comportement exagéré pour plaire aux autres ou les tromper.

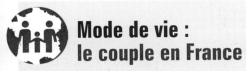

Mode de vie : le couple en France

• **Le déroulement traditionnel** : rencontre, fiançailles, mariage, naissance des enfants et vie commune jusqu'à la mort, est un modèle aujourd'hui bouleversé. Plus d'un couple sur six n'est pas marié. Trois couples sur dix se marient en ayant déjà des enfants et un mariage sur deux se termine par un divorce, en général dans les dix premières années.

• **S'aimer, vivre à deux ne signifie pas perdre son indépendance.** On peut « être ensemble » tout en ayant chacun son appartement. On peut aussi partager un appartement avec celui ou celle qu'on aime et partir seul(e) en week-end avec des amis ou chez ses parents.

La vie à deux ne doit en aucun cas être une gêne pour les études ou la vie professionnelle de chacun, même s'il faut s'éloigner pendant quelque temps.

• **La présence des enfants n'est plus un obstacle à cette liberté.** On peut élever seul ses enfants (famille monoparentale), vivre avec quelqu'un qui a déjà des enfants (famille recomposée).

• **La législation accompagne ces changements.** Le Pacs (pacte civil de solidarité) permet d'établir un contrat d'union libre. Le congé parental (que peuvent prendre le père comme la mère) et les crèches (qui accueillent les enfants de 3 mois à deux ans) facilitent la vie des jeunes parents.

REMETTEZ-LES À LEUR PLACE

Il faut parfois dire clairement aux autres comment ils se comportent. On peut le dire avec plus ou moins de diplomatie.

1. Lisez ci-dessous la liste des gens désagréables. Trouvez comment chacun se comporte et ce qu'on peut leur dire.

2. 🔊 Écoutez ces répliques. À quel type de personne s'adresse chaque phrase ?
Cette phrase est-elle plus ou moins familière que celle qui est proposée ci-dessous ?

3. Répliquez aux personnes désagréables en utilisant les adjectifs ci-dessous.
Exemple : Au grossier → « Tu n'es pas très raffiné. »
Calme – discret – d'humeur égale – courtois – raffiné – modeste – optimiste – ouvert – réservé – respectueux – sincère – qui dit du bien des autres.

Les gens désagréables

1. l'arrogant
2. l'agressif
3. le casse-pieds
4. le grossier
5. l'indiscret
6. l'hypocrite
7. le macho
8. le médisant
9. le pessimiste
10. le ronchon
11. le xénophobe

Comment ils se comportent

a. Il dit des méchancetés sur vous quand vous n'êtes pas là.
b. Il vous ment. Il ne fait pas ce qu'il dit.
c. Il se considère comme le meilleur.
d. Il ne respecte pas les femmes.
e. Il critique sans cesse les étrangers et se moque d'eux.
f. Il voit l'avenir en noir.
g. Il vous pose des questions sur votre vie privée.
h. Il est toujours de mauvaise humeur. Rien ne lui convient.
i. Il est impoli dans son comportement et dans son langage.
j. Il s'énerve et critique les autres brutalement.
k. Il vous téléphone à tout propos et arrive chez vous sans avertir.

Ce qu'on peut leur dire

(1) On ne peut pas avoir confiance en toi.
(2) J'ai besoin d'un peu d'oxygène.
(3) Tu me casses le moral.
(4) Occupe-toi de tes affaires !
(5) Toi, c'est bien connu, tu sais tout et tu fais tout mieux que les autres.
(6) Tu as fini de râler ?
(7) Tu ne serais pas un peu raciste ?
(8) Tu es une mauvaise langue !
(9) Ce que tu fais (ce que tu dis) est vraiment déplaisant !
(10) Calme-toi. Sois cool !
(11) Tu te crois au XIXe siècle !

Partagez vos passions, vos découvertes, vos rencontres, vos surprises

www.decouverte.com

Spectacles   *Voyages*   *Histoires*   *Livres*   *Lieux*   *Rencontres*

Le forum du jour : Avez-vous rencontré une personne extraordinaire ?

● C'était dans le TGV Paris-Montpellier. J'avais emporté de la lecture mais visiblement la dame qui était assise à côté de moi avait envie de parler. Au fil de la conversation, j'ai appris qu'elle était voyante, vivait à Montpellier mais qu'elle allait souvent à Paris, appelée en consultation par des personnalités importantes du monde politique... Très importantes, m'a-t-elle dit... Comme je devais paraître sceptique, elle m'a regardé les lignes de la main, y a lu des événements que je venais de vivre et, plus incroyable, des choses que j'allais vivre dans les semaines suivantes...

Anlor

● Au mariage d'un cousin, j'ai rencontré un type extraordinaire. Il était informaticien mais très vite nous avons parlé littérature. À propos de n'importe quel auteur, il était capable de réciter quelques pages qu'il avait apprises par cœur. Pareil pour les chansons. Il suffisait de lui dire un mot et il enchaînait avec une chanson qui contenait ce mot. Un homme médiathèque à lui tout seul. J'ai repensé au film de Truffaut *Fahrenheit 451*, où, pour résister au pouvoir politique qui brûle tous les livres, quelques personnes apprennent par cœur les livres de la bibliothèque.

Jean-Marie

Claudine André, Belge francophone, a fondé un centre pour la sauvegarde des singes bonobos en République démocratique du Congo.

Il y a des gens formidables

Jean-Claude, c'est Jean-Claude Baïsse. Il a une cinquantaine d'années et un physique de bouddha, tout rond. Tout jovial aussi. Avec une boucle d'oreille... Jean-Claude a découvert le Népal il y a treize ans. Il a flashé : « J'ai fait un circuit sur l'Annapurna, vingt-deux jours de pur bonheur... Je suis tombé complètement amoureux des gens qui y habitent... »

En France, il a commencé à organiser des spectacles avec de la musique népalaise, des photos. Jean-Claude donne aussi quelques conférences. Un jour, il s'est rendu compte que quelque chose coinçait dans sa démarche : « Avec ces spectacles, j'ai bien gagné ma vie. Je vivais tranquillement. Mais j'avais un souci : je me disais que je profitais, pour gagner ma vie, d'images de gens qui n'ont rien et qui m'ont ouvert leurs portes ! Je retournais au Népal, plusieurs fois par an, les mains vides ! Alors, j'ai créé une petite association qui achète des produits népalais. Je produis une première richesse en aval, juste par l'achat. Puis je revends en France avec de la marge, et enfin je reverse entièrement le bénéfice de la vente à des associations qui mènent des actions intéressantes sur le terrain... »

Gérard Klein, *J'ai rencontré des gens formidables*, OH ! Éditions, 2008.

François Zanella a construit un paquebot de 33 mètres dans son jardin.

Dans la vie comme à la scène

Le comédien Jean-Claude Brialy raconte sa rencontre avec un autre comédien, Pierre Brasseur (1905-1972).

J'ai déjà raconté la scène qu'il avait faite chez une dame bourgeoise qui l'avait invité à dîner et avait eu la maladresse, à la fin du repas, de lui demander de « réciter quelque chose », comme on demande à un saltimbanque de payer son repas par quelque facétie[1]. Il avait alors, sur un coup de génie, prétendu être en pleine préparation d'un numéro d'illusionnisme et, sous les yeux émoustillés[2] de la maîtresse de maison, avait saisi la nappe à deux mains tout en affirmant que d'un coup d'un seul il allait l'enlever sans causer le moindre dommage à la vaisselle. La table était couverte de verres en cristal, de carafes en baccarat et de porcelaine fine, comme il se doit. Il se met au bout de la table, se concentre, et tire d'un coup sec. Tout se casse. C'est épouvantable... Alors, la nappe à la main, il s'exclame d'un ton magistral : « Raté ! »

Jean-Claude Brialy, *J'ai oublié de vous dire,*
© XO Éditions, 2004.

1. Plaisanterie. – 2. Intéressés, excités.

[LE DOCUMENT RADIO]

À la radio, l'animateur José Artur a raconté un souvenir de jeunesse. Aurélie a écouté l'émission.
José Artur parlait d'une star de l'époque, la chanteuse et comédienne Yvonne Printemps (1894-1977) qui venait de quitter l'auteur de pièces de théâtre Sacha Guitry (1885-1957) et avait épousé le comédien Pierre Fresnay.

Le forum de « decouverte.com »

1. Que peut-on trouver sur ce site ?

2. La classe se partage les deux témoignages du forum. Présentez le témoignage que vous avez lu. Indiquez :
– les circonstances de la rencontre
– l'originalité de la personne rencontrée

3. Identifiez les temps des verbes et observez leur emploi.

Il y a des gens formidables

Répondez à ces questions sur Jean-Claude Baïsse.
a. Comment peut-on le reconnaître ?
b. Est-ce qu'il est souvent en France ?
c. Quelles sont ses activités ?
d. Quelle est l'originalité de son projet ?

Dans la vie comme à la scène

1. Lisez puis racontez cette histoire en complétant les phrases suivantes :
L'histoire se passe chez ... . Elle a invité ... .
À la fin du repas, elle lui demande ... .
Pierre Brasseur lui fait croire ... .
Mais le tour de magie ... . Cette histoire montre bien le caractère de Pierre Brasseur qui était ... .

2. Relevez les mots qui sont en relation avec les thèmes :
a. du spectacle
b. de la table

Le document radio

1. Comment José Artur a-t-il connu Yvonne Printemps ?

2. En parlant d'Yvonne Printemps, José Artur a abordé trois sujets. Lesquels ?

Quels détails donne-t-il, quelle anecdote raconte-t-il à propos de chacun de ces sujets ?
• Les pantoufles ...
• ....

Participez au forum

Présentez brièvement une personne extraordinaire que vous avez rencontrée.

Raconter des événements passés

« C'est en 1683 que le roi Louis XIV a épousé secrètement Madame de Maintenon.
La femme du roi, Marie-Thérèse, venait de mourir.
Madame de Maintenon était la maîtresse du roi depuis huit ans.
Il l'avait rencontrée chez sa précédente maîtresse, Madame de Montespan.
Madame de Maintenon s'appelait alors Françoise d'Aubigné. Elle était la gouvernante des enfants que le roi avait eus avec Madame de Montespan. »

Les temps du récit au passé

• Le passé composé
→ pour les informations principales, celles qu'on veut mettre au premier plan.
Louis XIV est né en 1638. Il a été couronné roi en 1643.

• L'imparfait
→ pour les commentaires, les états, les actions habituelles ou répétitives.
Quand Louis XIV était enfant, le gouvernement était assuré par sa mère et par le cardinal Mazarin.

• Le plus-que-parfait
→ pour les événements qui se sont produits avant les actions principales.
Le règne du père de Louis XIV avait duré 33 ans. Il avait été marqué par des révoltes de la noblesse.

• L'expression « *venir de* à l'imparfait + infinitif »
→ pour les événements qui se sont produits juste avant les actions principales.
Louis XIII est mort en 1643. Son fils venait d'avoir quatre ans.

Pour rapporter des paroles prononcées dans le passé, voir p. 133.

N.B. À n'importe quel moment d'un récit au passé, on peut remplacer le passé composé et l'imparfait par le présent ou le plus-que-parfait par le passé composé pour rendre les actions plus présentes.
Louis XIII meurt en 1643. Son fils vient d'avoir quatre ans. C'est sa mère et Mazarin qui prennent le pouvoir. Ce n'est qu'en 1661 que le roi décide de gouverner...

❶ Classez les verbes du texte ci-dessus. Observez l'emploi des temps.

L'événement principal	Le contexte de l'événement principal
Les événements qui se passent avant	Les informations sur ces événements

❷ Mettez les verbes entre parenthèses au temps qui convient.
Un témoin de l'époque de Louis XIV raconte.
« C'est en septembre 1661 que le roi Louis XIV (*décider*) de gouverner seul et qu'il (*se débarrasser*) de son ministre des Finances. Quelques mois auparavant, le cardinal de Mazarin (*mourir*).
Je me souviens de cette histoire. À cette époque, j'(*être*) au service du roi. En août, un mois avant cette décision, Fouquet, le ministre des Finances, (*inviter*) la Cour à une grande fête dans son château de Vaux-le-Vicomte qui (*être*) magnifique. Nous (*assister*) à de magnifiques spectacles organisés par Molière et le musicien Lully. Le roi (*s'apercevoir*) que Fouquet (*être*) plus riche que lui. Ce jour-là, il (*comprendre*) que son ministre (*voler*) l'argent du royaume. Un mois plus tard, il (*faire emprisonner*) Fouquet. »

❸ Les temps du récit à la forme passive. Faites du mot souligné le sujet grammatical de la phrase.
Suite du récit du témoin de l'époque de Louis XIV.
a. Le roi <u>m</u>'a engagé en 1659
→ J'ai...
b. La révolte des nobles avait impressionné <u>le roi.</u>
c. La suppression de certains privilèges avait exaspéré <u>les nobles.</u>
d. La famille royale avait abandonné <u>le palais du Louvre.</u>
e. On a construit <u>le château de Versailles</u> pour que la cour soit loin de Paris.

❹ Reprenez oralement le récit de l'exercice 2 en mettant quelques verbes au présent pour rendre l'action plus vivante.
C'était en 1661. À cette époque, Mazarin vient juste de mourir...

Situer des événements dans le temps

> « La dernière fois que j'ai manifesté ? Oh, il faut remonter à mai 68...
> Oui, c'était en mai 68, le 29 exactement. À l'époque, j'avais 20 ans.
> J'habitais à Caen. La veille, avec des copains, nous avions fait Caen-Paris avec nos derniers litres d'essence. On avait commencé à manquer d'essence une semaine auparavant.
> Le défilé s'est déroulé normalement l'après-midi mais après, beaucoup d'incidents se sont produits. »

1 **Repérez et classez les indications de temps du texte ci-dessus.**
a. indications précises
b. indications approximatives
Relevez les verbes qui introduisent des expressions de temps.

2 **Faites une chronologie des événements racontés dans le texte suivant :**
La mystérieuse disparition du général de Gaulle
Le 30 mai 1968, alors que la France était paralysée depuis une semaine, le général de Gaulle, qui était président de la République, a dissous l'Assemblée nationale.
La veille, il avait mystérieusement quitté Paris en hélicoptère et n'était revenu que vers 18 heures.
Cela faisait presque un mois que les universités étaient agitées et la grève générale avait été déclarée quinze jours auparavant.
L'avant-veille du début de la grève générale, des affrontements entre policiers et étudiants avaient fait plus de 300 blessés.

Début mai : début de l'agitation étudiante
......

3 **Imaginez une suite à ces phrases.**
• Autrefois... De nos jours...
• Ces derniers temps... Actuellement...
• L'accident s'est produit...

Pour situer une action dans le passé

Les verbes

• se passer – arriver – se dérouler – se produire
Ces événements se sont passés (se sont produits, se sont déroulés) en mai 1968.
C'est arrivé quand ? – L'accident, ça vous est arrivé quand ?
• dater (de) – remonter (à)
Les dernières grèves remontent à (datent de) mars dernier.

Indications de temps approximatives

• maintenant – actuellement – de nos jours – ces jours-ci – ces temps-ci – à notre époque
• récemment – les derniers temps – il n'y a pas très longtemps – il y a peu de temps
• autrefois – auparavant – il y a longtemps – à cette époque-là – à l'époque – dans le temps

N.B. « En ce temps-là » est une forme littéraire. C'est aussi une formule de la Bible.

Indications précises de temps

• la date : *en 1968, le 1ᵉʳ mai...*
• en référence avec le moment présent : *aujourd'hui, hier, avant-hier...*
• en référence avec un moment du passé : *ce jour-là, la veille, trois mois auparavant...*

 ## Travaillez vos automatismes

1 **Le plus-que-parfait à la forme négative**
Excusez-vous, excusez-les comme dans l'exemple.
Utilisez les verbes : voir – finir – écouter – faire – comprendre – entendre.
En classe
• Attention, vous avez fait une faute !
– Désolé, je ne l'avais pas vue.
– ....

2 **Le passé composé – Répondez comme dans l'exemple.**
Vous avez tout fait. Eux aussi...
• Vous allez à l'étranger ?
– J'y suis souvent allé.
• Elle va quelquefois à l'opéra.
– ....

10

Projet : mon blog en français

Vous commencerez la réalisation de votre blog en français.

Vous y mettrez des photos, des souvenirs, des anecdotes, des commentaires sur ce que vous avez lu ou entendu...

Mes photos... Mes souvenirs...

❶ Lisez ci-dessous le souvenir de Thierry Lhermitte.

a. Quelle photo rappelle ce souvenir ?

b. Racontez l'histoire oralement.

c. Pourquoi Thierry Lhermitte dit-il que ce souvenir est « atroce » ?

❷ Vous souvenez-vous d'un fou rire que vous avez eu ? Racontez.

❸ Regardez les photos de cette double page. Choisissez-en une qui vous rappelle un souvenir. Racontez ce souvenir à la classe.

Utilisez les temps verbaux étudiés dans les pages « Ressources ».

Répondez aux questions des autres étudiants à propos de votre récit.

❹ Choisissez (dans des magazines, dans vos albums) cinq photos que vous aimeriez mettre dans votre blog. Rédigez une légende de deux lignes pour chaque photo.

Un souvenir du comédien Thierry Lhermitte

« C'est un souvenir atroce. Un réalisateur nous avait donné rendez-vous, à Christian Clavier et à moi, pour nous parler d'un scénario. Le pauvre garçon était charmant mais son scénario était absolument épouvantable. Pendant tout l'entretien, nous avons essayé par tous les moyens de nous retenir de rire pour ne pas lui faire de la peine. Nous avons mis fin au rendez-vous et nous sommes partis mais à peine assis dans la voiture, Christian m'appelle. J'ai été obligé de m'arrêter parce que je riais tellement que je ne pouvais plus conduire. Ce fou rire a duré plus de vingt minutes. »

Atmosphères, n° 115.

Mes rêves...

❶ Lisez ci-dessous le rêve du personnage de Jean d'Ormesson. Relevez les mots ou expressions qui expriment ce que le rêveur ressent, ce qu'il voit, ce qu'il fait.

Les sensations • la peur • la souffrance • l'isolement	l'angoisse ......
La vision	un grand espace vide
Ce que fait le rêveur	je pleurais

❷ À quoi vous font penser les images de ce rêve ? (expériences personnelles, films, peintures, etc.)

❸ D'après vous, pourquoi le personnage de Jean d'Ormesson a-t-il fait ce rêve ?

❹ Racontez brièvement un rêve ou un cauchemar.

Souvenirs et rêves

• **Le souvenir**

Se rappeler – se souvenir de... – Je me rappelle le jour de notre arrivée. Je ne me souviens pas de l'hôtel. Moi, je me le rappelle. Je m'en souviens. Ça me revient. C'était l'hôtel Miramar.

Oublier – J'ai oublié la date. Ça ne me revient pas. J'ai un trou de mémoire.

Un souvenir précis, net / flou, lointain – un bon / mauvais souvenir – un événement inoubliable, marquant, mémorable – un événement à marquer d'une pierre blanche – un souvenir gravé dans le marbre.

Nous gardons un bon souvenir de ce voyage.

Fouiller, chercher dans sa mémoire

Cette photo me fait penser à... Elle me rappelle... Elle m'évoque... notre voyage en Grèce.

• **Le rêve**

Un rêve – faire un rêve

rêver (de) – J'ai rêvé d'un repas chez Bocuse – rêver que... (que nous faisions un repas chez Bocuse)

un mauvais rêve – un cauchemar

La signification d'un rêve

Rêver de... signifie que...

Ça traduit... Ça veut dire que...

Dans un rêve, une maison symbolise le besoin de sécurité.

Un cauchemar

Mon rêve de la nuit du 22 au 23 juin était plus vrai que la vie.

C'était un rêve d'angoisse. Dans un grand espace vide, j'étais seul et perdu. Je souffrais. J'avais peur. Peur de quoi ? Je l'ignorais. J'avais peur. Des gens passaient autour de moi. Ils portaient tous des masques. Et ils étaient mes ennemis. Malgré leur absence de visage, j'en reconnaissais quelques-uns. Les autres m'étaient inconnus. Des voix se croisaient, inaudibles. Une foule finissait par envahir la scène. Et plus il y avait de monde, plus je me sentais isolé. Mon cœur se tordait. Tout n'était que menace. Je pleurais, je me jetais à genoux, je me traînais par terre. Il y avait des couteaux, des machines infernales, des animaux terrifiants. Du sang coulait à flots. Les gens s'éparpillaient. Je me retrouvais tout seul, en larmes, entre de hauts murs gris. Imprécise et vague, la douleur devenait très forte. Une voix claire disait :

– Voilà.

Je me réveillai en nage.

Jean d'Ormesson, *La Création du monde*, © Robert Laffont, 2006.

Projet
Mes réflexions

SOURIEZ, VOUS ÊTES SURVEILLÉS

Voilà que la ministre de l'Intérieur, Michèle Alliot-Marie, annonce le triplement des caméras de surveillance dans nos villes en moins de trois ans !

Le temps de la surveillance généralisée est venu. Nos ordinateurs sont aussi infiltrés que la CIA à l'époque de la guerre froide. Nos voitures sont truffées[1] de puces qui permettent de les localiser à tout moment. Nos téléphones portables sont des délateurs électroniques ambulants. Les couloirs du métro, les rues de nos villes ont vocation à se transformer en studio de cinéma où l'on pourra voir qui tient la main de qui, qui embrasse qui et, évidemment, qui arrache le sac à main de qui – si le voleur n'a pas pensé à mettre sa cagoule. Nos cartes bancaires enregistrent chaque retrait d'argent liquide, chaque acte d'achat.

Toutes nos dépenses de santé sont répertoriées.

Nos achats sur Internet peuvent nourrir de formidables banques de données. Et celui qui saura exploiter vos « clics » – commande de billets d'avion ou de train, remplissage de votre caddie au e-supermarché, choix de livres ou de spectacles – sera en mesure de connaître vos besoins et vos désirs. Un rêve de marketing.

Tous surveillés, donc. C'est certes angoissant, mais cela peut s'avérer rassurant. Qui peut refuser que les cyberflics traquent les cyberpédophiles ? Qui va s'opposer à l'installation de caméras dans la station de métro où, cet été, a été tué un touriste italien agressé par des voleurs à la tire ? […] Qui osera demander la suppression du NIR, ce numéro unique qui permet aux ordinateurs du ministère des Finances, les mieux renseignés de France, de traquer les fraudeurs en tout genre ? Il n'y a pas de défense des libertés sans sécurité des citoyens. […]

Reste qu'aujourd'hui la panoplie high-tech est si riche, grâce aux progrès de l'informatique et de l'électronique, que son utilisation pose un tas de questions philosophiques et éthiques, mais surtout politiques. Chacun peut désormais surveiller ou faire surveiller l'autre. Le mari surveille son épouse ; le patron, ses salariés ; les groupes industriels, leurs concurrents. […]

Frédéric Ploquin, *Marianne*, 12/01/2008

1. Remplies, farcies (comme un plat peut être farci avec des truffes).

❶ Faites une première lecture de l'article. Repérez les passages où l'auteur :
– donne une information sur l'actualité
– donne des exemples en relation avec cette information
– donne une opinion pour
– donne une opinion contre

Résumez l'article en deux ou trois phrases. Vous pouvez utiliser les mots suivants :
se généraliser – une nécessité – un risque

❷ Faites la liste de tous les moyens de surveillance. Relevez le vocabulaire en relation avec les nouvelles technologies.
une caméra…

❸ Vous avez mis cet article dans votre blog. Vous le faites suivre de vos réflexions personnelles. Rédigez ces réflexions.

Donner son opinion

• Pour marquer l'origine de l'opinion
À mon avis… Selon Pierre… De mon point de vue…
À mon avis, il y a trop de contrôles.
Je pense que (je vois que… il me semble que…) ces caméras sont trop nombreuses.
Je ne pense pas que (je ne crois pas que…) ces caméras soient trop nombreuses.
(emploi du subjonctif quand le verbe d'opinion est à la forme négative).

• Pour approuver ou désapprouver
J'approuve/je désapprouve l'installation des caméras
Je suis pour/contre… C'est une bonne/une mauvaise idée.

Usages des noms et des prénoms

Chaque Français a un ou deux noms de famille (patronymes) et un ou plusieurs prénoms.

• Les noms de famille
Depuis 2005, lorsqu'on déclare la naissance d'un enfant à la mairie de son domicile, on peut lui donner comme nom de famille le nom du père, celui de la mère ou les deux noms accolés.

❶ Lisez les informations ci-dessus et ci-contre. Relevez les différences avec les usages de votre pays.

❷ 🌐 Écoutez le document sonore.

a. Complétez les informations sur Abderrasack.

Origine : ...   Âge : ...
Profession : ...
Que demande-t-il ? : ...
Durée de la procédure : ...

b. Relevez les raisons pour lesquelles Abderrasack veut changer de prénom.

❸ Rédigez quelques lignes sur votre blog.

Résumez l'information principale du document sonore et donnez votre point de vue.

On suit en général l'usage ancien et on choisit le nom du père. Les conjoints gardent chacun leur nom. Sur sa carte de Sécurité sociale ou son passeport, une femme garde le nom de sa famille. Mais là encore, l'usage traditionnel fait que dans un couple la femme adopte souvent le nom de son conjoint. Elle a alors un nom de famille (celui de son conjoint) et un nom de jeune fille (celui de sa famille). Les deux noms peuvent être accolés : Florence Dupont-Rigaut (ou Florence Rigaut-Dupont).

• L'origine des noms de famille
À l'origine, les noms de famille avaient un sens. Ils pouvaient désigner un lieu (*Villeneuve – Duparc – de Fontenay*), l'aspect physique (*Petit – Legros*), le métier (*Boulanger – Fabre*), la parenté (*Cousin*).
Les noms comportant une particule (de, de la, du, des) comme Charles de Villeneuve ou Marie de Fontenay pouvaient indiquer une appartenance à la noblesse ou seulement la possession d'une terre.
On trouve aujourd'hui beaucoup de noms d'origine étrangère. « Garcia », d'origine espagnole, fait partie des dix noms les plus portés en France.

• Les prénoms
On peut donner à un enfant un ou plusieurs prénoms mais l'ordre dans lequel on les donne ne peut pas changer. Ceux qui portent un prénom ou un nom gênant comme « Cocu, Cochon ou Cornichon » peuvent demander à la justice de les modifier.

[LE DOCUMENT RADIO]

Au Palais de justice de Paris, une fois par mois, un magistrat tient une audience de changement de prénom.
Un journaliste interroge l'un des demandeurs.

Sur la liberté

• *La liberté est le droit de faire tout ce que les lois permettent.*
Montesquieu (écrivain français, 1689-1755)

• *Liberté, que de crimes commis en ton nom !*
Madame Roland (femme politique française, 1754-1793)

• *La liberté, c'est la faculté de choisir ses contraintes.*
Jean-Louis Barrault (homme de théâtre français, 1910-1994)

• *Je pense que les femmes sont les dépositaires de la liberté.*
Francis Picabia (peintre français, 1879-1953)

• *Si quelqu'un vous supprime votre pain, il vous supprime en même temps votre liberté.*
Albert Camus (écrivain français, 1913-1960)

• *Un monde gagné par la technique est perdu pour la liberté.*
Georges Bernanos (écrivain français, 1888-1948)

Mes citations

❶ Tour de table. Partagez-vous les citations ci-contre. Donnez brièvement votre point de vue sur celle que vous avez choisie.

❷ Recherchez des citations en français sur un sujet qui vous intéresse. (Voir le site www.dicocitations.com)

BULLETIN DE L'ASSOCIATION DES PARENTS D'ÉLÈVES DU GROUPE SCOLAIRE JACQUES TATI

QUESTIONS D'ÉCOLES

Voici quelques sujets de réflexion pour notre réunion du 28 novembre. Nous y accueillerons Marie-Ange Colombani, pédopsychothérapeute, qui répondra à nos questions.

Faut-il changer le système de notation des élèves ?

Du collège à l'université, la note ne donne pas une idée juste du niveau ni du travail d'un élève, car le système de notation oblige implicitement[1] à mettre en échec un pourcentage constant d'élèves. [...] Car pour être crédible[2] aux yeux des autres, un professeur doit obtenir un large éventail[3] de notes avec une proportion sous la moyenne. S'il se retrouvait avec une moyenne de 15/20, on le jugerait laxiste. Il faut donc qu'il introduise dans chaque contrôle des questions trop difficiles pour l'ensemble des élèves ou qu'il donne un sujet trop long. [...] Sans que cela soit délibéré[4] de leur part, les enseignants sont à l'origine de l'échec scolaire produit artificiellement, c'est le plus grand dysfonctionnement de notre système éducatif. [...]

En Italie, en Grèce, au Canada et aux États-Unis, les élèves sont notés de façon juste et ils acquièrent une confiance en eux qui leur sert plus tard dans la vie. Les enseignants donnent clairement aux élèves les objectifs visés par un contrôle et ne se contentent pas de mentionner le programme à réviser. Ils leur expliquent qu'ils auront tel ou tel type d'exercices à résoudre précisément de telle manière. Le contrôle peut se faire dans le temps imparti[5]. Si tout le monde réussit, tant mieux !

André Antibi, agrégé de mathématiques directeur de l'Institut de recherche sur l'enseignement des mathématiques de Toulouse, *Fémina – Midi Libre*

1. Qui n'est pas dit clairement. – 2. On peut avoir confiance en lui. – 3. Une gamme, une échelle. – 4. Conscient. – 5. Donné.

Faut-il arrêter de faire redoubler les élèves ?

Le redoublement est la pratique la plus étudiée au monde et toutes les analyses démontrent son inefficacité.

En primaire, il ne sert à rien et, en plus, il est dangereux psychologiquement. Chez les autres élèves, il reste souvent improductif, mais devient moins dramatique à mesure qu'ils avancent en âge. Ce jugement ne concerne pas le lycée, qui est à mettre à part, et plus précisément la Terminale[1] pour repasser le bac.

En Europe, le redoublement n'existe pas dans la plupart des pays et ceux qui le pratiquent en font une mesure[2] d'exception ne touchant que 3 % des élèves. En France, environ 50 % des élèves recommencent au moins une classe entre le CP et la Première. Nous sommes les champions d'Europe dans ce domaine ! Cette position tient à la perpétuation d'une mentalité culpabilisatrice : le regard que l'on porte ici sur l'enfant en échec est radicalement différent de celui des pays du Nord, où il devient le centre de toutes les attentions.

Je ne préconise[3] pas de supprimer le redoublement sans le remplacer. Il faut trouver autre chose en s'inspirant des systèmes qui fonctionnent. En Finlande, le maître garde la même classe deux ou trois ans et il est capable de s'occuper d'enfants qui progressent différemment. Un élève en difficulté n'est pas exclu de son « groupe classe », ce qui se passe en cas de redoublement. Couper un élève de son « groupe classe » contribue à l'échec du redoublement. Aucun élève ne s'en sort si, en plus, on lui ressert la même pédagogie : « Tu ne digères pas cette soupe, tu vas en avaler une autre assiette ! »

Christian Forestier, inspecteur général de l'Éducation nationale, *Fémina*, 15/06/2008.

1. Classe de préparation au baccalauréat, les élèves ont environ 18 ans. – 2. Une décision, une action (prendre des mesures). – 3. Proposer.

Au Royaume-Uni, les élèves ne sont pas obligés de lever le doigt quand ils veulent parler. Cette pratique défavoriserait les timides.

Les tapageurs sont punis.
Strafe der Räüffer.

Doit-on signer la pétition ?

Le succès de la pétition électronique lancée le 31 janvier par le SNES-FSU (Syndicat national des enseignants du second degré) de Lille pour défendre le professeur du collège G de C, renvoyé devant la justice pour avoir giflé[1] un élève de 11 ans qui l'avait traité de « connard[2] », témoigne de la colère et du désarroi[3] des enseignants après l'événement.

Le nombre de signatures, 10 000 dans la matinée du lundi 4 février, frôlait les 15 000 le lendemain. Près d'une sur deux est assortie[4] d'un commentaire. Ces textes attestent[5] d'une réaction massive des enseignants désireux de manifester leur solidarité avec le professeur de technologie de 49 ans mis en cause[6]. « Au secours, ils sont devenus fous ! De tout cœur avec notre collègue », ou « Courage, nous sommes tous avec toi », écrivent-ils. Jean-Pierre espère que « tous les syndicats de l'Éducation nationale vont se mobiliser [...] même si personne ne prône[7] la gifle comme méthode éducative. Mais le problème n'est pas là ».

L'émotion est considérable après l'interpellation[8] du professeur à son domicile, lundi 28 janvier [...].

« Le geste est malheureux. Mais je ne pense pas qu'il justifie un tel acharnement », écrit Michel.

Le Monde, 06/02/2008.

---

1. Tape sur la joue avec le plat de la main. – **2.** Mot grossier signifiant « bête, idiot ». – **3.** Trouble. – **4.** Accompagnée. – **5.** Témoigner. – **6.** Accusé. – **7.** Demander, défendre. – **8.** Arrestation par la police.

[LE DOCUMENT RADIO]

En France, l'année scolaire commence le 1er septembre et se termine le 30 juin. Les élèves ont dix jours de vacances fin octobre, deux semaines à Noël, deux semaines en février ou mars et deux semaines en avril ou mai. Pour ces deux dernières périodes, les dates varient selon la zone géographique.
Le professeur Hubert Montagner répond à la question d'une auditrice.

Lecture et commentaires

1. Identifiez le document. D'où est-il extrait ? À quoi sert-il ?

2. Partagez-vous les trois articles. Dans chacun recherchez :
• ce qui est critiqué (une pratique – un incident)
• les arguments de l'auteur
• les arguments que vous pourriez opposer à l'auteur
Faites des comparaisons avec les pratiques en usage dans votre pays.

3. Préparez une brève présentation de l'article qui permettra de lancer un débat. Voir les expressions de l'encadré ci-dessous.

Débat

Chaque groupe présente l'article sur lequel il a travaillé et lance le débat.

 Le document radio

1. Écoutez la question de l'auditrice. Quelle information apporte-t-elle ? Comment explique-t-elle la création des zones de vacances ? Quelle opinion exprime-t-elle ?

2. Écoutez la réponse d'Hubert Montagner. Notez le calendrier idéal des vacances scolaires.

Lancer un débat

• **Poser un problème**
André Antibi pose le problème de...
L'incident de... soulève le problème (la question) de...
L'attitude de... La pratique de... mérite qu'on y réfléchisse

• **Critiquer**
Cette attitude est critiquable, condamnable, injuste.
Certains la désapprouvent, la condamnent...

• **Annoncer les éléments du débat**
D'un côté... D'un autre côté...
On peut approuver cette pratique car...
Cependant (en revanche)...

• **Donner la parole aux intervenants**
Qu'en pensez-vous ? – À vous de juger –
Vous avez la parole pour dire ce que vous en pensez.

Exprimer un besoin

« Comment voulez-vous que les jeunes veuillent rester dans notre région ? Il n'existe qu'une discothèque à 30 km. En hiver, il règne une ambiance sinistre. Il n'y a pas de travail. Et pourtant nous manquons de main-d'œuvre pour l'agriculture. Mais on trouve peu de jeunes pour travailler la terre. Et puis les commerces font défaut. L'an dernier, nous avons été privés du bureau de poste.
Et enfin, pour que les garçons restent, nous aurions besoin que les filles restent aussi. Or, elles partent toutes vers les grandes villes… »

❶ Dans les phrases ci-dessus, trouvez les mots qui expriment les idées d'existence, de manque et de besoin.

L'existence	Le manque	Le besoin
……		

❷ Remplacez « il y a » par un autre verbe exprimant l'existence.

J'adore ce petit village d'Auvergne. Ici, **il y a** encore des fermiers qui vivent toute l'année des produits de leur ferme. En été, **il y a** quelques touristes et le 14 juillet, **il y a** une ambiance sympathique. **Il y a** des tas de randonnées intéressantes à faire et **il y a** de petites chapelles à découvrir au cours de ces balades.

❸ Complétez avec des mots exprimant le manque.

Un habitant de Grenoble parle de sa ville.
J'adore ma ville mais elle pourrait être améliorée.
Par exemple, nous _____ de pistes cyclables. Il y a trop d'automobilistes dans le centre à la recherche d'une place. Les parkings _____ . Heureusement que le tramway va améliorer les choses car il y a de grosses _____ dans le plan de circulation.
Enfin, les amateurs d'opéra et de musique classique _____ d'une vraie salle de spectacles.

Existence – manque – besoin

L'existence

• Il y a… On trouve… On rencontre… On peut voir…
Ici se trouve la maison natale de La Fayette

• Il règne une atmosphère de travail – Une atmosphère de travail règne dans le village

• Il existe un musée de l'abeille dans le village (utilisé quand la chose est inattendue et rare) – Un musée de l'abeille, ça existe ?

Le manque

• Il n'y a pas de… Il n'existe pas de…

• Manquer – Il manque une boulangerie – Nous manquons de commerces – Les commerces manquent

• Nous sommes privés de…

• Les commerces sont insuffisants… sont absents… font défaut

• une absence de travail – une carence en main-d'œuvre

Le besoin et la nécessité

• J'ai besoin $\begin{cases} \text{d'aide} \\ \text{que vous m'aidiez (subjonctif)} \end{cases}$

• Il est nécessaire (indispensable, impératif, obligatoire) $\begin{cases} \text{de venir} \\ \text{que vous veniez (subjonctif)} \end{cases}$
Votre aide est nécessaire (indispensable, etc.)

• Il vous faut venir – Il faut que vous veniez.

• La situation de notre commune nécessite l'aide de la région. Elle demande… Elle réclame… Elle requiert…
Une aide de la région s'impose.

N.B. On peut exprimer une demande en exposant une nécessité. Dans ce cas, le verbe au conditionnel permet de rendre la demande plus polie.

J'ai besoin d'aide. → J'aurais besoin de ton aide.
Il serait nécessaire que tu viennes m'aider.

❹ Une association qui défend les intérêts des habitants d'une ville a répertorié les manques et les défauts. Exprimez les besoins de la ville en utilisant les expressions entre parenthèses.
Exemple : **a.** Il serait nécessaire de construire des pistes cyclables.
a. absence de pistes cyclables (*il est nécessaire*)
b. pas de théâtre (*avoir besoin de*)
c. manque d'espaces verts (*s'imposer*)
d. peu de voies piétonnes (*nécessiter*)
e. quartiers insalubres (*être indispensable*)
f. mauvaise gestion (*requérir*)

Exprimer la volonté

Le maire de la ville écoute les réclamations du conseil municipal.
– Nous souhaiterions que les rues soient plus propres.
– Oui, nous tenons à la propreté des rues.
– Je suggère un ramassage des ordures plus fréquent.
– J'exige que ce soit fait.
– Pourrait-on vous demander de rénover le théâtre ?
– Nous réclamons plus de sécurité.
– Je vous prierais de tenir compte de nos demandes.

1 Observez les phrases ci-dessus.
a. Classez-les de la forme la plus polie à la plus directe (impérative).
b. Observez les temps des verbes qui servent à exprimer la volonté. Qu'en concluez-vous ?
c. Observez et classez les constructions des demandes.

Avec « que »	Avec une préposition	Construction directe

2 Formulez les demandes dans les situations suivantes. Utilisez le verbe entre parenthèses. Vous pouvez être plus ou moins impératif selon la situation.
a. Votre colocataire ne fait jamais le ménage. (*exiger*)
b. Votre assistant doit absolument taper une lettre et l'envoyer avant ce soir. (*tenir à*)
c. Vous avez envie d'aller faire un petit repas au restaurant avec votre ami(e). (*suggérer*)
d. Vous demandez par écrit un formulaire au consulat de France. (*prier*)
e. Pendant un examen, vos voisins bavardent et font du bruit. (*demander*)
f. Vous demandez à Pierre les 100 € que vous lui avez prêtés. (*réclamer*)

L'expression de la volonté

1. Verbes et constructions
• vouloir – avoir envie (de) – désirer – tenir (à) – exiger
Je veux sortir. → les deux verbes ont le même sujet
Je voudrais que vous sortiez. → les verbes ont des sujets différents

• demander – proposer – souhaiter – conseiller – suggérer – ordonner – interdire, etc.
J'ai demandé à Pierre de sortir. (je lui ai demandé de sortir)
Je demande que vous sortiez.

• prier
J'ai prié Pierre de sortir. (Je l'ai prié de sortir)

• réclamer
Je lui ai réclamé une augmentation de salaire.

• revendiquer
Il revendique un meilleur salaire.

2. L'emploi des temps
• Le verbe exprimant la volonté se met au présent pour donner une information ou faire une demande impérative.
Il veut que vous restiez. – Je veux que vous sortiez.

• Il se met au conditionnel pour faire une demande polie ou une suggestion.
J'aurais envie qu'on aille au cinéma.

• Dans les constructions avec « que », l'objet de la demande se met au subjonctif.
Je suggère que nous sortions davantage.
Je tiens à ce que tu sois à l'heure.

Voir les conjugaisons p. 136 et l'expression de la demande (p. 95).

Travaillez vos automatismes

1 Emploi des pronoms avec les verbes de demande.
Vous faites grève pour de meilleures conditions de travail. Confirmez comme dans l'exemple.
• Tu demandes une augmentation ?
– Oui, j'en demande une.
• Vous exigez que les horaires soient réduits ?
– Oui, _____

2 Constructions des verbes exprimant la volonté.
Ce père est très autoritaire. Vous vous étonnez.
• Mon fils doit faire deux heures de maths tous les soirs. Je l'exige.
– Tu exiges qu'il fasse deux heures de maths tous les soirs.
• Il n'utilise plus l'ordinateur. Je le lui interdis.
– _____

Projet : association d'intérêts

Vous prendrez position pour ou contre un projet. Vous vous associerez avec d'autres personnes pour le défendre ou pour vous y opposer. Vous rédigerez une pétition ou un manifeste et vous organiserez un débat sur le sujet.

EN BREF

Performance

Dans la ville de Sète s'est tenu le 4e festival « Infr'Action » qui rassemble des artistes « performants » du monde entier. Ni musicien, ni comédien, ni danseur, ni sculpteur, le performant se définit comme quelqu'un qui mène « une action réfléchie ou spontanée ».

Performance de l'artiste plasticien L. Malstaf, à Marseille, en juin 2008.

Ainsi, planté toute la matinée au coin d'une rue, un de ces artistes tenait deux cornets de glace fondant sur des articles de journaux. Une Chinoise, aveuglée par un bandeau noir, épluchait des pommes de terre.

La manifestation subventionnée par la région et la ville de Sète suscite des avis partagés qui vont de l'indifférence à l'indignation.

D'après *Midi Libre*, 18/09/2008.

Nouvelle autoroute

Le ministre des Transports vient d'annoncer le prochain lancement de l'autoroute A65 entre Langon et Pau. Cette autoroute permettra de relier plus rapidement la région de Bordeaux aux Pyrénées et à l'Espagne.

La future autoroute n'est pas approuvée par les associations écologistes car elle traverse des espaces naturels où vivent des espèces animales protégées.

Langues régionales

Les députés viennent d'adopter en première lecture une loi visant à modifier l'article 1 de la Constitution française. Rappelons que cet article définit la République française comme « indivisible, laïque, démocratique et sociale ». Il sera désormais suivi de la phrase : « Les langues régionales appartiennent à son patrimoine. »

Les associations de défense des langues régionales sont satisfaites. L'Académie française proteste. Le texte de loi doit maintenant être examiné par le Sénat.

Notes pour les profs

Sur le site Internet note2be.com, les élèves peuvent donner des appréciations sur leurs professeurs et les noter.

Le syndicat SNES-FSU, syndicat majoritaire des lycées et collèges, et une cinquantaine d'enseignants à titre individuel ont porté l'affaire en justice.

D'après l'AFP.

Choisissez votre cause

❶ La classe se partage la lecture des quatre nouvelles brèves ci-dessus. Chaque groupe informe la classe de ce qu'il a lu.

❷ Cherchez d'autres informations qui suscitent des réactions pour ou contre. Rédigez-les sous forme de nouvelles brèves.

❸ Choisissez une de ces causes. Vous pouvez travailler en petits groupes.

Créez votre association

Vous décidez de créer une association pour défendre la cause que vous avez choisie.

Exposez en quatre ou cinq lignes les buts de votre association.

Exposer les buts d'un projet

• Pourquoi faites-vous cela ? Quel est votre but ? Quelles sont vos intentions ?

• L'objet (le but) de l'association est...
Notre intention est de défendre...
L'association a pour but de s'opposer à...

• Projeter (de) – envisager (de) – prévoir (de)
Nous projetons de mener des actions pour...

• Nous agirons...
pour que
afin que } la loi soit rejetée (subjonctif)
de sorte que

• Nous agirons pour (afin de...) faire rejeter la loi.

• Nous voulons faire en sorte que la loi soit rejetée.

Informez-vous, préparez votre argumentation

Suite au projet de loi sur l'inscription des langues régionales dans la Constitution (voir nouvelle brève p. 110), Françoise Olivier-Coupeau, députée du Morbihan (région Bretagne), répond aux questions des participants d'un forum du journal *Libération* (02/06/2008, liberation.fr © Libération).

 | Rechercher [   ] | **Sur liberation.fr** | **Sur Google**

1 – Roparzh.

À quoi cela va-t-il servir de déclarer les langues comme mobilier national[1] ? Seront-elles plus enseignées, plus médiatisées ? Il n'y a pas de radio en breton pour toute la Bretagne (seulement des radios locales), pas de télévision en breton, pas de soutien à la création, aux auteurs, à la presse (sauf en français), pas de diffusion de chansons en breton.

Françoise Olivier-Coupeau. Je ne suis pas d'accord avec votre analyse. Il y a TV Breizh, des chansons en breton, des radios en breton. Par contre c'est loin d'être suffisant. Cette intégration des langues régionales au patrimoine de la France dans la Constitution est un premier pas fondamental, mais qui devra être suivi d'une politique volontariste des pouvoirs publics, y compris dans les moyens mis en œuvre[2] pour développer l'enseignement, la culture, etc.

2 – Hercules.

Quel est le but de l'inscription des langues régionales dans la Constitution ? Ne craignez-vous pas des conséquences discriminatoires[3] comme en Espagne : un citoyen andalou ne peut aller travailler dans l'administration ou une grande entreprise en Catalogne[4] s'il ne connaît pas la langue ?

[...] Je ne crains pas les risques de discrimination, ce n'est ni dans notre culture nationale, ni dans l'intérêt ou les projets des défenseurs des langues régionales.

3 – Sans.

Certaines langues de l'UE, comme l'italien ou l'allemand, sont déjà victimes de la dictature de l'anglais. Les langues régionales ne vont-elles pas aggraver le phénomène ? Et pour servir à quoi sur le marché du travail, alors même que nos jeunes ne peuvent déjà plus postuler pour travailler outre-Rhin par exemple car ils ne parlent pas la langue de Goethe ?

Au contraire, le bilinguisme français-langue régionale est un formidable vecteur de multilinguisme. Les enfants qui parlent une langue régionale tout petits apprennent sans aucune difficulté une, voire plusieurs langues étrangères par la suite. La finalité de la protection des langues régionales n'est pas purement économique, elle va bien au-delà, puisqu'elle est culturelle, et touche à nos racines les plus profondes.

4 – Valéry.

La France a mis du temps à reconnaître la diversité de son patrimoine linguistique. N'est-il pas trop tard ?

Il n'est jamais trop tard pour bien faire ! Vous avez raison, nous avons perdu des langues et beaucoup de locuteurs, mais nous avons gagné des militants des langues régionales, prêts à se battre pour qu'elles survivent et se développent.

5 – Bene.

C'est très bien de faire vivre les langues régionales mais j'ai peur que le français disparaisse au profit de l'anglais, langue internationale et du commerce ?

Je crois pour ma part que lutter pour les langues régionales, c'est une autre façon de lutter contre l'omniprésence de l'anglais. Le risque de se faire cannibaliser par la langue anglaise existe, nous devons lutter fermement contre cela, et tous les moyens sont bons, y compris les langues régionales.

---

1. Patrimoine national. – 2. Employer pour, utiliser pour… – 3. Qui favorise certains groupes de personnes. – 4. La Catalogne est une région autonome de l'Espagne.

❶ Lisez le forum de *Libération*. D'après le contexte, trouvez le sens des mots suivants :
Paragraphe 1 : un pas fondamental – une politique volontariste
Paragraphe 3 : un vecteur de multilinguisme – voire
Paragraphe 4 : un locuteur – un militant
Paragraphe 5 : au profit de – l'omniprésence – cannibaliser

❷ Relevez les arguments pour et contre le projet de loi.

❸ Recherchez des arguments pour ou contre le projet que vous avez choisi.

Projet
Faites l'historique du problème

Les langues régionales en France

Jusqu'à la fin du Moyen Âge, la France est un puzzle de territoires qui ont chacun leur langue, leurs coutumes et leurs lois. L'unité politique et juridique de ces territoires se fait progressivement grâce aux conquêtes, aux acquisitions et aux mariages des rois de France, puis avec la Révolution et la politique de Napoléon Ier.

Mais l'unification linguistique sera plus lente. Le français (dialecte de la région parisienne) va s'imposer petit à petit dans les villes puis dans les campagnes. Ces campagnes, qui représentent à l'époque un pourcentage important de la population, resteront bilingues jusqu'à la première moitié du XXe siècle.

Une volonté d'unification linguistique existait dès la Révolution mais il faudra attendre la IIIe République pour que le gouvernement puisse imposer une école obligatoire, laïque, gratuite et où l'on ne s'exprime qu'en français. Aujourd'hui, les personnes qui parlent encore une langue régionale ne l'utilisent plus pour la communication quotidienne. Les langues régionales sont devenues « des sujets d'étude, presque objets de culte en même temps qu'un moyen d'affirmer son identité[1] ».

1. Henriette Walter, *Le Français dans tous les sens*, Robert Laffont, 1988.

L'enseignement des langues régionales

En France, l'enseignement facultatif de certaines langues régionales – le basque, le breton, le catalan et l'occitan – est autorisé depuis 1951. Des décrets ont ensuite ajouté le corse, puis le tahitien et les langues mélanésiennes. Depuis 1970, ces langues régionales peuvent être utilisées comme option au baccalauréat. C'est un enseignement qui progresse fortement.

Pendant l'année scolaire 2001-2002, 252 858 élèves bénéficiaient d'un enseignement de langues régionales. Ils sont 404 351 aujourd'hui, soit près de 60 % de hausse !

Tous niveaux confondus, l'alsacien arrive en tête avec 163 820 élèves. Ensuite vient l'occitan (plus de 80 000 élèves, collégiens et lycéens), le tahitien (50 000 élèves) et le corse (34 598 élèves). Le breton touche 23 432 élèves, le basque 11 062 élèves et le catalan 13 048.

Extrait du site liberation.fr

[LE DOCUMENT RADIO]

Henriette Walter, linguiste, et Jean Bonnefon, chargé de mission pour Radio France, exposent la situation des langues régionales en France.

❶ Lisez les informations ci-dessus. Dites si les phrases suivantes sont vraies ou fausses.

a. La France a mis environ 1 000 ans à se construire.

b. Sous Napoléon Ier, le territoire de la France avait à peu près son visage actuel.

c. À l'époque de Molière, tous les Français parlaient la même langue.

d. Beaucoup d'arrière-grands-pères des Français d'aujourd'hui étaient bilingues.

e. Dans les écoles, l'enseignement des langues régionales est obligatoire.

f. Dans certaines régions, aujourd'hui, les gens ne se parlent pas en français.

❷ Notez les grandes étapes de l'unification linguistique de la France.

Moyen Âge : …

…

❸ Repérez sur la carte de la page 149 les différentes zones des langues régionales.

❹ Cherchez une explication.

a. Pourquoi c'est la langue de la région parisienne qui s'est imposée ?

b. Pourquoi l'enseignement des langues régionales se développe-t-il ?

❺ Écoutez le document radio. Approuvez ou désapprouvez les affirmations suivantes :

a. En Corse, la langue corse est encore pratiquée.

b. Beaucoup de Bretons parlent encore le gallo.

c. Les jeunes ne sont plus intéressés par les langues régionales.

d. Ce sont les parents de ces jeunes qui ont cessé de parler leur langue régionale.

e. Les Français pensent qu'il faut s'ouvrir au monde sans perdre sa langue régionale.

f. Il y a moins d'un siècle, les langues régionales étaient encore utilisées.

❻ Complétez l'argumentation de la cause que vous avez choisie.

Lettre adressée au ministre de l'Environnement par un groupe d'associations s'opposant au projet de construction de l'autoroute A65 (voir la nouvelle brève p. 110).

Monsieur le ministre d'État[1]

Vous avez annoncé, mercredi 24 octobre, lors des négociations sur les transports du Grenelle de l'environnement[2], la fin de la construction d'autoroutes en France. Vous avez déclaré : « C'est fini : on n'augmentera plus la capacité routière. Notre stratégie est de développer le ferroviaire et le fluvial. »

Les associations Alternative régionale Langon Pau (ARLP), Greenpeace, Les Amis de la Terre et SEPANSO (France Nature Environnement Aquitaine) qui luttent en Aquitaine contre le projet d'autoroute inutile A65 reçoivent positivement ces premières déclarations […]. Cependant l'annonce de M. Dominique Bussereau[3] (dans le journal *Sud-Ouest* du 26 octobre) : « L'autoroute A65 Langon-Pau continue de se justifier » est contradictoire avec les déclarations du Grenelle et nous fait douter de leur sincérité.

En effet, en plus des crises climatiques et énergétiques qui rendent obsolètes la plupart des projets autoroutiers, ce projet d'autoroute de 147 kilomètres entre Langon et Pau ne nous paraît aucunement justifié car :
– le trafic sur l'axe existant est très faible et promet de le rester ;
– ses enjeux environnementaux très forts ont été en grande partie ignorés : bilan carbone insuffisant, biodiversité en danger (zones Natura 2000[4] et espèces protégées à haute valeur patrimoniale sur le tracé) ;
– l'axe n'est pas classé accidentogène ;
– la route actuelle est facilement aménageable.
[…]
C'est pourquoi nos associations vont demander d'arrêter les études préliminaires[5] et de réévaluer le projet en fonction des nouveaux critères du Grenelle de l'environnement.

Extrait de la lettre publiée par la fédération France Nature Environnement.

_____
1. Le titre de ministre d'État est honorifique. Il peut être donné à n'importe quel ministre. – 2. Suite de réunions destinées à définir la politique de la France pour l'environnement. « Grenelle » est le quartier de Paris où avaient eu lieu les accords de mai 1968 entre le gouvernement et les syndicats. Le mot signifie « débat qui réunit différents partenaires ». – 3. Secrétaire d'État chargé des transports. – 4. Le réseau Natura 2000 est un réseau européen de sites naturels possédant une flore et une faune exceptionnelles. – 5. Études que l'on fait avant de lancer un grand chantier.

Rédigez une pétition ou une lettre ouverte

1 Relisez la nouvelle brève « Nouvelle autoroute » p. 110. Puis lisez la lettre ci-dessus. Repérez…
a. Qui écrit ?   **c.** À cause de quel événement précis ?
b. À qui ?   **d.** Que veulent les auteurs de la lettre ?

2 Reformulez oralement les arguments des auteurs de la lettre.

3 Rédigez une lettre ou une pétition pour défendre votre cause.
(Inspirez-vous de la lettre ci-dessus.)

Organisez un débat

Chaque association présente en quelques minutes la cause qu'elle défend.
La classe demande des informations et exprime des opinions

ALLODOC - LE FORUM SANTÉ

 ALLODOC ✚ **le forum santé**

| Beauté | Forme et bien-être | Nutrition et Régimes | Médicaments | Grossesses et bébés | Petits bobos |

Petits bobos *Partagez vos expériences*

Bleus (hématomes) · Brûlures · Concentration · Coups de soleil · Crampes · Déprime · Fatigue · Insomnie · Mal en voiture · Maux d'estomac · Maux de tête · Mémoire · Nausées · Ongles · Piqûre d'insectes · Rhumes · Verrues

• La nuit je dors difficilement à cause de crampes douloureuses aux jambes. Quelqu'un saurait-il comment les faire passer ?
Jessica

↘ Salut, Jessica. Je crois que les crampes proviennent d'une mauvaise circulation du sang. Tu peux faire passer une crampe en étirant la jambe très fort comme si tu voulais l'allonger. Cela a pour effet de stimuler la circulation et provoque la disparition de la douleur. Linotte

↘ Ma grand-mère met simplement un savon au fond de son lit. Grâce à ça, paraît-il, elle n'a plus de crampe. Mais ne me demande pas d'explication. Val

• Connaissez-vous un truc qui marche contre les verrues ? Max

↘ La cause des verrues c'est un virus. Donc c'est ton corps qui doit réagir. Et par conséquent, si tu crois que tu vas guérir, ça aide ! Tu peux les faire disparaître en prenant des vitamines ou en frottant la verrue avec le lait d'une feuille de figuier tous les soirs pendant 15 jours. L'important, c'est d'y croire... Léo

• Près de notre maison de campagne, il y a des ruches et nous sommes souvent piqués ! Chez moi, ça entraîne des gonflements et des démangeaisons très désagréables. Marie

↘ Le plus vite possible après la piqûre, approchez le bout d'une cigarette allumée ou l'allume-cigare de la voiture de l'endroit où vous avez été piquée. Ça rendra le venin moins actif. Jef

↘ En frottant la piqûre avec trois herbes différentes. Lor

• J'ai la détestable manie de me ronger les ongles et ça énerve tout le monde. Comment perdre cette habitude ? Mélimélo

↘ Mélimélo, je suppose que tu es une fille. Fais-toi poser de faux ongles. Ça te permettra de perdre cette mauvaise habitude.

↘ En pharmacie, il existe des vernis amers. Le goût est très mauvais de sorte que tu es vite dégoûtée.

↘ Autre solution, porte des gants pendant trois jours...

LA SIESTE
Une bonne chose en somme

En Occident, dans une société où il faut rentabiliser le temps au maximum, la sieste n'est pas pas bien vue, surtout dans le monde du travail. Pourtant, au Japon, il est fréquent de s'assoupir en réunion.

Une meilleure santé

- Dormir 10 minutes par jour permet de mieux affronter le reste de la journée et prévient le stress, en évacuant fatigue et tension.
- Un somme quotidien fait chuter de 37 % le risque de mourir de maladie coronarienne.
- En détendant muscles et vertèbres, la sieste délasse le corps et nous évite les contractures et les séances chez le kiné…

Une productivité accrue

- 10 min de sieste assurent 4 heures de tonus et économisent 45 minutes de sommeil nocturne.
- L'institut de neurosciences de San Diego a montré qu'elle stimule les fonctions cognitives. Regain de vigilance, de concentration et de mémoire garanti au réveil !

Où ? Allongé dans un lit ou assis à son bureau, peu importe : l'essentiel est d'être confortablement installé. Isolez-vous dans un endroit à température stable (de 18 à 20 °C), à l'abri du bruit et de la lumière. Ne cherchez pas à dormir, ce qui vous maintiendrait éveillé, mais respirez lentement.

Quand ? De 13 h à 16 h, jamais au-delà, sinon vous aurez des difficultés à vous assoupir le soir. Faites la sieste toujours à la même heure, car le corps enregistre le moment où il va s'endormir et se réveiller facilement.

Atmosphères, n° 120.

[L'INTERVIEW]

Les téléphones portables sont-ils dangereux pour la santé ?
Le docteur Mélanie Rouffiac, neurologue, fait le point sur la question.

Le forum santé

1. La classe se partage les quatre questions. Lisez les questions et commentez les réponses avec le reste de la classe.

2. Relevez les mots qui expriment les relations…
a. de cause : *à cause de…*
b. de conséquence : *à tel point, …*

3. Relevez les mots et les expressions qui caractérisent les actions.
… je dors difficilement.

Participez au forum

1. Chaque étudiant rédige une question pour le forum santé sur un petit papier qu'il replie.

2. Tirez les papiers au sort. La classe essaie de répondre à chaque question.

Les avantages de la sieste

1. Lisez individuellement l'article sur la sieste avec l'aide du dictionnaire (environ 10 min).

2. Fermez le livre. La classe essaie de retrouver le texte de mémoire. Complétez les informations suivantes :
- Avantages de la sieste : ……
- Où faire la sieste ? : ……
- À quel moment ? : ……

L'interview

1. Cochez la bonne réponse.
Pour Mélanie Rouffiac,
☐ les téléphones portables sont dangereux
☐ ils ne sont pas dangereux
☐ leur dangerosité n'est pas prouvée

2. Faites la liste des expériences et des enquêtes citées par Mélanie Rouffiac. Quelles sont leurs conclusions ?
a. Expériences sur des rats : ……
b. ……

3. Faites la liste des précautions que doivent prendre les utilisateurs de téléphone portable.

Restez en forme !

Caractériser une action

> Tournez plus rapidement !
> Enchaînez vos figures avec souplesse !
> Sautez sans hésitez ! Dansez plus en rythme !
> Paul, danse en regardant ta partenaire !

1 **Dans les phrases ci-dessus, relevez les différentes formes qui permettent de caractériser les actions.**

Tournez → rapidement (adverbe)
Enchaînez vos figures → ....

2 **Remplacez l'expression soulignée par un adverbe en « ment ».**

Conseils de santé
a. Mangez <u>avec lenteur</u>.
b. Consommez des boissons sucrées <u>avec modération</u>.
c. Travaillez <u>avec calme</u>.
d. Faites du sport <u>de manière régulière</u>.
e. Buvez de l'eau <u>plusieurs fois par jour</u>.

3 **Reformulez les phrases suivantes en supprimant la construction « en + participe présent » et en utilisant :**

bien que – en même temps – grâce à – si – quand
a. En revenant de la bibliothèque, j'ai rencontré Philippe.
b. Il a beaucoup minci. C'est en faisant le régime Filvert.
c. Philippe élève ses deux enfants tout en travaillant.
d. En faisant ce régime, je pourrais peut-être perdre quelques kilos.
e. Tout en faisant du sport chaque jour, je n'arrive pas à mincir.

4 **Reformulez les phrases suivantes en utilisant la construction « en + participe présent ».**

a. Fabien fait des études de lettres. En même temps, il fait de la musique.
b. Il donne quelques concerts. Grâce à ça, il gagne un peu d'argent.
c. Bien qu'il n'ait pas beaucoup d'argent, il réussit à payer ses cours de chant.
d. S'il est sélectionné à la Star Academy, il peut être repéré par un agent.
e. Quand on a du talent, on réussit toujours.

Pour caractériser une action

Pour caractériser une action, on peut utiliser :

1. un adverbe
Elle parle fort. Elle s'exprime clairement.

2. la forme « préposition + nom » après le verbe
Elle s'exprime avec élégance, sans effort.

3. un adjectif introduit par des expressions comme « de façon... », « de manière... »
Elle a fait son exposé de manière humoristique.

4. la forme « en + participe présent » (gérondif)
Elle parle en regardant son auditoire.
→ Cette forme peut exprimer :
• la simultanéité : *Il prend son bain en écoutant la radio (tout en écoutant la radio).*
• la cause : *En jouant au Loto, elle a gagné 100 000 euros.*
• la condition : *En prenant un bon petit-déjeuner, tu ne grignoteras pas toute la matinée.*
• la manière : *Tu réussiras à ouvrir la porte en poussant très fort.*
• l'opposition : *Tout en sachant que je refuserais, il m'a demandé de lui prêter de l'argent.*

Utiliser les propositions participes

> ### TRIOMPHE
> ### DE PAUL ET VIRGINIE
>
> Triomphant hier soir au Palais des Glaces, Paul et Virginie s'affirment comme les meilleurs de leur génération.
>
> Accueillis par 10 000 spectateurs enthousiastes, les patineurs ont fait une démonstration magnifique de leurs talents.
>
> Ayant déjà gagné une médaille d'or aux championnats de France, le couple était très attendu.
>
> Récompensés par une nouvelle médaille d'or, les champions sont repartis sous les acclamations du public.

1 **Dans l'article ci-dessus, relevez les propositions utilisées pour apporter une information sur Paul et Virginie.**

Phrase	Mots utilisés pour nommer Paul et Virginie	Propositions qui les caractérisent
1	Paul et Virginie	....
2	les patineurs	....

2 **Combinez les deux phrases en utilisant une proposition participe.**

a. Le stade de France a été inauguré en 1998. Il peut accueillir 80 000 spectateurs.
b. Il domine l'autoroute du nord. On le remarque quand on arrive à Paris.
c. Je suis souvent allé dans ce stade. Je peux dire que toutes les places sont excellentes.
d. 80 000 spectateurs ont applaudi l'équipe de France. Elle a gagné le match.
e. L'équipe de France a perdu plusieurs matches. Elle ne sera pas championne d'Europe.

Les propositions participes

Elles apportent une information à propos d'un nom ou d'un verbe.

1. La proposition participe passé (le participe passé s'accorde avec le nom caractérisé)
Construit au XVIIᵉ siècle, le château de Versailles était la résidence du roi Louis XIV.

2. La proposition participe présent
• **au présent** (à partir de la 1ᵉʳᵉ personne du pluriel du présent) :
faire → faisant
Les personnes voulant visiter les salles du château doivent acheter un billet.
• **au passé** : « ayant » ou « étant » + participe passé
Les touristes ayant visité le parc de Versailles sont revenus enchantés.
→ La proposition participe peut avoir son sujet propre
Les invités s'étant excusés, nous avons annulé la soirée.

3. Certains adjectifs formés d'après un verbe se prononcent comme le participe présent.
Ils s'accordent avec le nom et peuvent avoir une orthographe différente du participe présent.
En négligeant de prendre son appareil photo lors de la visite de Versailles, Marie a été très négligente.

3 **Complétez avec des participes présents ou des adjectifs formés d'après les verbes entre parenthèses.**

a. La neige s'est mise à tomber *(provoquer)* des accidents.
b. Le mois dernier, Marie est allée en voyage professionnel à New York. Le mois *(précéder)*, elle était allée à Rome.
c. Ce voyage a été très *(fatiguer)*.
d. Les arguments de Pierre ne sont pas très *(convaincre)*.
e. Léa est très *(négliger)*. Elle ne fait jamais l'entretien de sa voiture. En *(négliger)* de gonfler régulièrement les pneus, elle risque d'avoir un accident.

 ## Travaillez vos automatismes

1 **Construction « en + participe présent ». Confirmez comme dans l'exemple.**

Conseils à un chanteur
• Si tu prends des cours de chant, tu t'amélioreras.
– En prenant des cours de chant, tu t'amélioreras.
• Si tu apprends la musique, tu chanteras plus juste.
....

2 **Emploi de la proposition participe présent. Transformez les phrases comme dans l'exemple.**

À l'université
• Le professeur Durand est malade. Il n'y aura pas cours.
– Le professeur Durand étant malade, il n'y aura pas cours.
• Les étudiants qui ont compris le texte feront l'exercice 1.
....

Restez en forme !

Parcours de santé

Une douleur inquiétante, une fièvre soudaine et vous voilà face au médecin généraliste, au spécialiste, au pharmacien, à l'infirmière et, qui sait, peut-être au chirurgien !

Et puis, il faut aussi prendre des nouvelles de la santé de vos amis, de vos voisins…

Et comment se porte l'entreprise où vous travaillez ? l'économie de votre pays ?… Un vrai parcours de santé.

COMPLÉTEZ VOTRE CONNAISSANCE DES NOMS DES PARTIES DU CORPS

Les expressions suivantes utilisent le vocabulaire du corps.
Trouvez-en le sens.
Associez les parties du corps avec un numéro de l'image.
Nommez ensuite la partie du corps correspondant aux autres numéros.

1. Quels sentiments révèlent les attitudes ou les gestes suivants ?

Exemple : **a.** l'indifférence

a. hausser les épaules
b. baisser les yeux
c. se mordre les lèvres
d. se frotter les mains
e. tirer la langue
f. se ronger les ongles
g. plisser le front
h. se tenir les côtes
i. accueillir à bras ouverts
j. se gratter la tempe
k. serrer les dents
l. froncer les sourcils

la colère
la culpabilité (ou la timidité)
la déception
la générosité (la sympathie)
l'indifférence
le mécontentement
la méfiance
la nervosité
la provocation
la réflexion
le rire
la satisfaction

2. Reformulez les expressions imagées suivantes. Utilisez les mots ou expressions de la colonne de droite.

Exemple : **a.** Il est ambitieux

a. Ce jeune cadre a les dents longues 8
b. Elle aime couper les cheveux en quatre 4
c. On lui a bourré le crâne 5
d. Dans cette affaire, elle a eu du nez 7
e. Il a les reins solides 1
f. Elle a les chevilles qui enflent 12
g. Il a le bras long 2
h. Elle a le cœur sur la main 3
i. Il est resté les doigts de pieds en éventail 6
j. Il ne fera pas de vieux os 11
k. Il lui faut un coup de pouce 9
l. Ça lui fait une belle jambe 10

(1) supporter une épreuve difficile
(2) avoir des relations qui peuvent aider
(3) généreux
(4) compliquer ce qui est simple
(5) faire apprendre des choses inutiles ou fausses
(6) se reposer sans rien faire
(7) prévoir ce qui va se passer
(8) ambitieux
(9) aider
(10) il s'en moque
(11) mourir avant l'âge
(12) prétentieux

3. Donnez le sens des expressions suivantes :

a. une grande artère de Paris
b. le poumon du monde
c. les gorges du Tarn
d. une bouche de métro

e. le nerf de la guerre
f. le cerveau de l'opération
g. la colonne vertébrale du système de défense
h. le tuyau fait un coude

SACHEZ DÉCRIRE VOS SYMPTÔMES

1. Feriez-vous un bon médecin ?

a. Trouvez dans la liste les symptômes des maladies suivantes :

« Quand on a une grippe, on a… on ressent… Une grippe entraîne… a pour conséquences… »

a. une grippe
b. un rhume
c. une angine
d. une intoxication alimentaire
e. l'asthme
f. l'urticaire
g. un infarctus
h. une dépression nerveuse

1. le besoin de se moucher
2. la diarrhée
3. des difficultés respiratoires
4. des douleurs musculaires
5. une douleur dans la poitrine
6. des éternuements (éternuer)
7. un évanouissement (s'évanouir)
8. une fatigue matinale
9. des boutons

10. de la fièvre (de la température)
11. des maux de tête
12. un mal à la gorge
13. des rougeurs
14. un mal au ventre
15. des nausées
16. la toux
17. des vomissements (vomir)
18. des démangeaisons (démanger)

b. À quoi sont dues ces maladies ?

une artère bouchée – une bactérie (un microbe) – un choc nerveux – une allergie – un virus

2. Dans le tableau de vocabulaire, lisez la liste des professions de santé. Pour quels problèmes va-t-on voir ces différents professionnels ?

3. Observez les photos ci-dessous. Devinez ce qui se passe. Imaginez ce qui vient de se passer et ce qui va se passer.

« Il vient de… Il va… »

Imaginez les dialogues.

4. 🔊 Écoutez les dialogues. Trouvez la photo qui correspond au dialogue.

Choisissez une scène et jouez-la.

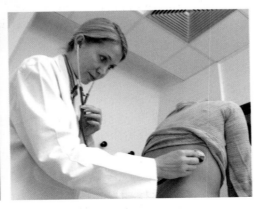

Problème de santé

• **Les maladies**
attraper un rhume – avoir la grippe – souffrir d'un problème cardiaque
se soigner – se rétablir (se remettre) – guérir – être en convalescence

• **Les accidents**
se blesser (une blessure) – saigner (un saignement) – une plaie – nettoyer – désinfecter – faire un pansement – se casser une jambe – une fracture – mettre un plâtre

• **Les professions de santé**
un médecin généraliste – un spécialiste (un cardiologue, un dermatologue, un rhumatologue, un ophtalmologue, un gynécologue, un pédiatre, un radiologue, un psychiatre, un chirurgien) – un dentiste – un kiné (kinésithérapeute) – un orthophoniste – un infirmier (une infirmière)

• **Les actes médicaux**
une consultation médicale (consulter un médecin) – examiner – prendre la tension – ausculter – prescrire un traitement (faire une ordonnance) – faire une radio, une échographie, un scanner (passer une radio, etc.) faire des analyses – une prise de sang – une analyse d'urines – un prélèvement

• **La clinique et l'hôpital**
les services de l'hôpital – le service des urgences, le service de radiologie, de cardiologie, etc. – la maternité une opération – opérer de l'appendicite un accoucheur – Marie a accouché d'une petite fille

SURVEILLEZ VOTRE MODE DE VIE

Le feng shui va vous changer la vie

Le feng shui, de **feng**, *le vent, et* **shui**, *l'eau, est un art chinois très ancien qui a pour but d'optimiser les énergies parcourant notre environnement. S'établir dans un lieu dont le feng shui est favorable, construire une maison en respectant les règles du feng shui apporteront l'équilibre, la paix, la longévité et même la fortune.*
De plus en plus d'architectes s'inspirent aujourd'hui des préceptes du feng shui. De nombreuses entreprises l'utilisent pour le bien-être de leurs employés (Canal Plus, Sephora, British Airways).

Les règles d'implantation

Les constructions doivent être implantées sur un terrain légèrement en pente. Il faut aussi se protéger du nord qui apporte de mauvaises influences par un obstacle naturel ou un rideau d'arbres.

• L'entrée de la maison

Elle doit toujours se situer au sud. Elle ne doit pas être gênée par un arbre ou par le tournant d'une voie ou d'un chemin.

• La salle de séjour

Elle devrait avoir deux portes, l'une proche de l'entrée, l'autre donnant sur les autres pièces. Aucun fauteuil ne doit tourner le dos aux portes ou à la cheminée. Une table carrée ou ronde est préférable à une table ovale ou rectangulaire. On peut installer un téléviseur à condition de mettre sur sa gauche une plante verte pour éliminer les ondes négatives. Évitez les mezzanines. Notez que le point de richesse est situé en entrant, à gauche.

• La cuisine

Elle doit être située à l'est. Éloignez la cuisinière de l'évier et du frigo (le feu ne doit pas côtoyer l'eau). Le plan de travail ne doit pas vous obliger à tourner le dos à la porte.

• La salle de bains

C'est une pièce qui dégage beaucoup d'énergie. Elle doit être éloignée de l'entrée et ne pas se situer au fond d'un couloir.

• La chambre

Elle doit se situer au sud. Le lit ne doit pas faire face à la porte ni à une fenêtre. Orientez-le nord-sud, la tête au nord. Ne placez pas de téléviseur ou d'appareil électronique en face du dormeur. Les plantes vertes et les aquariums qui stimulent l'énergie sont à éviter. Il vaut mieux les placer dans le salon.

À Hong Kong, on a aménagé un trou dans cet immeuble afin de laisser passer les énergies positives.

Sources : www.aix-en-provence.com/provencearchite et www.doctissimo

1. Lisez l'article ci-dessus. Un ami vous pose les questions suivantes. Répondez.
• J'ai rencontré quelqu'un qui fait construire sa maison selon les règles du feng shui. Tu as entendu parler de ça, le feng shui ?
• D'où ça vient ? Quelle est l'origine du mot « feng shui » ?
• À quoi ça sert ?
• C'est basé sur quoi ?

2. Vous décidez de faire construire une maison selon les règles du feng shui.
Faites le plan de cette maison en observant les indications données dans le texte.

3. Lisez l'encadré « Tendance en matière de santé ».
Faites des comparaisons avec les réalités de votre pays.

Tendances en matière de santé
Prévention et médecines douces

De plus en plus de Français pensent que la société dans laquelle ils vivent est source de problèmes de santé ou va l'être à moyen terme. Il importe donc de se nourrir sainement, de se loger loin du bruit et de la pollution, de porter des vêtements fabriqués avec des matières naturelles, de travailler sans stress et de choisir des loisirs à la fois actifs et reposants. Le bien-être, l'harmonie, la santé, le ralentissement du vieillissement dépendent considérablement de notre hygiène de vie.

Par ailleurs, bien que nul ne conteste l'utilité de la médecine traditionnelle, on prend conscience qu'elle peut avoir des effets nocifs. Par exemple, l'abus de médicaments contre certaines petites douleurs articulaires peut provoquer des maux d'estomac...

De plus en plus de Français se tournent donc vers les médecines dites « douces » parce qu'elles sont moins agressives pour le corps. 27 % ont confiance dans l'homéopathie qui, avec une très faible dose de médicament, peut avoir des effets importants. Le nombre d'ostéopathes est en augmentation. 15 % des Français soignent chez eux non seulement leurs problèmes articulaires et musculaires mais aussi le stress et la douleur. 10 % croient à la phytothérapie (soins par les plantes) et 5 % à l'acupuncture.

INFORMEZ-VOUS

[...] Le désert médical avance. Selon l'assurance maladie, 12 % de la population en Picardie, près de 10 % en Champagne-Ardenne, 9 % en Basse-Normandie ou en Lorraine éprouvent déjà des difficultés pour dénicher un généraliste. Plus de 4 000 communes en France manquent de toubibs. C'est le cas de Penne, village du Tarn de 550 âmes. « Un seul généraliste assure encore des consultations dans un local que nous mettons à sa disposition une demi-journée par semaine mais il part bientôt à la retraite, s'inquiète Jean-Luc Kretz, le maire. La nuit, le week-end ou les jours fériés, lorsque ce dernier volontaire n'est pas de garde, nous n'avons qu'une solution en cas de pépin : prendre la voiture pour nous rendre aux urgences de Montauban. » Quarante-cinq minutes par la route ! Nicolas Sarkozy[1] a décidé de mettre un terme à cette injustice. « Il n'est pas normal, à la fois pour des raisons d'équité et d'efficacité, que la répartition des médecins sur le territoire soit aussi inefficace », juge-t-il.

Et le président de la République a annoncé le 18 septembre la mise en place d'un dispositif visant à dissuader les médecins de s'installer dans les zones où ils sont trop nombreux.

La Cour des comptes[2], dans un rapport rendu public le 12 septembre, a apporté de l'eau à son moulin : « Il n'y a jamais eu autant de médecins en France qu'aujourd'hui, mais leur répartition géographique montre une attirance pour les bords de mer ». Trois raisons à ce phénomène [...].

Isabelle Laffens-Gentieux, *Marianne*, 22/09/2007.

1. Président de la République en 2007. –
2. Institution qui contrôle les finances publiques et par conséquent le système de santé public.

1. Tout en lisant cet extrait d'article...
– repérez les lieux dont on parle sur la carte (page 148)
– trouvez le sens des mots suivants d'après le contexte : le désert médical – dénicher un généraliste – un toubib – en cas de pépin – l'équité – dissuader quelqu'un de faire quelque chose

2. Formulez en deux phrases les deux informations principales apportées par cet article.

3. 🌐 L'introduction et la fin de cet article ont été coupées. Écoutez. Un journaliste interroge un médecin de campagne qui va partir à la retraite.
a. Utilisez sa réponse à la première question pour rédiger une introduction à l'article.
b. Utilisez sa réponse à la deuxième question pour finir l'article.

4. Rédigez un titre et un sous-titre pour l'article.

5. Si vous étiez ministre de la Santé en France, quelles mesures prendriez-vous pour résoudre ce problème ?

Plaisir de dire

> Dans cette langue belle aux couleurs de Provence
> Où la saveur des choses est déjà dans les mots
> C'est d'abord en parlant que la fête commence
> Et l'on boit des paroles aussi bien que de l'eau.
>
> Yves Duteil, *La Langue de chez nous* (chanson), 1985.

> C'était dans la nuit brune
> Sur un clocher jauni
> La lune
> Comme un point sur un i.
>
> Alfred de Musset, « Ballade à la lune », *Premières Poésies*, 1829.

1  Le flot des paroles

> Si tu t'imagines
> Xa va xa va xa
> Va durer toujours
> La saison des za
> La saison des amours.
>
> Raymond Queneau

Dans une phrase, certains mots s'enchaînent les uns aux autres.

Observez les enchaînements et répétez.

a. Enchaînement entre voyelles

Chez le bouquiniste
La Comédie humaine (Balzac)
L'Ami étranger (Labro)
Le Musée imaginaire (Malraux)
Maigret a peur (Simenon)
Orphée et Eurydice (Ovide)

b. Enchaînement entre consonnes et voyelles

Œuvres au programme :
Le Cabinet des antiques (Balzac)
Claudine en ménage (Colette)
Les Paradis artificiels (Baudelaire)
Mort à crédit (Céline)
Bouvard et Pécuchet (Flaubert)

> La voix U se forme en rapprochant les dents
> sans les joindre entièrement, et allongeant
> les deux lèvres en dehors, les approchant aussi
> l'une de l'autre sans les joindre tout à fait : U.
>
> Molière, *Le Bourgeois gentilhomme*, comédie-ballet, 1670.

2  Le « u » [y] bien entendu, bien lu
Le son [y] est souvent confondu avec [u] ou [i].

Perdue
Rue d'Aboukir, rue de Buci
Rue David, boulevard Davout
Avenue Bugeaud, rue de Nice
Métro Bienvenüe ou Bonne-Nouvelle
Station Duroc ou Courcelles…
Je suis perdue. Je suis fourbue
Et complètement abattue.

3  Le [e] et le [ɛ]. Respectez-les !

Petites annonces
Cherche clichés de palais légendaires
Achète bon marché célèbres tableaux volés
Capitaine retraité cède cétacé naturalisé
Perdu perroquet qui sait réciter le règlement du lycée.

> Le docteur Jonquille sur son petit vélo
> S'en va voir sa belle
> Sa belle Isabelle…
> Soudain inquiet, il se retourne
> Et voit derrière lui
> Un autre qui pédale aussi
> Et qui lui dit
> Alors docteur Jonquille
> On se croyait tout seul
> Sur son petit vélo
> Mais c'est un tandem
> Et tu n'en savais rien.
>
> Jacques Prévert, *La Pluie et le beau temps*, Gallimard, 1955

Évaluez-vous

1 — Vous savez exprimer un manque, un besoin, un souhait.

À faire sous forme de tour de table. Chaque étudiant fait un rapide bilan du cours sur l'unité 1. Il exprime (une phrase par sujet) :

a. une satisfaction **b.** un manque **c.** un besoin **d.** un souhait

Notez votre intervention orale avec votre voisin(e).

.../10

2 — Vous savez réagir dans certaines situations embarrassantes.

À faire sous forme de tour de table ou de brefs dialogues avec votre voisin(e). Que diriez-vous dans les situations suivantes ?

a. Vous êtes invité(e) à dîner chez des Français. La maîtresse de maison vous a déjà obligé(e) à reprendre de l'entrée. Elle tient maintenant à ce que vous vous resserviez en tomates à la provençale. Vous n'en avez pas envie.

b. Vous avez envie d'un week-end un peu sportif. Vous essayez de convaincre votre ami(e) de faire une randonnée en montagne. Il (elle) refuse. Vous insistez.

c. Dans une réunion amicale, vous avez rencontré une personne. Vous lui avez donné votre numéro de téléphone pour qu'elle vous communique un renseignement. Mais depuis, il (elle) ne vous lâche plus.

d. Dans votre groupe de travail, il y a une personne insupportable. Elle se plaint sans cesse, se met souvent en colère...

e. Au cours d'un dîner en France, quelqu'un se moque de votre accent ou de vos fautes de français.

.../10

3 — Vous savez rédiger une lettre de demande argumentée.

Depuis hier, votre téléphone fixe et votre accès à Internet ont été coupés. Vous avez essayé d'appeler votre fournisseur d'accès avec votre téléphone mobile. Sans succès. De chez un(e) ami(e), vous envoyez un courriel à votre fournisseur d'accès. Rédigez ce courriel selon le plan suivant :

– vous faites un état précis de la situation
– vous formulez votre demande
– vous donnez deux arguments pour appuyer votre demande
– vous rédigez une formule finale.

.../10

4 — Vous comprenez des informations relatives à la santé.

Écoutez ces quatre scènes. Notez le problème de santé, ses causes et ses conséquences.

	Problème de santé	Causes	Conséquences
1			
2			

.../10

5 — Vous comprenez le récit d'un souvenir.

Valérie raconte un souvenir. Écoutez. Vous racontez ce souvenir à un(e) ami(e). Voici le début de vos phrases. Complétez-les.

« Hier, Valérie me racontait un souvenir amusant. C'était l'époque où elle était _____ .

Elle détestait _____ . Sa copine _____ .

Alors, elles ont décidé _____ . Pendant le cours, Valérie _____ .

Le professeur _____ . Finalement, _____ »

.../10

6 Vous comprenez les arguments d'un débat sur l'éducation.

LES PIONNIERS DE L'ÉCOLE À LA MAISON

À 3 ans, Mégane n'avait pas du tout envie d'aller à l'école. « Elle pleurait tous les jours, se souvient Claire, sa mère. On a tenu deux mois et puis on a commencé à se demander : au fait, mais pourquoi les enfants vont-ils à l'école ? » C'est Mégane qui répondra à cette drôle de question.

5 À une tante qui l'interroge et espère lui faire comprendre qu'il s'agit d'une chance, la petite rétorque : *« Les enfants vont à l'école pour que les mamans soient tranquilles. »* C'est décidé : Claire retire Mégane de la maternelle. Maintenant, la petite a six ans. Mais elle n'ira pas non plus au CP et fait désormais partie des enfants instruits par leur famille.

10 À Paris, l'inspecteur d'académie[1] chargé du premier degré en compte... 12 ! Les associations les estiment à 3 000 dans toute la France. C'est encore trop, selon le ministère de l'Éducation nationale, qui parle d'un millier d'enfants et s'étonne que la presse s'intéresse à un phénomène si « marginal ». Sauf que ces estimations ne tiennent 15 pas compte des enfants inscrits à des cours par correspondance : 9 500 élèves entre 6 et 16 ans inscrits au Cned[2] et un nombre indéterminé à des cours privés [...].

À écouter les récits, la non-scolarisation n'a que des avantages. Des vacances au ski quand les pistes sont vides, des enfants *« jamais* 20 *malades »*, qu'on ne tire pas du lit le matin et dont la curiosité s'épanouit hors du carcan des programmes. [...]

Gisèle George est pédopsychiatre et comprend les « non-sco[3] ». *« L'école française est tellement stressante, tellement peu adaptée aux enfants différents. »* Mais elle s'inquiète. *« Le sport, les copains que se* 25 *font ces enfants sont forcément choisis par les parents. »* En guise de réponse, laissons Hugo Vincent décrire son emploi du temps : le lundi, il va à la gym, le mardi, à l'aïkido, le mercredi, au dessin, le jeudi, c'est temps libre – il en profite pour lire des sagas de science-fiction –, le vendredi, re-gym, le samedi, il se rend à un club de jeux de rôle. Et 30 le dimanche ? *« Je travaille. »*

En France, on pense volontiers que l'État fait mieux que l'individu, y compris en matière d'éducation. Aux États-Unis, on fait davantage confiance à la famille. Il y aurait 2 millions de *home schoolers* et pas seulement pour des motifs religieux. Des études ont montré que non 35 seulement le quart de ces enfants avaient au moins un an d'avance sur les autres, mais que, contrairement à leurs pairs scolarisés, leurs origines sociales ou ethniques ne pesaient pas sur leurs résultats.

Marie-Sandrine Sgherri, *Le Point*, 24/01/2008.

---

1. Fonctionnaire chargé de gérer et de contrôler les enseignants dans un département.
2. Centre national d'enseignement à distance.
3. Abréviation familière pour « enfant non scolarisé ».

---

a. Lisez le premier paragraphe du texte. Résumez-le en une phrase.

La mère de Mégane a décidé ... parce que ...

b. Lisez le deuxième paragraphe. De quelle catégorie d'enfants parle-t-on ? Comment sont instruits ces enfants ?

c. Lisez l'ensemble de l'article.

– Quel est le problème posé ?

– Notez les différentes opinions qui s'expriment à propos de ce problème.

Qui exprime une opinion ?	Quelle est cette opinion ?
La mère de Mégane	
Le ministère de l'Éducation nationale	

d. Utilisez le contexte ou vos connaissances pour donner le sens des mots suivants :

ligne 6 : la petite rétorque... – ligne 9 : le CP – ligne 14 : un phénomène marginal – ligne 21 : le carcan des programmes – ligne 36 : leurs pairs scolarisés.

.../20

7 Vous savez donner une opinion argumentée.

Dans la presse, vous lisez l'information suivante. Vous réagissez à cette information dans votre blog.

LE FIGARO·fr La vision de la femme dans les médias n'est plus celle d'il y a vingt ans, heureusement. Néanmoins, il y a encore de nombreux problèmes. La femme reste souvent invisible. Par exemple, sur des radios de libre antenne comme NRJ ou Skyrock, nous avons constaté que 7 % du temps de parole est mobilisé par des femmes contre 93 % par des hommes. C'est édifiant. Par ailleurs, les stéréotypes ont la vie dure. La femme est souvent représentée dans les fictions soit en séductrice, soit en ménagère. Quand ils interrogent un expert, les médias font toujours appel à un homme, car dans l'esprit des gens, l'homme est plus crédible. La femme, elle, est souvent exposée quand il s'agit de montrer un témoignage, de faire appel à l'émotion. La femme qui est représentée dans les médias, dans les fictions est rarement celle qui travaille, celle qui dirige.

Valérie Létard, secrétaire d'État à la Solidarité, propos recueillis par Laure Daussy, www.lefigaro.fr, 25/09/2008.

.../10

8 **Vous utilisez correctement le français.**

a. La place de l'adjectif. Accordez l'adjectif et mettez-le à la place qui convient.

Jour d'anniversaire

• Voilà pour toi. C'est un cadeau (*petit*).

– Qu'est-ce que c'est ? Le parfum (*nouveau*) de Dior ?

• Ouvre !

– Oh ! Une voiture (*ancien*) ! Une Peugeot des années 1920 !

• C'est un objet (*authentique*).

– Et il est en état (*excellent*).

b. C'est (c'était) – Il/Elle est (était). Complétez avec une de ces expressions.

Devant la machine à café

• Tu sais qu'Estelle a démissionné ?

– _____ étonnant. Je l'ai vue il y a quelque temps, _____ contente de son boulot.

• Sa directrice a changé, _____ une femme très autoritaire. Estelle ne la supportait pas. Ça faisait un mois que _____ la guerre entre elles !

– Elle va vite trouver du travail. _____ très compétente.

c. Les temps du passé. Mettez les verbes au temps qui convient.

Incident au supermarché

« Ça s'est passé au supermarché qui est à côté de chez moi. J'(*faire*) mes courses, j'(*avoir*) rempli mon chariot et je (*faire*) la queue à la caisse. Tout à coup, j'(*voir*) un homme qui (*entrer*) dans le magasin. Il (*être*) habillé de noir. Soudain, il (*mettre*) une cagoule sur la tête. Il (*sortir*) une arme et il (*foncer*) vers la caisse.

À ce moment-là, deux hommes que je (*ne pas voir*) lui ont sauté dessus et l'(*plaquer*) au sol. C'(*être*) des policiers en civil. »

d. Expression de la volonté. Reformulez les affirmations suivantes. Commencez par le verbe qui exprime la volonté ou le souhait.

Mobilisation contre le projet d'autoroute

a. Les travaux doivent être arrêtés. Je le souhaite.

→ Je souhaite que …

b. Le projet doit être révisé. Notre association le demande.

c. Le maire doit venir à notre réunion. Nous y tenons.

d. Le député viendra peut-être. Je l'espère.

e. Il faut lire nos propositions. Je vous en prie.

e. Expression de la cause et de la conséquence. Voici des notes prises par une personne qui prépare une conférence sur le divorce. Utilisez ces notes pour rédiger dix phrases sur les causes et les conséquences du divorce. Utilisez les formes suivantes :

être dû à – s'expliquer par – venir de – car – la cause de – avoir pour conséquence – entraîner – créer – permettre – grâce à

causes du divorce
- différence de caractère
- différence d'âge
- conceptions différentes de l'éducation des enfants
- lieux de travail éloignés
- mensonges ou infidélité

↓

divorce (séparation, rupture…)

↓

conséquences
- enfants perturbés
- difficultés financières
- comportement agressif
- nouveau départ dans la vie
- épanouissement des personnes

.../20

Évaluez vos compétences

	Test	Total des points
• Votre compréhension de l'oral	4 + 5	.../20
• Votre expression orale	1 + 2	.../20
• Votre compréhension de l'écrit	6	.../20
• Votre expression écrite	3 + 7	.../20
• La correction de votre français	8	.../20
Total		**.../100**

Projet : fragments pour une autobiographie

Sur les rayons des librairies et des bibliothèques, biographies et autobiographies occupent une place importante. À Nîmes et à Tourcoing, les salons de la biographie attirent de plus en plus de visiteurs.

Visiblement, les gens s'intéressent à la vie des autres et beaucoup décident d'écrire l'histoire de leur vie. Alors pourquoi pas vous ?

Avec ces pages Évasion, vous ferez le projet de votre autobiographie. Vous en rédigerez les premières lignes, quelques fragments. Vous réfléchirez au titre et à la couverture.

Festival de la Biographie
Sous l'œil du biographe
l'engagement

Carré d'Art
27-28-29 janvier 2012
100 auteurs présents - Dédicaces - Expositions - Rencontres
Entrée libre - le 27 de 14h à 19h, les 28 et 29 de 10h à 19h

www.nimes.fr

Nîmes — La Ville avec un accent

Premières lignes

Les premières lignes d'une autobiographie sont très importantes. Souvent l'auteur éprouve le besoin de justifier pourquoi il raconte l'histoire de sa vie.

Je me trouvais ce matin, 16 octobre 1832, à San Pietro in Montorio, sur le mont Janicule, à Rome, il faisait un soleil magnifique. Un léger vent de sirocco[1] à peine sensible faisait flotter quelques petits nuages blancs au-dessus du mont Albano, une chaleur délicieuse régnait dans l'air, j'étais heureux de vivre. [...]

Je me suis assis sur les marches de San Pietro et là j'ai rêvé une heure ou deux à cette idée : Je vais avoir cinquante ans, il serait bien temps de me connaître. Qu'ai-je été, que suis-je, en vérité je serais bien embarrassé de le dire. [...]

Le soir, en rentrant assez ennuyé de la soirée de l'ambassadeur, je me suis dit : je devrais écrire ma vie, je saurai peut-être enfin, quand cela sera fini dans deux ou trois ans, ce que j'ai été, gai ou triste, homme d'esprit ou sot, homme de courage ou peureux, et enfin au total heureux ou malheureux.

Stendhal, *Vie de Henry Brulard*, écrit en 1835-1836, publié en 1890.

1. Vent chaud venant d'Afrique.
Stendhal (1783-1842) a écrit deux romans célèbres : *Le Rouge et le Noir* et *La Chartreuse de Parme*.

1 Partagez-vous la lecture de ces quatre débuts d'autobiographies. Imaginez que vous êtes metteur en scène et que vous devez faire une adaptation cinématographique de ces lignes. Quelles images montreriez-vous ?

2 Peut-on comprendre pourquoi chaque auteur a écrit sa biographie ?

3 Rédigez les premières lignes de votre autobiographie.

Je forme une entreprise qui n'eut jamais d'exemple et dont l'exécution n'aura point d'imitateur. Je veux montrer à mes semblables un homme dans toute la vérité de la nature ; et cet homme ce sera moi.

Moi seul. Je sens mon cœur et je connais les hommes. Je ne suis fait comme aucun de ceux que j'ai vus ; j'ose croire n'être fait comme aucun de ceux qui existent. Si je ne vaux pas mieux, au moins je suis autre.

Jean-Jacques Rousseau, *Les Confessions*, 1781.
Jean-Jacques Rousseau (1712-1778), écrivain, philosophe et musicien. Un des acteurs principaux de la vie des idées au XVIIIᵉ siècle : *La Nouvelle Héloïse* (roman), *Du contrat social* (essai politique).

Je suis née à quatre heures du matin, le 9 janvier 1908, dans une chambre aux meubles laqués de blanc, qui donnait sur le boulevard Raspail. Sur les photos de famille prises l'été suivant, on voit de jeunes dames en robes longues, aux chapeaux empanachés[1] de plumes d'autruche, des messieurs coiffés de canotiers[2] et de panamas[2] qui sourient à un bébé : ce sont mes parents, mon grand-père, des oncles, des tantes, et c'est moi. Mon père avait trente ans, ma mère vingt et un, et j'étais leur premier enfant. Je tourne une page de l'album ; maman tient dans ses bras un bébé qui n'est pas moi ; je porte une jupe plissée, un béret, j'ai deux ans et demi, et ma sœur vient de naître.

Simone de Beauvoir, *Mémoires d'une jeune fille rangée*, Gallimard, 1958.

1. Couvert d'un panache, c'est-à-dire d'une sorte de bouquet de plumes.
2. Chapeaux d'été à la mode en 1900. Simone de Beauvoir (1908-1986) a écrit des romans politiquement engagés : *Le Deuxième Sexe* (défense de la cause féministe), *Les Mandarins*.

Un jour, j'étais âgée déjà, dans le hall d'un lieu public, un homme est venu vers moi. Il s'est fait connaître et il m'a dit : « Je vous connais depuis toujours. Tout le monde dit que vous étiez belle lorsque vous étiez jeune, je suis venu pour vous dire que pour moi je vous trouve plus belle maintenant que lorsque vous étiez jeune, j'aimais moins votre visage de jeune femme que celui que vous avez maintenant, dévasté. »

Je pense souvent à cette image que je suis seule à voir encore et dont je n'ai jamais parlé. Elle est toujours là dans le même silence, émerveillante. C'est entre toutes celle qui me plaît de moi-même, celle où je me reconnais, où je m'enchante.

Très vite dans ma vie il a été trop tard. À dix-huit ans il était déjà trop tard. Entre dix-huit ans et vingt-cinq ans mon visage est parti dans une direction imprévue. À dix-huit ans j'ai vieilli.

Marguerite Duras, *L'Amant*, Les Éditions de Minuit, 1984.

Marguerite Duras (1914-1996) : auteur d'œuvres qui sont souvent à la fois romans, pièces de théâtre et films (*Moderato Cantabile*, *L'Amante anglaise*, *India Song*).

Je me souviens...

Dans son autobiographie *Je me souviens*, Georges Perec prend plaisir à énumérer ses souvenirs.
Annie Ernaux procède de la même manière au début de son ouvrage *Les Années*.

Utilisez ce procédé. Présentez les cinq premiers souvenirs qui vous viennent à l'esprit.

Toutes les images disparaîtront. [...] le type dans une publicité au cinéma pour Paic Vaisselle, qui cassait allègrement les assiettes sales au lieu de les laver. Une voix off disait sévèrement « ce n'est pas la solution ! » et le type regardait avec désespoir les spectateurs, « mais quelle est la solution ? » la plage d'Arenys de Mar à côté d'une ligne de chemin de fer, le client de l'hôtel qui ressemblait à Zappy Max

Annie Ernaux, *Les Années*, Gallimard, 2008.

Je me souviens que l'une des premières fois où je suis allé au théâtre, ma cousine s'est trompée de salle – confondant l'Odéon et la salle Richelieu – et qu'au lieu d'une tragédie classique, j'ai vu *L'Inconnue d'Arras* d'Armand Salacrou.

Je me souviens de la cinémathèque de l'avenue de Messine.

Je me souviens de la mode des chemises noires.

Je me souviens que j'avais commencé une collection de boîtes d'allumettes et de paquets de cigarettes.

Je me souviens de « Dop, Dop, Dop, adoptez le shampooing Dop ».

Georges Perec, *Je me souviens*, Hachette, 1978.

Projet
J'aime... je n'aime pas

Autre procédé, celui utilisé par Jean-Pierre Jeunet pour présenter ses personnages dans le film *Le Fabuleux Destin d'Amélie Poulain* (2001).

❶ Lisez le script du film. Quels traits de caractère révèlent les goûts et les dégoûts d'Amandine et d'Amélie ?

❷ Imitez le procédé. Présentez cinq choses que vous aimez et cinq choses que vous n'aimez pas.

La mère d'Amélie, Amandine Fouet, institutrice originaire de Gueugnon, a toujours été d'une nature instable et nerveuse. Amandine Poulain n'aime pas : avoir les doigts plissés par l'eau du bain ; être, par quelqu'un qu'elle n'aime pas, effleurée de la main ; avoir les plis du drap imprimés sur la joue le matin ; Amandine Poulain aime le costume des patineurs artistiques sur TF1 ; faire briller le parquet avec des patins ; vider son sac à main, bien le nettoyer et tout ranger, enfin [...].

Parfois le vendredi soir Amélie va au cinéma.

Voix d'Amélie : « J'aime me retourner dans le noir pour contempler le visage des spectateurs... Puis j'aime bien repérer le petit détail que personne ne verra jamais... Par contre j'aime pas les vieux films américains quand le conducteur ne regarde pas la route. »

Le Fabuleux Destin d'Amélie Poulain, film de Jean-Pierre Jeunet, 2001.

Imaginez votre couverture

Autrefois, les personnes importantes avaient un blason sur lequel figurait leur devise (une phrase qui les caractérisait) et des emblèmes (objets symboliques qu'ils choisissaient). Aujourd'hui encore, certaines personnes se donnent une devise.

❶ Lisez les devises ci-contre.
Que nous indiquent-elles sur la personnalité de leurs auteurs ?
Choisissez votre devise.
❷ Observez le blason et créez le vôtre.
❸ Lisez les titres des autobiographies et imaginez le vôtre.

Quelques titres d'autobiographies
- *Histoire de ma vie*, Casanova
- *Mémoires d'outre-tombe*, Chateaubriand
- *Enfance*, Nathalie Sarraute
- *Les Mots*, Jean-Paul Sartre
- *Souvenirs pieux*, Marguerite Yourcenar
- *Le Grand Voyage*, Jorge Semprun

Les devises qu'ils s'étaient choisies

« Qui s'y frotte s'y pique »
Le roi Louis XI (1423-1483)

« Diviser pour régner »
L'homme politique italien Machiavel (1469-1527)

« Que sais-je ? »
Le philosophe Michel de Montaigne (1533-1592)

« Ego, Hugo »
L'écrivain Victor Hugo (1802-1885)

« J'aime qui m'aime »
L'écrivain Alexandre Dumas (1802-1870)

« Comprendre et ne pas juger »
L'écrivain Georges Simenon (1903-1983)

« Voler sans jamais atterrir »
Le peintre Max Ernst (1891-1976)

Le blason de Colbert, ministre de Louis XIV.

Mettez en forme votre projet

Avec les fragments de votre autobiographie, réalisez une affiche ou une brochure. Présentez-la à la classe.

Aide-mémoire

Les noms

■ Le genre

• Sont souvent masculins les noms qui désignent :
– les arbres (*le sapin*)
– les métaux et les corps chimiques (*le fer, le calcium*)
– les jours, les saisons
– les directions (*l'est, le nord*)
– les chiffres, les lettres (un « a »)
– les notes de musiques (un « do »)
Sont souvent masculins les noms qui sont dérivés de verbes
(*le dîner, le boire* et *le manger*), d'adjectifs (*le vert, le vrai*).

• Sont souvent féminins les noms qui désignent des sciences
(*la physique*).
Le suffixe peut aussi donner une indication sur le genre du nom.

■ La formation des noms. Quelques suffixes

• À partir d'un verbe pour nommer une action ou un état :
-tion (noms féminins) : produire → *une production*
-sion (noms féminins) : permettre → *une permission*
-(e)ment (noms masculins) : établir → *un établissement*
-ture (noms féminins) : fermer → *une fermeture*
-age (noms masculins) : hériter → *un héritage*

• À partir d'un verbe pour nommer la personne ou la chose qui fait l'action :
-eur/-euse : servir → *un serveur/une serveuse*
-teur/-trice : produire → *un producteur/une productrice*
-teur/-teuse : porter → *un porteur/une porteuse*
-ant/-ante : désherber → *un désherbant*

• À partir d'un adjectif pour nommer une qualité ou un état :
-(i)té (noms féminins) : beau → *la beauté*
-eur (noms féminins) : doux → *la douceur*
-ise (noms féminins) : gourmand → *la gourmandise*
-ie(-erie) (noms féminins) : jaloux → *la jalousie* –
étourdi → *l'étourderie*
-esse (noms féminins) : poli → *la politesse*
-ude (noms féminins) : inquiet → *l'inquiétude*

• À partir d'un nom pour nommer une profession ou un habitant :
-ien/-ienne : une pharmacie → *un pharmacien/une pharmacienne*
l'Inde → *un Indien* → *une Indienne*
-ier/ière : la cuisine → *un cuisinier/une cuisinière*
-ais/-aise : le Portugal → *un Portugais/une Portugaise*
-ain/aine : l'Afrique : *un Africain/une Africaine*

• À partir d'un nom de fruit pour nommer un arbre :
-ier (noms masculins) : une cerise → *un cerisier*

• À partir d'un nom ou d'un adjectif pour nommer un système de pensée ou la personne qui adopte ce système :
-isme : social → *le socialisme*
-iste : le passé → *un passéiste*

Aide mémoire

Les articles indéfinis un, une, des	• pour identifier et classer dans une catégorie : *Pierre m'a fait **un** cadeau.* *Qu'est-ce que c'est ? **un** livre ? **une** montre ? **des** boucles d'oreilles ?* • pour passer de l'abstrait au concret : *J'aime beaucoup les films de science-fiction mais il y a **un** film que j'aime plus que les autres. C'est Le Seigneur des anneaux.* • pour généraliser : ***Un** enfant de huit ans doit savoir lire.*
Les articles définis : le, la, l', les (au, à la, à l', aux - du, de la, de l', des)	• pour présenter des personnes et des choses définies : *J'ai rencontré des gens que tu connais. Ce sont **les** amis de Marie.* • pour présenter des personnes et des choses uniques : ***La** reine d'Angleterre – **le** jardin du Luxembourg – **les** Champs-Élysées.* • pour passer du concret à l'abstrait : *J'ai vu quatre films cette semaine. J'adore **le** cinéma.* • pour généraliser : ***Les** amis de mes amis ne sont pas toujours mes amis.*
Les articles partitifs : du, de la	• pour présenter des personnes ou des choses indifférenciées ou non comptables : *J'ai acheté **du** pain. J'ai pris trois baguettes et un gros pain.* • pour identifier une matière ou une couleur : *Cette chemise est légère. C'est **du** coton. Je vous conseille la bleue.* *Avec votre pantalon gris, il faut **du** bleu.* • pour parler d'un phénomène climatique : *Il fait **du** vent. Il y a **de la** neige.* • pour présenter certaines notions : *J'ai **de la** chance. Il faut **du** courage.* • après le verbe « faire » : *Il fait **du** sport. Elle fait **de la** danse.* • pour présenter une partie d'un ensemble, d'une œuvre : *Voici **du** vin de ma cave.* *Les musiciens ont joué **du** Mozart.*
L'absence d'article	• dans une liste, une énumération : *À acheter pour le dîner d'anniversaire : rôti de bœuf, salade, gâteau, vin rouge…* • dans un titre, une enseigne : *Pierre Martin. Avocat – Préfecture du Calvados* • après la préposition « de » quand le nom est complément de nom et qu'il a une valeur générale : *une tasse de café* (mais : *J'ai bu une tasse de l'excellent café que fait Pierre.*) • devant les noms de personne et de villes : *Marguerite Duras – Bruges* • dans certaines constructions verbales : *J'ai besoin d'aide. – La pelouse est couverte de fleurs.*

Les pronoms personnels compléments

Voici le tableau des pronoms qui représentent des personnes ou des choses compléments d'un verbe.

		je	**tu**	**il – elle**	**nous**	**vous**	**ils – elles**
Le nom représenté est introduit sans préposition.	personnes	me	te	le – la l' (devant voyelle)	nous	vous	les
	choses			le – la – l'			les
Le nom représenté est introduit par la préposition « à » (au, à la, aux).	personnes	me	te	lui	nous	vous	leur
	choses			y			y
Le nom représenté est introduit par la préposition « de » ou un mot de quantité.	choses			en			en
	personnes	moi	toi	lui – elle – en	nous	vous	eux – elles – en
Le nom représenté est précédé d'une préposition autre que « à » et « de ».	personnes	moi	toi	lui – elle	nous	vous	eux – elles

Remarques

1. Le pronom se place avant le verbe sauf dans les cas suivants :

a. Le pronom représente un nom de personne précédé d'une préposition autre que « à » :

*J'ai besoin de Pierre. – J'ai besoin de **lui**.*
*Je pars avec Marie. – Je pars avec **elle**.*

b. Le verbe est à l'impératif affirmatif :

*Nos amis sont seuls ce week-end. Invitons-**les**.*
*Ne **les** laissons pas seuls.*

2. Cas des noms de personnes compléments indirects précédés de la préposition « à »

a. Si le verbe exprime une idée de communication et d'échange :

*Tu as écrit à Marie ? – Oui, je **lui** ai écrit.*

b. Dans les autres cas :

*Tu penses à Marie ? – Oui, je pense à **elle**.*

3. Quand le nom représenté est introduit par *un* (*une*) ou un mot de quantité

*Tu as un frère ? – Oui, j'**en** ai un.*
*Il a beaucoup de temps libre ? – Il **en** a beaucoup.*

4. Constructions

• Aux temps simples : *Pierre **m'**envoie des courriels.*
*Il ne **me** téléphone plus.*

• Aux temps composés : *Je **lui** ai dit bonjour.*
*Elle ne **m'**a pas répondu.*

• À l'impératif : *Parlez-**lui** ! Prenez-**en** !*
*Ne **lui** dites rien ! N'**en** buvez pas !*

• Avec deux pronoms, trois constructions :
– me/te/nous/vous + le/la/les
*Agnès n'a pas besoin de sa voiture ce soir. Elle **me la** prête.*
– le/la/les + lui/leur
*Pierre ne sait pas qu'on prépare une fête pour son anniversaire. Personne ne **le lui** a dit.*
– m'/t'/lui/nous/vous/leur + en
*Marie fait de la peinture. Elle m'offre souvent un de ses tableaux. Elle **m'en** a offert un à Noël.*

Les adjectifs et les pronoms possessifs

Ils indiquent une idée d'appartenance.

La chose possédée est...	masculin singulier	féminin singulier	masculin pluriel	féminin pluriel
à moi	**mon** livre **le mien**	**ma** voiture **la mienne**	**mes** enfants **les miens**	**mes** sœurs **les miennes**
à toi	**ton** stylo **le tien**	**ta** maison **la tienne**	**tes** amis **les tiens**	**tes** cousines **les tiennes**
à lui/à elle	**son** argent **le sien**	**sa** fille **la sienne**	**ses** copains **les siens**	**ses** affaires **les siennes**
à nous	**notre** appartement **le nôtre**	**notre** rue **la nôtre**	**nos** voisins **les nôtres**	**nos** voisines **les nôtres**
à vous	**votre** agenda **le vôtre**	**votre** clé **la vôtre**	**vos** papiers **les vôtres**	**vos** notes **les vôtres**
à eux/à elles	**leur** jardin **le leur**	**leur** pelouse **la leur**	**leurs** outils **les leurs**	**leurs** fleurs **les leurs**

Remarques

• La forme « *être + à + moi* (*toi, lui,* etc.) » établit une relation de possession entre une personne et un objet.
*Cette voiture **est à moi**. C'est **la mienne**.* (relation de possession)
*Voici **ma** sœur. – J'ai visité Rome et **ses** monuments.* (relation d'appartenance)

• Le complément du nom avec « de » peut aussi exprimer l'appartenance.
La voiture de Marie.

Les adjectifs et les pronoms démonstratifs

Pour distinguer une personne ou une chose parmi d'autres.

	adjectifs	pronoms
masculin singulier	**ce** livre **cet** hôtel (*cet* devant voyelle ou h)	**celui-ci/celui-là** [1]
féminin singulier	**cette** voiture	**celle-ci/celle-là**
masculin pluriel	**ces** vêtements	**ceux-ci/ceux-là**
féminin pluriel	**ces** photos	**celles-ci/celles-là**
indéfini		**ceci/cela/ça**

(1) « Celui-ci » ou « ceci », par opposition à « celui-là » ou « cela », indique une proximité spatiale ou mentale. Mais les deux formes du pronom sont aussi utilisées indistinctement.

Aide mémoire

Les adjectifs et les pronoms indéfinis

emplois	adjectifs	pronoms
Indéfinis employés pour des quantités non comptables (indifférenciées)	Il prend **un peu de** lait. J'ai **peu de** temps. Elle a **beaucoup d'**argent. Il a bu **tout** le lait, **toute** l'eau.	Il en prend **un peu**. J'en ai **beaucoup**. Elle en a **beaucoup**. Il l'a **tout(e)** bu(e).
Indéfinis employés pour des quantités comptables (différenciées)	• Il invite… **peu d'**ami(e)s **certain(e)s** ami(e)s **plusieurs** ami(e)s **la plupart de** ses ami(e)s **tous** ses amis, **toutes** ses amies • **Peu d'**ami(e)s, **certain(e)s** ami(e)s, **quelques** ami(e)s… sont venu(e)s. • Il n'a invité **aucun(e)** collègue. • **Aucun(e)** collègue n'est venu(e).	• Il en invite **peu, certain(e)s, quelques-un(e)s, plusieurs, beaucoup, la plupart.** • Il invite **certain(e)s** d'entre eux (elles), **quelques-un(e)s** d'entre eux (elles), **la plupart d'**entre eux (elles), **plusieurs d'**entre eux (elles) • **Peu d'**entre eux (elles), **certain(e)s** d'entre eux (elles), **quelques-un(e)s** d'entre eux (elles)… sont venu(e)s. • Il n'en a invité **aucun(e)**. • **Aucun(e)** n'est venu(e).
Indéfinis qui n'expriment pas la quantité	• Il a envoyé une invitation à **chaque** ami(e). • Il a pris **n'importe quel** traiteur (n'importe quelle, quels, quelles…). • Interdit à **toute** personne étrangère au service.	• Il a envoyé une invitation à **chacun d'entre eux**, à **chacune d'entre elles.** • Il a pris **n'importe lequel** (n'importe laquelle, lesquels, lesquelles). • **Quiconque** entrera sera puni. • Il faut respecter **autrui**. • **Nul** n'est censé ignorer la loi.

Les constructions relatives

Les propositions relatives servent à caractériser un nom. Elles sont introduites par un pronom relatif. Le choix du pronom relatif dépend de sa fonction dans la proposition relative.

Fonctions du pronom relatif	Pronoms relatifs	Exemples
Sujet	**qui**	*Daniel Auteuil est un acteur **qui** peut jouer tous les rôles.*
Complément d'objet direct	**que – qu'**	*En Corse, il y a un village **que** j'aime beaucoup.*
Complément indirect introduit par « à »	**à qui** (pour les personnes) **auquel – à laquelle** **auxquels – auxquelles** (plutôt pour les choses) **à quoi** (chose indéterminée)	*Caroline est une amie **à qui** je me confie.* *L'éducation est un sujet **auquel** je m'intéresse beaucoup.* *Je sais **à quoi** tu penses.*
Complément indirect introduit par « de »	**dont**	*Caroline est l'amie **dont** je t'ai parlé.* *Le Larousse est un dictionnaire **dont** je me sers souvent.*
Complément introduit par un groupe propositionnel terminé par « de » (à cause de, auprès de, à côté de, etc.)	**de qui** (personnes) **duquel – de laquelle** **desquelles – desquelles**	*Caroline est une amie **auprès de qui** je me sens bien.* *Comment s'appelle le parc **à côté duquel** vous habitez ?*
Complément indirect introduit par une préposition autre que « à » et « de »	**avec (pour…) qui** (personnes) **avec (pour…)** **lequel – laquelle** **lesquels – lesquelles**	*Pierre est le garçon **avec qui** je m'entends le mieux.* *Voici la société **pour laquelle** je travaille.*
Complément d'un nom ou d'un adjectif	**dont**	*Nous allons dans un restaurant **dont** le chef est marseillais comme moi.* *Le XIIe arrondissement est un quartier **dont** je suis amoureuse.*
Complément de lieu	**où** (peut être précédé d'une préposition)	*La Bourgogne est la région **où** il passe ses vacances.* *C'est la région **par où** je passe quand je vais dans le Jura.*

Les constructions pour rapporter des paroles et des pensées

Paroles rapportées (par Marie)	Les paroles rapportées sont prononcées au moment présent	Les paroles rapportées ont été prononcées dans le passé
Pierre étudie l'italien.	Marie (me) dit que Pierre **étudie** l'italien. (présent de l'indicatif)	Marie (m')a dit que Pierre **étudiait** l'italien. (imparfait)
Pierre a étudié l'espagnol.	Elle (me) dit que Pierre **a étudié** l'espagnol. (passé composé)	Elle (m')a dit que Pierre **avait étudié** l'espagnol. (plus-que-parfait)
Pierre étudiait à la Sorbonne.	Elle (me) dit que Pierre **étudiait** à la Sorbonne. (imparfait)	Elle (m')a dit que Pierre **étudiait** à la Sorbonne. (imparfait)
Pierre va partir en Italie.	Elle (me) dit que Pierre **va partir** en Italie. (futur proche)	Elle (m')a dit que Pierre **allait partir** en Italie. (« aller » à l'imparfait + infinitif)
Il y restera un an.	Elle (me) dit que Pierre y **restera** un an. (futur)	Elle (m')a dit que Pierre y **resterait** un an. [(conditionnel présent) (valeur de futur dans le passé)]
Va le voir.	Elle (me) dit **d'aller** le voir.	Elle (m')a dit **d'aller** le voir.
Tu parles italien ?	Elle (me) demande **si je parle** italien.	Elle (m')a demandé **si je parlais** italien.
Qui tu connais ? Qu'est-ce que tu fais ? Où tu vas ?	Elle (me) demande **qui je connais, ce que je fais, où je vais.**	Elle (m')a demandé **qui je connaissais, ce que je faisais, où j'allais.**

N.B. Ces formes permettent aussi de rapporter des pensées.
Je croyais qu'il ne viendrait pas.

La comparaison

■ Comparaison générale

• Adjectifs et adverbes

Il est { **plus** / **aussi** / **moins** } *grand, rapide* (**que** *moi*).

Il est **meilleur/aussi** *bon/***moins** *bon.*

Il est **pire/aussi** *mauvais/***moins** *mauvais.*

• Verbes

Il parle { **plus** / **autant** / **moins** } (**que** *moi*).

*Il parle mieux/aussi bien/***moins** *bien.*

• Noms

Il a { **plus de** / **autant de** / **moins de** } *chance* **que** *moi.*

■ Idée de progression dans la comparaison

• de plus en plus – de moins en moins
Il parle **de plus en plus**. – *J'ai* **de moins en moins** *de temps.*

• plus … plus – moins … moins – moins … plus – plus … moins
Plus *il parle,* **moins** *je comprends.*

• d'autant que – d'autant plus/moins … que – d'autant plus/moins de…
Il est inutile de discuter. **D'autant que** *je dois partir.*
Il aura **d'autant plus de** *temps l'année prochaine qu'il travaillera à mi-temps.*

■ Mise en valeur dans une relation de cause à effet

• Adjectifs et adverbes

Elle est { **si** / **tellement** } *rapide* **qu'**elle peut préparer un repas en dix minutes.*

• Verbes

Il parle { **tant** / **tellement** }

• Noms

Il y avait { **tant de** / **tellement de** }

■ Superlatifs

• Adjectifs
Pierre est **le plus/le moins** *grand.*
C'est Pierre qui est **le plus/le moins** *grand.*

• Verbes
C'est Marie qui travaille **le plus/le moins** *(de nous tous).*

• Adverbes
C'est Marie qui travaille **le plus/le moins** *vite.*

• Noms
C'est Hugo qui a **le plus/le moins** *d'argent.*

Aide mémoire

■ Appréciation des quantités et de l'importance

- Noms

Il **n'a pas assez d'**argent pour acheter cette maison.

Il a **assez d'**argent...

Il y a **trop de** réparations à faire.

- Verbes

Il **n'**économise **pas assez.**

Il travaille **assez.**

Il dépense **trop.**

- Adjectifs et adverbes

Il **n'**est **pas assez** économe.

Le studio est **assez** grand pour lui.

La maison est **trop** chère.

N.B. « Assez » peut avoir deux sens :
– appréciation modérée : *Ce livre est assez intéressant.*
– suffisamment : *J'ai assez d'argent pour l'acheter.*

L'interrogation

■ L'interrogation porte sur toute la phrase

- Intonation : *Tu viens ?*
- Forme « Est-ce que » : *Est-ce que tu viens ?*
- Inversion du pronom : *Viens-tu ? – Arrive-t-elle ? – Charlotte arrive-t-elle ?*
- Interrogation négative : *Ne viens-tu pas ? – N'arrive-t-elle pas ? – Charlotte n'arrive-t-elle pas ?*

■ L'interrogation porte sur un élément de la phrase

L'interrogation porte sur...	Fonction du mot sur lequel porte l'interrogation	Mots interrogatifs	Exemples
les personnes	Sujet	**qui – qui est-ce qui**	**Qui** *veut venir au cinéma avec nous ?*
	Complément	**qui** préposition + **qui**	*Vous emmenez* **qui** *?* *Vous partez* **avec qui** *?*
les choses	Sujet	**qu'est-ce qui**	**Qu'est-ce qui** *fait ce bruit ?*
	Complément d'objet direct	**que – qu'est-ce que – quoi**	**Que** *faites-vous ? – Vous faites* **quoi** *dimanchwe ?*
	Autres compléments	préposition + **quoi**	**À quoi** *penses-tu ? –* **De quoi** *as-tu besoin ?*
un choix entre des personnes ou des choses	Sujet ou complément	• **quel – quelle – quels – quelles** • **lequel – laquelle – lesquels – lesquelles**	**Quels** *films aimez-vous ?* **Lesquels** *préférez-vous ?*
	Complément introduit par « à »	• **à quel (quelle, quels, quelles) + nom** • **auquel – à laquelle – auxquels – auxquelles**	**À quels** *sujets vous intéressez-vous ?* **Auxquels** *consacrez-vous beaucoup de temps ?*
	Complément introduit par « de »	• **de quel (quelle, quels, quelles) + nom** • **duquel – de laquelle – desquels – desquelles**	**De quel** *dictionnaire as-tu besoin ?* **Duquel** *te sers-tu le plus ?*
	Complément introduit par une autre préposition	• préposition + **quel (quelle**, etc.) + nom • préposition + **lequel (laquelle, lesquels, lesquelles)**	**Avec quels** *amis sortez-vous ?* **Avec lesquels** *préférez-vous sortir ?*
le lieu	Situation ou direction	**où – d'où – jusqu'où**	**Où** *allez-vous ? –* **D'où** *venez-vous ? –* **Jusqu'où** *va cet autobus ?*

La négation

Cas général	• **ne (n')** ... **pas**... *Elle **ne** sort **pas**. Elle **n'**aime **pas** la pluie.*
La négation porte sur un complément introduit par un article indéfini, un article partitif ou un mot de quantité.	• **ne(n')** ... **pas de (d')**... *Pierre **ne** fait **pas de** ski en février.* *Il **ne** prend **pas beaucoup de** vacances.*
Comme dans le cas précédent, la négation porte sur un complément introduit par un article indéfini ou partitif mais elle introduit une opposition.	• **ne (n')** ... **pas un (une, des, du,** etc.) *Ce **n'**est **pas du** vin. C'est **du** jus de fruits.* *Pierre **n'**a **pas un** frère, il en a deux.*
Cas des constructions « verbe + verbe » et « auxiliaire + verbe »	• Le « **pas** » se place après le premier verbe ou l'auxiliaire. *Elle **ne** peut **pas** partir en vacances. Elle **n'**a **pas** fini son travail.*
Cas des constructions avec pronom complément placé avant le verbe	• Le « **ne** » se place avant les pronoms. *Il m'a demandé de l'argent. Je **ne** lui en ai **pas** donné.*
La négation porte sur l'infinitif.	• **ne pas** + infinitif *Mets ce pull pour **ne pas** avoir froid.* *Je te demande de **ne pas** crier.* • Cas de l'infinitif passé. *Il a été puni pour **n'avoir pas** fait son travail.*
La double négation	*Il **n'**aime **ni** le théâtre **ni** le cinéma.* ***Ni** l'art **ni** la musique **ne** l'intéressent.*
Pronoms indéfinis négatifs	***Personne n'**est venu. Je **n'**ai vu **personne**.* ***Rien n'**intéresse Pierre. Il **ne** fait **rien**. Il **n'**a **rien** fait de la journée.* *Il a cherché à joindre ses amis au mois d'août. **Aucun (pas un)** n'était à Paris.* *Il **n'**en a vu **aucun**. Il **n'**en a **pas** vu **un seul**.*

Le raisonnement

- Le but : p. 110
- La cause : p. 60, p. 116
- La concession : p. 69
- La conséquence : p. 61, p. 117
- La condition : p. 53
- L'expression de la certitude et du doute : p. 20
- L'expression de la possibilité : p. 20
- L'opposition : p. 69
- La restriction : p. 53
- La supposition et l'hypothèse : p. 36

La conjugaison des verbes

Avoir – Être – Regarder

	Le présent	Le passé				
	Présent	**Passé composé**	**Imparfait**	**Plus-que-parfait**	**Passé simple**	**Passé antérieur**
A V O I R	j'ai tu as il/elle a nous avons vous avez ils/elles ont	j'ai eu tu as eu il/elle a eu nous avons eu vous avez eu ils/elles ont eu	j'avais tu avais il/elle avait nous avions vous aviez ils/elles avaient	j'avais eu tu avais eu il/elle avait eu nous avions eu vous aviez eu ils/elles avaient eu	j'eus tu eus il/elle eut nous eûmes vous eûtes ils eurent	j'eus eu tu eus eu il/elle eut eu nous eûmes eu vous eûtes eu ils eurent eu
Ê T R E	je suis tu es il/elle est nous sommes vous êtes ils/elles sont	j'ai été tu as été il/elle a été nous avons été vous avez été ils/elles ont été	j'étais tu étais il/elle était nous étions vous étiez ils/elles étaient	j'avais été tu avais été il/elle avait été nous avions été vous aviez été ils/elles avaient été	je fus tu fus il/elle fut nous fûmes vous fûtes ils/elles furent	j'eus été tu eus été il/elle eut été nous eûmes été vous eûtes été ils eurent été
R E G A R D E R	je regarde tu regardes il/elle regarde nous regardons vous regardez ils/elles regardent	j'ai regardé tu as regardé il/elle a regardé nous avons regardé vous avez regardé ils ont regardé	je regardais tu regardais il/elle regardait nous regardions vous regardiez ils/elles regardaient	j'avais regardé tu avais regardé il/elle avait regardé nous avions regardé vous aviez regardé ils/elles avaient regardé	je regardai tu regardas il/elle regarda nous regardâmes vous regardâtes ils/elles regardèrent	j'eus regardé tu eus regardé il/elle eut regardé nous eûmes regardé vous eûtes regardé ils eurent regardé

	Le futur		L'hypothèse		La subjectivité	
	Futur	**Futur antérieur**	**Conditionnel présent**	**Conditionnel passé**	**Subjonctif présent**	**Subjonctif passé**
A V O I R	j'aurai tu auras il/elle aura nous aurons vous aurez ils/elles auront	j'aurai eu tu auras eu il/elle aura eu nous aurons eu vous aurez eu ils/elles auront eu	j'aurais tu aurais il/elle aurait nous aurions vous auriez ils/elles auraient	j'aurais eu tu aurais eu il/elle aurait eu nous aurions eu vous auriez eu ils/elles auraient eu	que j'aie que tu aies qu'il/elle ait que nous ayons que vous ayez qu'ils/elles aient	que j'aie eu que tu aies eu qu'il/elle ait eu que nous ayons eu que vous ayez eu qu'ils/elles aient eu
Ê T R E	je serai tu seras il/elle sera nous serons vous serez ils/elles seront	j'aurai été tu auras été il/elle aura été nous aurons été vous aurez été ils/elles auront été	je serais tu serais il/elle serait nous serions vous seriez ils/elles seraient	j'aurais été tu aurais été il/elle aurait été nous aurions été vous auriez été ils/elles auraient été	que je sois que tu sois qu'il/elle soit que nous soyons que vous soyez qu'ils/elles soient	que j'aie été que tu aies été qu'il/elle ait été que nous ayons été que vous ayez été qu'ils/elles aient été
R E G A R D E R	je regarderai tu regarderas il/elle regardera nous regarderons vous regarderez ils/elles regarderont	j'aurai regardé tu auras regardé il/elle aura regardé nous aurons regardé vous aurez regardé ils/elles auront regardé	je regarderais tu regarderais il/elle regarderait nous regarderions vous regarderiez ils/elles regarderaient	j'aurais regardé tu aurais regardé il/elle aurait regardé nous aurions regardé vous auriez regardé ils/elles auraient regardé	que je regarde que tu regardes qu'il/elle/on regarde que nous regardions que vous regardiez qu'ils/elles regardent	que j'aie regardé que tu ais regardé qu'il/elle ait regardé que nous ayons regardé que vous ayez regardé qu'ils/elles aient regardé

Principes de conjugaison

Modes et temps	Principes de conjugaison
Présent	• Les verbes en -**er** se conjuguent comme **regarder** sauf : – le verbe **aller** ; – les verbes en -**yer**, -**ger**, -**eler**, -**eter**, qui présentent quelques différences. • Pour les autres verbes, la seule règle générale est la terminaison -**s**, -**s**, -**t**, -**ons**, -**ez**, -**ent**. Mais il y a des exceptions (**vouloir**, **pouvoir**, etc.). Il faut donc apprendre les conjugaisons de ces verbes par types.
Passé composé	• Il se forme avec les auxiliaires **avoir ou être + participe passé**. • Les verbes utilisant l'auxiliaire *être* sont : – les verbes pronominaux ; – les verbes suivants : **aller – arriver – décéder – descendre – devenir – entrer – monter – mourir – naître – partir – rentrer – retourner – rester – sortir – tomber – venir**, ainsi que leur composés en -*re* : **redescendre – redevenir** – etc.
Imparfait	• Il se forme à partir de la 1re personne du pluriel du présent : nous faisons → **je faisais**, **tu faisais**, etc. Exception : être → **j'étais**. Ensuite, la conjugaison est la même pour tous les verbes : -**ais**, -**ais**, -**ait**, -**ions**, -**iez**, -**aient**.
Plus-que-parfait	**avoir ou être à l'imparfait + participe passé**
Passé simple	• Pour les verbes en -**er**, partir de l'infinitif : **parler → il/elle parla – ils/elles parlèrent**. • Pour les autres verbes, il y a souvent une ressemblance avec l'infinitif ou le participe passé mais ce n'est pas une règle générale : **finir → il/elle finit – ils/elles finirent ; pouvoir** (participe passé : **pu**) → **il/elle put – ils/elles purent**.
Passé antérieur	**avoir ou être au passé simple + participe passé**
Futur	• Les verbes en -**er** (sauf **aller**) se conjuguent comme **regarder**. • Pour les autres verbes, il faut connaître la 1re personne du futur. Ensuite, seule la terminaison change : je fer**ai**, tu fer**as**, il/elle fer**a**, nous fer**ons**, vous fer**ez**, ils/elles fer**ont**.
Futur antérieur	**avoir ou être au futur + participe passé**
Conditionnel présent	• Il se forme à partir de la 1re personne du singulier du futur : **je ferai → je ferais**. • Ensuite, la terminaison est la même pour tous les verbes : je fer**ais**, tu fer**ais**, il/elle fer**ait**, nous fer**ions**, vous fer**iez**, ils/elles fer**aient**.
Conditionnel passé	**avoir ou être au conditionnel + participe passé**
Subjonctif présent	• Pour beaucoup de verbes, partir de la 3e personne du pluriel du présent de l'indicatif. **Ils finissent → il faut que je finisse ; ils regardent → que je regarde ; ils prennent → que je prenne ; ils peignent → que je peigne**. Mais il y a des exceptions : **savoir → que je sache**, etc. • Ensuite, la terminaison est la même pour tous les verbes : que je regard**e**, que tu regard**es**, qu'il/elle regard**e**, que nous regard**ions**, que vous regard**iez**, qu'ils/elles regard**ent**.
Subjonctif passé	**avoir ou être au présent du subjonctif + participe passé**
Impératif présent	• Pour la plupart des verbes, on utilise les formes de l'indicatif. Le « s » de la deuxième personne du singulier à l'indicatif présent des verbes en -*er* et du verbe *aller* disparaît sauf quand une liaison est nécessaire : **Parle ! → Parles-en ! – Va ! → Vas-y !** • Les verbes *être*, *avoir* et *savoir* utilisent les formes du subjonctif : **Sois** gentil ! – **Aie** du courage ! – **Sache** que je t'observe !
Impératif passé	**Formes du subjonctif passé**
Participe présent et gérondif	• Ils se forment généralement à partir de la 1re personne du pluriel du présent de l'indicatif : **nous allons → allant – nous pouvons → pouvant**

Accord des participes passés

■ Accord du participe passé après l'auxiliaire *être*

Le participe passé s'accorde avec le sujet du verbe.
Pierre est parti. Marie est restée. Pierre et Louise sont sortis. Les amies de Pierre sont venues.

■ Cas du participe passé des verbes pronominaux

Le participe passé s'accorde avec le sujet quand l'action porte directement sur ce sujet.
Marie s'est lavée.
Marie s'est lavé les mains. (l'action porte sur « les mains »)
Marie et Pauline se sont parlé. (la construction de « parler » est indirecte)

Aide mémoire

■ Accord du participe passé après l'auxiliaire *avoir*

Le participe passé s'accorde avec le complément d'objet direct quand celui-ci est placé avant le verbe.

J'ai vu les amies de Pierre. (le complément est placé après le verbe)
Je les ai invitées au restaurant. (« les » représente les amies. Il est placé avant le verbe.)
Sabine, que j'ai invitée, est l'amie de Marie.

■ Conjugaison par types de verbes

Mode de lecture des tableaux ci-dessous (les verbes sont classés selon la terminaison de leur infinitif)		
Infinitif	1re personne du futur	Verbes ayant une conjugaison identique (sauf dans le choix de l'auxiliaire)
Conjugaison du présent	1re personne du singulier du subjonctif	
	3e personne du singulier du passé simple	
	Participe passé	

Verbes en -er

Ils se conjuguent comme *parler*.

• **Cas particuliers : les verbes en -yer**

PAYER	je paierai	appuyer nettoyer
Je paie	que je paie	balayer renvoyer
Tu paies		bégayer
Il/elle paie	il/elle paya	déblayer
Nous payons		envoyer
Vous payez	payé	essayer
Ils/elles paient		essuyer

APPELER	j'appellerai	Tous les verbes en **-eler** et **-eter** sauf les verbes du type « acheter »
j'appelle	que j'appelle	
tu appelles		
il/elle appelle	il/elle appela	
nous appelons		
vous appelez	appelé	
Ils/elles appellent		

ACHETER	j'achèterai	congeler
j'achète	que j'achète	déceler
tu achètes		démanteler
il/elle achète	Il acheta	geler
nous achetons		modeler
vous achetez	acheté	peler
ils/elles achètent		racheter

• **Le verbe *aller* est irrégulier.**

ALLER	j'irai
je vais	que j'aille
tu vas	
il/elle va	il/elle alla
nous allons	
vous allez	allé
ils/elles vont	

Verbes en -ir

FINIR	je finirai	abolir – accomplir – affirmer – agir – applaudir – assainir – s'assoupir – avertir – choisir – démolir – dépérir – éblouir – frémir – guérir – haïr [1] – jaillir – obéir – périr – punir – réagir – réfléchir – réjouir – remplir – répartir – réunir – subir – unir
je finis	que je finisse	
tu finis		
il/elle finit	il/elle finit	
nous finissons		
vous finissez	fini	(1) présent : je hais, nous haïssons – passé simple : il haït, ils haïrent
ils/elles finissent		

VENIR	je viendrai	appartenir – advenir – contenir – convenir – entretenir – devenir – maintenir – intervenir – obtenir – parvenir – prévenir – provenir – retenir – se souvenir – soutenir - tenir
je viens	que je vienne	
tu viens	il/elle vint	
il/elle vient		
nous venons	venu	
vous venez		
ils/elles viennent		

COURIR	je courrai	accourir parcourir recourir secourir
je cours	que je coure	
tu cours	il/elle courut	
il/elle court		
nous courons	couru	
vous courez		
ils/elles courent		

OUVRIR	j'ouvrirai	couvrir – découvrir – recouvrir – entrouvrir – rouvrir – offrir - souffrir
j'ouvre	que j'ouvre	
tu ouvres	il/elle ouvrit	
il/elle ouvre		
nous ouvrons	ouvert	
vous ouvrez		
ils/elles ouvrent		

PARTIR	je partirai	consentir mentir repartir ressentir ressortir se repentir sentir sortir
je pars	que je parte	
tu pars	il/elle partit	
il/elle part		
nous partons	parti	
vous partez		
ils/elles partent		

ACQUÉRIR	j'acquerrai	conquérir quérir requérir
j'acquiers	que j'acquière	
tu acquiers	il/elle acquit	
il/elle acquiert		
nous acquérons	acquis	
vous acquérez		
ils/elles acquièrent		

CUEILLIR	je cueillerai	accueillir recueillir assaillir tressaillir
je cueille	que je cueille	
tu cueilles	il/elle cueillit	
il/elle cueille		
nous cueillons	cueilli	
vous cueillez		
ils/elles cueillent		

DORMIR	je dormirai	(s')endormir (se) rendormir
je dors	que je dorme	
tu dors	il/elle dormit	
il/elle dort		
nous dormons	dormi	
vous dormez		
ils/elles dorment		

SERVIR	je servirai	desservir resservir
je sers	que je serve	
tu sers	il/elle servit	
il/elle sert		
nous servons	servi	
vous servez		
ils/elles servent		

FUIR	je fuirai	s'enfuir
je fuis	que je fuie	
tu fuis	il/elle fuit	
il/elle fuit		
nous fuyons	fui	
vous fuyez		
ils/elles fuient		

MOURIR	je meurs	
je meurs	que je meure	
tu meurs	il/elle mourut	
il/elle meurt		
nous mourons	mort	
vous mourez		
ils/elles meurent		

Verbes en -dre

VENDRE	je vendrai	corrompre, interrompre – rompre (sauf : il rompt au présent) – tordre – mordre – perdre – tondre – correspondre – pondre – répondre – fondre – confondre – défendre – descendre – fendre – pendre – dépendre – suspendre – tendre – attendre – entendre – étendre – prétendre – vendre – revendre – répandre
je vends	que je vende	
tu vends	il/elle vendait	
il/elle vend		
nous vendons	vendu	
vous vendez		
ils/elles vendent		

PRENDRE	je prendrai	apprendre comprendre entreprendre reprendre surprendre
je prends	que je prenne	
tu prends	il/elle prenait	
il/elle prend		
nous prenons	pris	
vous prenez		
ils/elles prennent		

PEINDRE	je peindrai	atteindre contraindre craindre éteindre étreindre plaindre teindre
je peins	que je peigne	
tu peins	il/elle peignait	
il/elle peint		
nous peignons	peint	
vous peignez		
ils/elles peignent		

Aide mémoire

JOINDRE	je joindrai	
je joins tu joins il/elle joint nous joignons vous joignez ils/elles joignent	que je joigne	adjoindre rejoindre
	il/elle joignit	
	joint	

COUDRE	je coudrai	
je couds tu couds il/elle coud nous cousons vous cousez ils/elles cousent	que je couse	
	il/elle cousit	
	cousu	

Verbes en -uire

CONDUIRE	je conduirai	
je conduis tu conduis il/elle conduit nous conduisons vous conduisez ils/elles conduisent	que je conduise	construire – cuire – déduire – détruire – induire – instruire – introduire – luire – nuire – produire – reconduire – réduire – reluire – reproduire – séduire - traduire
	il/elle conduisit	
	conduit	

Verbes en -ire

ÉCRIRE	j'écrirai	décrire inscrire prescrire proscrire souscrire transcrire
j'écris tu écris il/elle écrit nous écrivons vous écrivez ils/elles écrivent	que j'écrive	
	il/elle écrivit	
	écrit	

LIRE	je lirai	
je lis tu lis il/elle lit nous lisons vous lisez ils/elles lisent	que je lise	élire réélire relire
	il/elle lut	
	lu	

DIRE	je dirai	redire	
je dis tu dis il/elle dit nous disons vous dites ils/elles disent	que je dise	contredire interdire médire prédire	2e pers. du plur. du présent : vous contredisez, interdisez, etc.
	il/elle dit		
	dit		

RIRE	je rirai	
je ris tu ris il/elle rit nous rions vous riez ils/elles rient	que je rie	sourire
	il/elle rit	
	ri	

SUFFIRE	Je suffirai
je suffis tu suffis il/elle suffit nous suffisons vous suffisez ils/elles suffisent	que je suffise
	il/elle suffit
	suffi

Verbes en -re

FAIRE	je ferai	
je fais tu fais il/elle fait nous faisons vous faites ils/elles font	que je fasse	défaire refaire satisfaire
	il/elle fit	
	fait	

PLAIRE	je plairai	
je plais tu plais il/elle plaît nous plaisons vous plaisez ils/elles plaisent	que je plaise	déplaire (se) taire
	il/elle plut	
	plu	

VIVRE	je vivrai	
je vis	que je vive	revivre
tu vis	il/elle vécut	survivre
il/elle vit		
nous vivons	vécu	
vous vivez		
ils/elles vivent		

CONCLURE	je conclurai	
je conclus	que je conclue	exclure
tu conclus	il/elle conclut	inclure
il/elle conclut		(participe passé :
nous concluons	conclu	inclus/incluse)
vous concluez		
ils/elles concluent		

SUIVRE	je suivrai	
je suis	que je suive	
tu suis	il/elle suivit	poursuivre
il/elle suit		
nous suivons	suivi	
vous suivez		
ils/elles suivent		

CROIRE	je croirai
je crois	que je croie
tu crois	il/elle crut
il/elle croit	
nous croyons	cru
vous croyez	
ils/elles croient	

BOIRE	je boirai
je bois	que je boive
tu bois	il/elle but
il/elle boit	
nous buvons	bu
vous buvez	
ils/elles boivent	

Verbes en -oir

DEVOIR	je devrai		
je dois	que je doive	apercevoir	(sans
tu dois	il/elle dut	concevoir	accent sur
il/elle doit		décevoir	le « u » du
nous devons	dû, due	percevoir	participe
vous devez		recevoir	passé)
ils/elles doivent			

VOIR	je verrai	
je vois	que je voie	entrevoir
tu vois	il/elle vit	revoir
il/elle voit		prévoir (sauf
nous voyons	vu	au futur : je
vous voyez		prévoirai)
ils/elles voient		

POUVOIR	je pourrai
je peux	que je puisse
tu peux	il/elle put
il/elle peut	
nous pouvons	pu
vous pouvez	
ils/elles peuvent	

VOULOIR	je voudrai
je veux	que je veuille
tu veux	il/elle voulut
il/elle veut	
nous voulons	voulu
vous voulez	
ils/elles veulent	

SAVOIR	je saurai
je sais	que je sache
tu sais	il/elle sut
il/elle sait	
nous savons	su
vous savez	
ils/elles savent	

VALOIR	je vaudrai	
je vaux	que je vaille	
tu vaux	il/elle valut	équivaloir
il/elle vaut		
nous valons	valu	
vous valez		
ils/elles valent		

S' ASSEOIR	je m'assiérai	
je m'assieds	que je m'asseye	NB : autre conjugaison du verbe « asseoir » : présent : je m'assois, futur : je
tu t'assieds	il/elle s'assit	m'assoirai
il/elle s'assied		passé simple : je m'assis
nous nous asseyons	assis	
vous vous asseyez		
ils/elles s'asseyent		

Aide mémoire

BATTRE	je battrai	
je bats tu bats il/elle bat nous battons vous battez ils/elles battent	que je batte	abattre combattre débattre s'ébattre
	il/elle battit	
	battu	

METTRE	je mettrai	admettre
je mets tu mets il/elle met nous mettons vous mettez ils/elles mettent	que je mette	commettre émettre omettre permettre promettre remettre soumettre transmettre
	il/elle mit	
	mis	

CONNAÎTRE	je connaîtrai	paraître apparaître disparaître transparaître
je connais tu connais il/elle connaît nous connaissons vous connaissez ils/elles connaissent	que je connaisse	
	il/elle connut	
	connu	méconnaître reconnaître

CROÎTRE	je croîtrai	
je croîs tu croîs il/elle croît nous croissons vous croissez ils/elles croissent	que je croisse	accroître décroître
	il/elle crût	
	crû	

NAÎTRE	je naîtrai
je nais tu nais il/elle naît nous naissons vous naissez ils/elles naissent	que je naisse
	il/elle naquit
	né

On trouvera ci-dessous les transcriptions de tous les documents sonores à l'exception des pages « Plaisir de dire », qui sont dans ce livre, et des exercices de la rubrique « Travaillez vos automatismes », qui figurent dans le livre du professeur.

Leçon 1

p. 14 – Scène 3
Julie : Tu as vu ça ? C'est encore Zoé qui fait le dossier du dimanche !
Grégory : Et alors ? Tu t'en moques. Ça nous fait moins de travail.
Julie : Le service culturel n'a pas passé un grand article depuis un mois !
Grégory : Moi, ça m'est égal !
Julie : Tu dis ça parce que tu es stagiaire. Moi, je ne trouve pas cela normal... Elle ne pourrait pas prendre des vacances comme tout le monde... ou tomber malade.
Grégory : Ce serait super... La semaine prochaine, je dois faire mon stage avec elle.

p. 17 – Rédigez une nouvelle brève – Exercice a
a. La photo en haut de la page, c'est celle du nouveau spectacle de Bartabas... Bartabas, c'est un passionné de chevaux qui crée des spectacles équestres très originaux. C'est différent du cirque. Plus poétique. Il y a un travail sur la musique, les lumières, les mouvements des chevaux qui sont quelquefois seuls sur la piste. C'est vraiment magique. Et donc là, Bartabas a été invité à faire l'ouverture du Festival d'Avignon... et pour ce spectacle il s'est inspiré du folklore des Balkans. Ça a eu un succès fou. Pour la première fois du spectacle, Bartabas a été applaudi pendant plus d'une heure.
b. L'autre photo, c'est une grève au journal *France-Soir*. Je me souviens, le journal perdait beaucoup d'argent. Ça ne pouvait pas continuer. Donc un financier a proposé de le racheter mais il voulait renvoyer plus de la moitié du personnel, 61 personnes sur 112 ! Et en plus, il voulait changer le journal. Il voulait en faire un journal populaire avec des rubriques « people ». Alors le personnel s'est mis en grève et a occupé les locaux.

Leçon 2

p. 22 – Scène 1
A. Bossard : Alors française ou italienne, la Belle Ferronnière ?
Zoé : Ben, française. C'était une des maîtresses de François Ier dont le mari s'appelait Ferron.
A. Bossard : Eh non. La ferronnière, ce n'est pas la dame ! C'est le bijou sur son front.
Zoé : Ah bon ? Et qui est la dame alors ?
A. Bossard : Il est probable que c'est la femme du duc de Milan... Mais il est possible aussi que ce soit sa maîtresse.
Zoé : Donc c'est une Italienne exilée au Louvre.
A. Bossard : Exactement... Au fait, j'ai une information pour vous.
Zoé : Ah, vous m'intéressez !
A. Bossard : Vous venez prendre un verre avec moi ?

p. 25 – Complétez l'article sur l'œuvre de Marcel Duchamp
Au Musée d'art moderne, une étudiante en histoire de l'art et son ami discutent à propos de l'œuvre de Marcel Duchamp.
L'étudiante : Ah, voici la célèbre « Roue de bicyclette » de Marcel Duchamp...
L'ami : Je ne comprends pas ce que cette chose fait dans un musée.
L'étudiante : Ben, en fait, au départ, c'était pas fait pour être exposé. Duchamp avait cette roue qui traînait dans son atelier et un jour pour s'amuser, il l'a fixée sur un tabouret. Et c'est resté dans son atelier. De temps en temps, il la faisait tourner... ça l'amusait. Il disait que pour lui, c'était une ouverture sur autre chose que la vie quotidienne. Et puis, cette roue a disparu.
L'ami : Tu veux dire que ça, c'est pas la vraie roue de Duchamp ?
L'étudiante : Si, parce qu'il l'a refaite en 1964 pour l'exposer.
L'ami : Et l'œuvre originale date de quand ?
L'étudiante : 1913... Marcel Duchamp est un cas particulier dans l'histoire de l'art. Au lycée, il était brillant mais il a échoué au concours de l'école des Beaux-Arts. C'était un original. Il aimait faire des expériences. Il a d'abord essayé tous les styles de son époque : l'expressionnisme, le cubisme, le fauvisme... Il fréquentait les surréalistes. Il adorait aussi faire des caricatures. En fait, c'était un humoriste qui aimait la fête...
L'ami : Il a fait cette roue de bicyclette par jeu, pour s'amuser ?
L'étudiante : Un peu, mais il y a aussi autre chose. Duchamp critiquait l'art académique qui se contente de représenter les paysages ou les personnes. Pour lui, l'art doit inventer quelque chose. Pour cela il peut utiliser tous les matériaux, pas seulement de la peinture ou de la pierre pour le sculpteur mais aussi les objets de la vie quotidienne.
L'ami : C'est un artiste important ?
L'étudiante : Bien sûr. Certains le considèrent comme le plus important du XXe siècle parce que c'est l'inventeur de l'art contemporain. Beaucoup de courants du XXe siècle se sont inspirés de l'œuvre de Duchamp : le pop-art, l'art cinétique, les Nouveaux Réalistes...

Leçon 3

p. 30 – Scène 2
Julie : Qu'est-ce qu'il lui arrive ? Elle a l'air bien énervée.
Grégory : Elle m'a dit qu'on lui avait volé un fichier... un article qu'elle préparait.
Julie : Le dossier Vinci, j'en suis sûre ! C'est toi qui as fait le coup ?
Grégory : Tu n'y penses pas ! À quoi ça me servirait ?
Julie : À vendre l'information à un concurrent.
Grégory : Et pourquoi ça ne serait pas toi, l'espionne ?

p. 32 – Rédigez – Exercice 2
Le guide : Ici, vous avez la maison où est né le célèbre Nostradamus. Qui était Nostradamus ? C'était un médecin du XVIe siècle. D'ailleurs, sur la façade, vous pouvez voir une fenêtre qui date du XVIe siècle... Donc Nostradamus avait beaucoup voyagé, en France mais aussi en Italie. Et il avait rapporté de ses voyages des médicaments à base de plantes qui, ô miracle, guérissaient les malades. Alors, bien entendu, ça ne plaisait pas trop aux autres médecins et Nostradamus s'est fait beaucoup d'ennemis... Alors il a abandonné la médecine et il s'est intéressé à l'astrologie. Et là, il est devenu encore plus célèbre, même la reine voulait le consulter ! Et aujourd'hui encore, il y a des gens qui croient à ses prédictions...
Ici, c'est le centre Van Gogh. Pourquoi Van Gogh ? Parce que le peintre a passé deux ans dans la région. En 1888, il s'installe à Arles. Il y reste un an. Mais il va tomber malade et viendra se faire soigner ici, à Saint-Rémy-de-Provence, dans la maison de santé Saint-Paul. Et pendant ces deux années, il va s'inspirer des paysages, des gens et peindra plus de 300 tableaux, des tableaux qui sont devenus célèbres...
Et maintenant, nous allons aller à Glanum. C'est à un kilomètre d'ici. Là-bas, vous allez admirer les vestiges d'une ville romaine qui était très riche dans l'Antiquité. Elle a été détruite au iiie siècle par une invasion barbare. Mais vous allez voir, il reste de très belles choses...

Leçon 4

p. 39 – Scène 3
[...]
Zoé : J'espère que je pourrais être fière de mon journal s'il ne m'espionne plus !
Le directeur : Oh ! Tout de suite les grands mots ! Bon, je vous présente mes excuses. J'aurais dû vous avertir.
Zoé : Ah, vous le reconnaissez.
Le directeur : Vous avez fait doubler les ventes du journal. Vous n'êtes pas n'importe qui !
Zoé : Ah d'accord, c'est parce que je fais vendre !
Le directeur : Vous n'allez pas recommencer !
[...]
Zoé : Ça me fait plaisir que tu me dises ça. Au fait, ta série d'articles sur Léonard de Vinci, super !
Julie : Tu es sincère ?
Zoé : Tout à fait. Tu as des doutes ?
Julie : Je suis sûre que tu me soupçonnais pour le vol du fichier.
Zoé : Jamais, Julie, jamais !
[...]
A. Bossard : ... Je vous ai renvoyé l'ascenseur, c'est tout.
Zoé : Je vous dois un dîner.
A. Bossard : Vous me devez rien, Zoé. Mais ce serait un plaisir de dîner avec vous ! Et puis, dites-moi, on pourrait se dire « tu ».
Zoé : D'accord, je veux bien essayer.

p. 40 – Compréhension du message – Exercice 3
Nathan : Et dis-moi, comment va la jambe de Simon ?
Émilie : Beaucoup mieux, il vient de reprendre le jogging la semaine dernière.
N. : Ah, j'aime mieux ça... On était un peu inquiet.
É. : Non, non, tout va bien chez nous, et vous ? J'ai appris une bonne nouvelle. Vous voulez vous installer au Québec.
N. : Pour le moment, ce n'est qu'un projet.
É. : Ben écoute, en attendant, j'ai les quelques renseignements que Lydia m'a demandés dans son message. J'ai interrogé des gens qui sont venus de France pour travailler. D'abord, tu dois demander un certificat de sélection.
N. : Comment tu dis ? Un certificat de sélection ?
É. : C'est ça. Tu dois répondre à des tas de questions, fournir des papiers, passer une visite médicale. Et puis il faudra obtenir les autorisations de travailler de l'Ordre des médecins pour toi et de celui des ingénieurs.
N. : Je vois, ce n'est pas si simple.
É. : Non, surtout pour les médecins. Quelquefois il faut repasser des examens ou faire des stages.
N. : Et à supposer que ça marche, ça prendrait combien de temps ?
É. : Ben il faut compter un an à partir du moment où tu fais la demande. En plus, ça va vous coûter environ 5 000 € mais ça peut avoir changé. Le mieux, c'est que vous vous adressiez à l'ambassade du Canada ou à la délégation générale du Québec à Paris. Et puis vous pouvez venir passer un mois ou deux, en touristes, pour voir.
N. : Justement, on se demandait... combien ça coûte pour louer une maison ?
É. : Tu sais, ça dépend beaucoup de la situation. Disons que la vie ici est moins chère qu'en France. De 10 à 20 %.

Bilan 1

p. 44 – Test 6

Marie : Je viens d'écouter une émission sur Maurice Béjart. Je ne savais pas que son vrai nom était Maurice-Jean Berger.

Pierre : Moi non plus. Ils ont dit pourquoi il avait choisi le nom de Béjart ?

Marie : Parce qu'il admirait Molière, que la femme de Molière s'appelait Béjart et que Béjart ressemble un peu à Jean Berger.

Pierre : Et finalement, c'était quoi sa nationalité ?

Marie : Suisse, mais pas depuis longtemps. En fait, il était né à Marseille.

Pierre : Moi, je croyais qu'il était belge.

Marie : Non, mais il a longtemps travaillé en Belgique... Il a vécu d'abord en France puis en Belgique, puis à l'âge de 60 ans en Suisse... Tu sais qu'il est devenu danseur un peu par hasard. Quand il était adolescent, il voulait devenir torero... Et puis, un jour, un médecin lui a conseillé de faire de la danse pour se muscler. Et à la même époque, il est allé voir un spectacle d'un célèbre danseur de l'époque : Serge Lifar. Sa vocation est partie de là. Il a étudié la danse et a fait des études de philosophie.

Pierre : Il est devenu célèbre à quel âge ?

Marie : À l'âge de 32 ans avec le ballet « Le Sacre du printemps » de Stravinsky. Puis il y a eu « Le Boléro » de Ravel...

p. 44 – Test 7

« Ici, nous sommes dans la vieille ville. C'est la place Henri-IV. Vous voyez, elle est entourée de maisons qui datent du xvᵉ ou du xvıᵉ siècle avec des façades caractéristiques de l'époque. Pendant longtemps, ici, il y a eu un marché aux oiseaux où les paysans vendaient les oiseaux qu'ils avaient capturés vivants... Et voici la cathédrale Saint-Pierre. Elle date du xııᵉ siècle mais elle a été en partie reconstruite au xvᵉ. Regardez, cette tour est du xııᵉ siècle... Et ici, au-dessus de la porte, vous avez la statue de saint Vincent Ferrier avec son bras levé. Et il y a une légende qui dit que quand saint Vincent baissera le bras, ce sera la fin du monde...

Nous sommes maintenant sur la place de la Cohue. Attention, la Cohue ça ne veut pas dire qu'il y a beaucoup de monde, ça vient d'un mot breton et ce sont les anciennes halles. Aujourd'hui, c'est devenu un musée avec des salles d'exposition...

Nous arrivons sur la place des Lices qui date aussi du Moyen Âge. C'est ici qu'avaient lieu les tournois de chevaliers...

Nous sommes maintenant sortis de la vieille ville et en vous retournant vous pouvez voir les remparts avec plusieurs tours de garde. Tout cela date du xvᵉ siècle et a été très bien restauré. Au pied des remparts, vous pourrez vous promener dans ces magnifiques jardins à la française.

Leçon 5

p. 55 – Scène 2

[...]

Le journaliste : En face de vous, vous aurez des promoteurs immobiliers, les agences de tourisme, les chasseurs.

Gaëlle : J'ai l'intention de rencontrer tous ces gens.

Le journaliste : Et qu'est-ce que vous leur direz ?

Gaëlle : Que le parc est une chance pour eux.

Le journaliste : Comment ça ?

Gaëlle : Eh bien, quand les promoteurs auront construit des immeubles partout, les touristes n'auront plus rien à voir et les chasseurs n'auront plus rien à chasser.

Le journaliste : Et vous croyez qu'ils comprendront ?

Gaëlle : Je vous donne rendez-vous dans deux ans. Nous aurons doublé la superficie du parc et nous aurons sauvé cet environnement exceptionnel.

p. 57 – Interview d'un agriculteur

La journaliste : Dans notre série « Les gens d'ici », nous recevons Rémy, qui est agriculteur à Générac. Bonjour, Rémy, vous pouvez me dire où est Générac ?

Rémy : Dans le sud de la France, entre Nîmes et Montpellier.

J. : Et vous avez une grande propriété ?

R. : Elle fait trente hectares. La moitié est plantée en vignes. Sur le reste, j'ai des cerisiers, des abricotiers, j'ai aussi des oliviers et des amandiers. Mais j'appelle pas ça une grande propriété. C'est le minimum qu'il faut, aujourd'hui, pour vivre correctement.

J. : Vous voulez dire qu'il y a dix ou quinze ans, on pouvait vivre sur une propriété plus petite ?

R. : Absolument. Il y a seulement dix ans, j'avais dix hectares de vignes et huit d'arbres fruitiers. Et je vivais aussi bien.

J. : Qu'est-ce qui a changé ?

R. : La concurrence qui est de plus en plus dure. Pour le vin, nous sommes en compétition avec l'Afrique du Sud et l'Australie. Pour les fruits, avec l'Espagne. Notre problème, c'est la commercialisation. Nous faisons de très bons produits mais nous ne savons pas les vendre.

J. : Vous recevez des aides ?

R. : Pour le bio seulement. C'est le cas d'une petite partie de mon exploitation.

J. : Beaucoup d'enfants d'agriculteurs ne reprennent pas l'exploitation familiale. Vous changeriez de métier aujourd'hui ?

R. : Non, parce que j'ai trente-cinq ans et que j'y crois. Il y a des bons côtés : l'indépendance, le plaisir de faire de bons produits.

J. : Mais vous avez des moments difficiles, quand même ?

R. : Je sais, par exemple, que de nos jours la récolte des raisins se fait la nuit.

R. : Oui, mais ce n'est pas le plus embêtant. Le plus difficile à vivre, c'est le risque : la météo, la chute des prix... Vous savez, il m'arrive de laisser la récolte sur l'arbre. Je perds de l'argent, mais si je récoltais, j'en perdrais encore plus.

Leçon 6

p. 59 – Entrez sur le site des pourquoi – Exercice 3

H. : Bonjour, c'est Cédric. Je voudrais répondre à Virginie qui se demande pourquoi les Britanniques sont si attachés à leur reine... J'ai vécu en Angleterre et je crois que pour les Anglais, la reine, c'est le symbole de l'unité du pays. Elle représente la tradition, la stabilité... C'est un peu comme nous, le drapeau, la Constitution.

F. : Bonjour, je suis Hélène, de Clermont-Ferrand. Je crois que je peux répondre à la question d'Éric : pourquoi le coq est l'emblème de la France. Je crois que ça vient de l'Antiquité quand les Romains ont occupé la Gaule, c'est-à-dire le territoire de la France actuelle... En latin, « Gaule », ça se disait *Galus*, mais *gallus*, avec deux « l », ça signifiait aussi « le coq » et les Romains ont pris l'habitude de dire « les coqs » à propos des Gaulois.

H. : Bonjour, c'est Hugo. J'ai une réponse à la question de Peg : « Pourquoi les Français consomment beaucoup d'eau minérale. » D'abord, je connais beaucoup de gens qui pensent que l'eau du robinet n'est pas bonne pour la santé. Ils disent qu'elle a mauvais goût, qu'elle a trop de calcaire, qu'elle n'est pas pure et ils achètent de l'eau minérale... Et puis, il y a tous ceux qui croient ce que racontent les pubs. Que l'eau minérale machin va faire maigrir, qu'elle vous met en pleine forme, enfin n'importe quoi ! Mais j'ai aussi une autre explication. Jusque dans les années 1970, la plupart des gens buvaient l'eau du robinet mais y mettaient un peu de vin dedans. Un peu ou un peu plus, ça dépendait. Après, le vin est devenu un produit noble qu'il ne fallait pas mélanger à l'eau. Et on a commencé à boire l'eau et le vin séparément. Et comme l'eau du robinet n'avait pas très bon goût, les gens ont préféré l'eau minérale.

F. : Bonjour, c'est à propos de la question de Liz sur l'origine du drapeau français. Ça vient de la Révolution. En 1789, le peuple de Paris s'est révolté contre le roi. Et quand le roi est allé à l'Hôtel de ville, c'est-à-dire à la mairie de Paris, pour rencontrer les représentants du peuple, on lui a donné une cocarde, c'est-à-dire un insigne avec les couleurs de Paris, le bleu et le rouge, et la couleur du roi, qui était le blanc. Ça symbolisait l'union du peuple de Paris et du roi. Et plus tard, quand on a choisi un drapeau pour la République, on a gardé ces trois couleurs.

p. 63 – Scène 4

[...]

Gaëlle : Je comprends mais le parc d'éoliennes ce n'est pas votre intérêt.

Loïc : Beaucoup de mes clients sont pour !

Gaëlle : Pensez qu'il y aurait moins de touristes. Vous voulez vous développer...

Loïc : Justement, la propriété que je veux acheter est à Duval. C'est le premier défenseur des éoliennes.

Gaëlle : Alors, pensez au parc naturel, aux animaux ! Il faut les défendre. Il faut venir avec nous, Loïc !

Leçon 7

p. 70 – Scène 2

[...]

M. Duval : Il faut des phrases choc !

Jérémy : « La planète se réchauffe. D'ici à 2030, il faut qu'on ait trouvé une énergie non polluante ! »

Duval : C'est trop long !

Ludivine : « Pour une énergie propre ! »

Duval : Ce n'est pas assez fort !

Jérémy : « Demain la fin du pétrole. Préparons-nous ! »

Duval : Ça, c'est mieux.

p. 73 – Demandes orales

a. *H :* Préfecture de l'Aisne, bonjour !

F : Je voudrais savoir... Pour obtenir la carte grise d'une voiture que je viens d'acheter d'occasion... ?

H : Il faut venir avec la carte grise du vendeur. Elle doit être barrée et doit porter la mention « vendue » avec la date et la signature du vendeur. Il faut aussi le certificat de cession signé par vous et le vendeur et votre chéquier pour payer les droits. Il faut aussi le certificat de contrôle technique, une pièce d'identité et un justificatif de domicile. Et vous remplirez la demande d'immatriculation.

b. *H :* L'office du tourisme de Villars-de-Lans ?

F : Oui, bonjour.

H : Est-ce que vous avez la liste des locations saisonnières pour juillet ?

F : Oui. Quel type de logement ?

H : Un chalet pour huit personnes.

F : Oui, nous en avons. Vous voulez que je vous envoie la liste ? Par fax, par courrier ?

H : Par Internet ?

F : Ah non, ce n'est pas possible.

H : Alors je vous donne mon numéro de fax.

c. *H :* Axa Assurances, bonjour !

F : Bonjour, je voudrais le service de l'assistance juridique.

H : Je peux avoir votre numéro de contrat ?

F : YP 86620C

H : Et votre nom ?

F : Carrez, (*elle épelle*) C.A.R.R.E.Z. Émeline.

H : Je vous passe le service...

H : Bonjour, qu'est-ce que je peux faire pour vous, madame Carrez ?

F : Voilà, je suis locataire d'un appartement qui est assuré chez vous et depuis quinze jours, la chaudière est en panne.

H : Vous avez un contrat d'entretien de votre chaudière ?

F : Oui, Gaz Service. Je les ai fait venir et ils m'ont dit que la chaudière était trop vieille et qu'on ne pouvait pas la réparer. J'ai appelé ma propriétaire qui m'a dit qu'elle ne voulait pas changer la chaudière et qu'elle allait envoyer un réparateur. Personne n'est venu. Je lui ai écrit et je n'ai pas de réponse.

H : Très bien. Je vais vous dicter une lettre que vous allez lui envoyer en recommandé avec accusé de réception.

Leçon 8

p. 75 – Écoute du répondeur

Répondeur : « Bonjour, vous êtes sur la boîte à idées de l'association des habitants de Châteauneuf « J'aime ma ville ». Nous vous remercions de vos suggestions et de vos conseils. Pour nous laisser un message, parlez après le bip. »

H.1 : Bonjour et merci pour vos actions. Je vous appelle au sujet des zones commerciales. Nous en avons deux à Châteauneuf et toutes les deux sont très laides. Ce sont des magasins de styles très différents, construits autour d'un parking. Il n'y a pas d'unité. C'est horrible...

Alors on parle de faire une troisième zone commerciale sur la route de Saint-Étienne. Est-ce qu'on ne pourrait pas demander à un architecte de faire un projet avec des bâtiments de même style, des arbres, des allées couvertes pour aller d'un magasin à l'autre et jusqu'à sa voiture sur le parking, un espace de jeux pour les enfants. Bref, quelque chose qui soit sympathique et esthétique.

F.2 : Bonjour ! Je m'appelle Viviane, je suis retraitée. Je voyage beaucoup et, par conséquent, je visite beaucoup de musées. Et j'ai une suggestion à vous faire au sujet des musées de notre ville. Bon, il y en a quatre : le musée archéologique, le musée de peinture, celui du Vieux Châteauneuf et le musée des cultures et des traditions. Ils sont petits, éloignés les uns des autres, coûteux à entretenir et souvent, il faut bien le dire, vides. Pourquoi ne pas les réunir en un seul musée avec des salles claires, des présentations modernes, des explications, des animations ? Je pense qu'il y aurait plus de visiteurs dans ce musée que dans les quatre autres à la fois. Allez, à bientôt et bravo pour votre boîte à idées.

p. 78 – Scène 1

Loïc : Bonjour, Yasmina. Tu as bien dormi ?

Yasmina : Oui... Merci pour hier soir.

Loïc : Et réciproquement.

Yasmina : Écoute, Loïc, je ne veux pas te déranger...

Loïc : Tu ne me dérangeras jamais.

Yasmina : Oui mais tu vois, je voulais te dire... Je crois que je ne viendrai pas ce soir.

Loïc : C'est comme tu veux.

Yasmina : Tu ne m'en veux pas ?

Loïc : Non, Yasmina. Notre soirée restera un bon souvenir.

Yasmina : Pour moi aussi... Je voulais aussi te dire... tu es au courant des dégradations à la mairie ?

p. 78 – Scène 2

La préfète : [...] Alors à ma droite, madame Richer-Lanson, députée d'Abbeville... Ensuite monsieur Van Loo, conseiller général de Saint-Martin... Puis madame Dubois, maire de Saint-Martin... En face de madame Dubois, monsieur Moret, maire du Crayeux... Madame Lejeune, directeur du parc naturel ou

« directrice ». Qu'est-ce que vous préférez ?

Gaëlle : Directrice. Puisqu'il existe un féminin, utilisons-le. [...]

Bilan 2

p. 82 – Test 3

La journaliste : Depuis quand êtes-vous installé à Port-Camargue ?

Pierre Norois : Ça fait dix ans.

J. : Et qu'est-ce que vous faisiez avant ?

P. : Mon père avait une fabrique de toile de tentes à Roubaix et je travaillais avec lui. Mais j'aimais la mer, en particulier la Méditerranée. Je suis venu en vacances ici et je suis tombé amoureux de la région. Alors je me suis dit : pourquoi pas créer mon entreprise ici ?

J. : Et vous vous êtes spécialisé.

P. : Oui, d'abord dans les voiles de bateau puis dans les voiles de planches à voile. Je fais aussi des drapeaux.

J. : Vous fabriquez ici ?

P. : Non, au Maroc. Ça fait six ans. La main-d'œuvre est trop chère ici.

J. : Votre entreprise se porte bien ?

P. : Pas mal. Vous savez, Port-Camargue est un grand port de plaisance. Il y a plus de 5 000 places de bateaux. C'est un marché énorme. Mais j'ai aussi des clients sur l'Atlantique et ailleurs. Et vous savez, ils sont ravis de venir me voir ici. Je les invite pour des petits week-ends au soleil et c'est plus facile après pour avoir les bons marchés. Et puis, pour moi et ma famille, il n'y a que des bons côtés. Le climat est agréable, la région est sympa...

p. 84 – Test 7 – Infos

Il est 17 heures. Voici les informations.

Aujourd'hui, 13 décembre 2007, sera une date historique. Les 27 pays de l'Union européenne ont signé à Lisbonne un nouveau traité. Depuis un an, la construction de l'Union européenne était bloquée à cause du « non » français et néerlandais au projet de Constitution. Le nouveau traité de Lisbonne va relancer la construction européenne dans les domaines de la défense et de l'énergie...

La grève des étudiants continue dans 15 universités. En grève depuis une semaine, une partie des étudiants réclame la suppression du projet d'autonomie des facultés. Conséquence : les cours n'ont plus lieu mais les anti-grévistes commencent à s'organiser et ont entrepris une action en justice pour la réouverture des cours.

Conséquence de l'arrivée du froid, l'association d'aide aux personnes sans abri, « Les enfants de Don Quichotte », a installé des tentes pour les personnes qui vivent dans la rue. Le nombre de logements pour les sans-abri est, en effet, encore insuffisant. Pour se faire entendre, l'association avait installé les tentes devant la cathédrale Notre-Dame mais la police est intervenue pour les déloger.

Un avion de l'armée française s'est écrasé hier vers 18 h 30 près de Neuvic, un village de Corrèze. La cause de l'accident reste inconnue.

Enfin, réouverture ce mois-ci de l'Opéra-Comique, le troisième opéra national de Paris après l'Opéra Bastille et l'Opéra Garnier. La salle a été rénovée et le nouveau directeur, Jérôme Deschamps, promet un programme consacré à l'opéra français.

Leçon 9

p. 91 – L'interview

Moi, c'est parce que j'ai rencontré un jeune homme originaire de la Champagne et, du coup, j'étais parisienne, je travaillais à Paris, je vivais à Paris et ben, voilà, nous nous sommes mis ensemble et, étant donné qu'il travaille dans la fabrication du champagne, ben du coup, le choix de l'habitation a été rapide puisqu'il pouvait pas faire du champagne à Paris, c'était évident. Donc j'ai pris mes cliques et mes claques, je me suis déplacée dans la région Champagne et, c'est vrai, que ce changement a été vraiment très radical puisque je me retrouvais sur la montagne de Reims, entourée de vignes, et pour quelqu'un venant de Paris, entourée d'immeubles, ça m'a fait vraiment tout drôle. Donc j'ai trouvé ça agréable dans un premier temps et rapidement, je me suis beaucoup, beaucoup ennuyée... Voilà, j'ai trouvé la boisson locale très agréable mais c'est vrai que l'accueil des habitants c'était très délicat, voilà... Donc, ben, petit à petit, j'ai commencé à me renfermer plutôt sur moi, dans cette grande maison qui était plutôt sympathique et puis j'ai fini par pas supporter ce mauvais accueil, trop d'argent, une région où, vraiment, voilà, où on a tendance à mettre l'étranger de côté, encore, en France, oui, ça arrive. Ça m'a fait tout drôle. Donc j'étais la Parisienne et bien la Parisienne est revenue à Paris. Voilà.

p. 95 – Exercice 2

1.

• Bonjour, je voudrais une chambre pour une nuit.

– Désolé, l'hôtel est complet.

• Mais vous n'avez pas affiché le panneau « Complet ».

– C'est vrai. Il faut que je le fasse.

• Vous êtes sûr que vous n'avez pas une petite chambre ? Vous en gardez toujours une ou deux pour les bons clients qui arrivent au dernier moment.

– Il fallait réserver, monsieur.

• C'était pas prévu que je m'arrête ici. J'ai eu un problème de voiture.

2.

• Bonjour, madame. Je viens inscrire ma fille.

– Elle a quel âge ?

• Elle aura trois ans en janvier.

– Donc elle n'a que deux ans.

• Oui, enfin elle aura trois ans dans l'année scolaire.

– Je suis désolée. Dans cette école, nous avons trop de demandes. Nous n'acceptons que les enfants qui ont trois ans avant le 31 décembre.

• Mais je travaille et la crèche ne l'accepte plus.

– Vous n'êtes pas la seule !

• Mais regardez-la. Elle est grande. Elle parle bien. Elle demande à aller aux toilettes et puis elle a vraiment envie d'aller à l'école.

p. 97 – Exercice 2

a. Excuse-moi, là, j'ai beaucoup à faire. On peut peut-être se parler une prochaine fois, un peu plus longtemps. D'accord ?

b. Tu ne dois pas être aussi négatif. Il faut voir aussi le bon côté des choses.

c. Tu es une vraie langue de vipère, toi.

d. Tu n'as vraiment aucune éducation !

e. Quel faux jeton !

f. Désolé mais j'ai droit à mes petits secrets.

Leçon 10

p. 97 – Le document radio

Ce matin, j'écoutais José Artur... Tu sais, tous les matins il raconte un souvenir de sa vie... et là, il disait que quand il était jeune il avait été le secrétaire du comédien Pierre Fresnay qui lui faisait faire un peu de tout, même cuisinier, des fois... Et, à cette époque-là, Pierre Fresnay vivait avec Yvonne Printemps. Et José Artur était très impressionné par cette femme qui était assez extraordinaire... Elle avait deux pantoufles de couleur différente, l'une verte, l'autre rouge... sur la verte il y avait une émeraude énorme et sur la rouge un rubis... Ça lui avait été offert par son mari précédent, Sacha Guitry, et elle, elle disait que c'était du toc alors que, bien sûr, elles étaient

vraies... Il paraît que c'était la femme aux bijoux. Elle en avait pour des millions... Elle les transportait tout le temps avec elle, dans un énorme sac et elle a eu de la chance, jamais elle ne s'est fait agresser... C'était vraiment un personnage pittoresque... C'est comme avec ses chiens. Elle les adorait tellement qu'elle les amenait partout... Et à cause de ses chiens elle n'a jamais pu jouer en Angleterre... C'était interdit d'y entrer avec des animaux... Et il a raconté une anecdote... Un jour, il y a un des chiens d'Yvonne Printemps qui mord Henri Bernstein qui était un auteur dramatique célèbre à l'époque. Et la réaction d'Yvonne Printemps a été de crier : « José, amenez mon chien immédiatement chez le vétérinaire pour le faire vacciner, Bernstein a la rage. »

p. 105 – Exercice 2

Gaël Letanneux : La décision n'a pas été facile à prendre... Franciser son prénom... c'est un peu comme travestir son identité, raconte Abderrazak, né à Paris de parents marocains... À 38 ans il est le gérant d'une petite boutique de téléphones portables dans le 18ᵉ arrondissement de la capitale... Trop de préjugés... Trop d'arrière-pensées... Alors pour faire marcher le commerce, il s'est trouvé un nouveau prénom... Bientôt sur sa carte d'identité, on verra Marc remplacer Abderrazak.

Abderrazak : J'ai eu plusieurs fois la remarque de gens qui m'ont demandé... Ah... est-ce que j'étais iranien... depuis quand j'étais en France... Alors que moi je me sens français... je suis né en France... et quand on me pose ces questions-là ben ça me fait mal... Je trouve des difficultés à ce que des institutions ne serait-ce que financières... administratives et cetera... me soutiennent dans mes démarches... Je m'aperçois que vraiment pour essayer de m'intégrer vraiment dans la population... bon on me demande de perdre un petit peu de mon identité... donc mon prénom.

Gaël Letanneux : Vous espérez quoi... avec ce prénom Marc.

Abderrazak : À être monsieur tout le monde... tout simplement.

Gaël Letanneux : Devenir monsieur tout le monde quitte à se fâcher avec son entourage car Abderrazak n'a pas encore dit à ses proches qu'il faudrait bientôt l'appeler Marc... Le changement sera officialisé au terme d'une procédure qui aura duré six mois.

Leçon 11

p. 107 – Le document radio

Lise : Il me semble qu'il y a quelques années il y avait une étude qui avait fait apparaître que l'équilibre idéal c'était 7 semaines de travail suivies de 2 semaines de congé. Or, l'apparition des zones de vacances qui, *a priori*, était quand même pour favoriser le développement et la rentabilité des stations de sports d'hiver, crée des aberrations et des déséquilibres complets au niveau du respect des rythmes des enfants. J'ai vérifié sur un calendrier. Cette année la zone 1, à partir de Noël, va avoir 5 semaines de travail, 2 semaines de vacances, de nouveau, 5 semaines de travail avant les vacances de printemps et va finir avec 11 semaines d'affilée avant les grandes vacances, ce qui est complètement aberrant. La question c'est : qui va pouvoir imposer le rythme des enfants par rapport à des contingences qui sont des contingences économiques vraisemblablement.

Alain Bédouet : Oui, des groupes de pression. Disons-le, le tourisme notamment. Cette alternance alors, là, donc des semaines de travail et puis ensuite les vacances qui surviennent, vous avez travaillé également dessus, professeur Montagner.
[...]
Hubert Montagner : Ça fait plus de 25 ans que la communauté scientifique et médicale, et pas

seulement moi, a proposé une alternance de 6, 7 semaines de classe et 2 semaines de vacances avec des petites modulations... Ce serait important qu'en février, mars, le moment où nous sommes le plus vulnérable dans l'hémisphère Nord, il y ait 3 semaines de vacances. Et il faudrait enfin que l'école se détache du lobby de la neige parce que c'est le lobby de la neige qui a imposé le système des catégories d'écoles qui partent en vacances avant les autres ou après les autres. Ça n'a pas de sens. Il faut d'abord repenser à l'enfant. Et si on veut mettre les 3 semaines en mars on arriverait fin avril. On pourrait avoir 2 semaines de vacances entre le début mai et le 15 mai. Ça engloberait le 1ᵉʳ et le 8 mai et si possible l'Ascension, ce qui éviterait les ruptures de rythmes chez les enfants. Et de nouveau, après cela, après ce module qui finirait mi-mai, et bien il y aurait classe jusqu'au 10 juillet, ou un petit peu plus qu'importe... ce qui impliquerait une réduction de la durée des grandes vacances. Et tout le monde y gagnerait dans ce système-là, les enseignants, les parents et les enfants bien sûr.

p. 112 – Le document radio

Alain Bédouet : Y a-t-il beaucoup de langues régionales en danger de mort parce qu'elles auraient de moins en moins de locuteurs ou qu'elles ne seraient plus enseignées. Est-ce qu'on peut avoir une... disons un tableau général de la situation madame Walter. C'est vrai par exemple pour l'occitan... On peut parler de naufrage ou quand même c'est... ?

Henriette Walter : Il faut tout de même pas pousser comme ça. Non, mais il est vrai que, comme l'a dit notre correspondant en Corse : c'est vrai qu'en Corse c'est très très vivant et puis il y a d'autres régions où c'est en train tout doucement de diminuer. Par exemple, moi, j'ai travaillé sur le gallo en Bretagne et, évidemment, c'est très difficile. Simplement il y a depuis quelque temps un goût des jeunes pour la langue de leurs grands-parents. Et donc il y a cette espèce de... ça va un petit peu dans la même lignée que ces problèmes d'identité, recherche de ses racines, etc. Et donc on a envie de connaître cette langue qui n'est plus largement parlée autour de soi.

Jean Bonnefon : Moi je pense que pendant des années il y a eu une recherche de racines sans s'ouvrir au monde... Et là c'était quelque chose qui était assez fermé. Et puis finalement on s'est rendu compte que le monde arrivait à nous sans les racines... Et là, je crois que ça a fait peur... Et comme aujourd'hui on est dans une situation d'équilibre, justement où la vague est en train de faire une sorte de ressac... parce que c'est quand même assez récent la baisse de fréquentation, de pratique des langues régionales. Jusqu'au milieu du xxᵉ siècle, jusqu'en 1950, tout le monde, à peu près en France était bilingue... À part dans l'Île-de-France où c'était naturel... mais sinon on parlait français, tout le monde, et breton, et occitan et corse, etc. Et puis, petit à petit, donc les choses se sont délitées. On est devenu monolingue et c'est sûrement pas un progrès d'avoir une langue au lieu de deux langues. Aujourd'hui on fait machine arrière.

Leçon 12

p. 115 – L'interview

Le journaliste : Est-ce qu'on peut affirmer aujourd'hui que les téléphones portables sont dangereux ?

Mélanie Rouffiac : Écoutez, ce qu'on sait c'est que les ondes électromagnétiques émises par les téléphones portables provoquent de la chaleur et cette chaleur pourrait, je dis bien pourrait, perturber le fonctionnement de nos cellules et entraîner des cancers.
On a fait des expériences sur des rats qui ont montré que des rats exposés à ces ondes mouraient deux

fois plus vite... Alors, maintenant sur l'homme... Il y a eu une enquête de l'OMS faite dans treize pays européens. On a cherché à savoir si les personnes qui étaient atteintes d'un cancer du cerveau avaient utilisé un téléphone portable. Eh bien les résultats de cette enquête n'ont jamais été publiés. C'est bizarre, ça, non ?
Il y a aussi une enquête faite en Suède qui a montré un risque un peu plus élevé de cancer du cerveau chez les utilisateurs de portables.
Mais beaucoup de scientifiques pensent que ces dangers ne sont pas prouvés. Le prix Nobel de physique Georges Charpak, lui, dit que le portable est dangereux parce que l'automobiliste qui téléphone au volant risque de le renverser.
Voilà, c'est ce que je peux dire. En tout cas moi, je conseillerais de prendre quelques précautions. Éviter de téléphoner quand le signal est faible, c'est là que les ondes sont les plus fortes. Ne pas mettre le téléphone trop près du corps, par exemple, dans la poche du pantalon ou de la chemise. Le mettre clavier contre le corps. L'éloigner quand on le recharge. Utiliser une oreillette et ne pas avoir de communications trop longues. Ça s'appelle le principe de précaution...

p. 119 – Exercice 4

1.
Le cycliste : Oh ! Ça va pas ! Faites attention !
L'homme : Ah, excusez-moi... Avec le camion je vous avais pas vu. Vous vous êtes pas fait mal ?
Le cycliste : Non, mais imaginez qu'une voiture me double à ce moment-là...

2.
La dentiste : Alors, elle est où, cette dent qui te fait mal ?
La fillette : En bas, à droite.
La dentiste : C'est là ?
La fillette : Oui.
La dentiste : C'est douloureux quand j'appuie ?
La fillette : Oh oui, ça fait mal.

3.
La femme médecin : Bon, vous allez vous pencher vers l'avant... Respirez fort par la bouche... Encore... Arrêtez de respirer... C'est bon, vous pouvez respirer... Bon, l'auscultation n'est pas trop mauvaise mais j'ai un petit doute. J'aimerais que vous passiez une radio. Vous connaissez un radiologue ?
La jeune femme : Euh, non.
La femme médecin : Je vais vous envoyer chez le docteur Lefèvre. Je vous fais une lettre.

4.
L'amie : Alors, comment tu vas ?
La malade : Ça va mieux.
L'amie : Qu'est-ce qui s'est passé, au juste ?
La malade : Ben, j'ai eu des vertiges, tout était flou et je me suis évanouie. Puis plus rien. Je me suis réveillée dans l'ambulance du Samu.
L'amie : Ça t'est arrivé où ?
La malade : Sur le boulevard Gambetta.

p. 121 – Exercice 3

Le journaliste : Donc vous partez bientôt à la retraite...
Le médecin : Oui... Enfin, je pars quand j'aurai trouvé un médecin pour me remplacer. Mais ça ne va pas être facile. Quand je me suis installé ici, j'ai dû acheter mon cabinet et mon équipement. Aujourd'hui la mairie prend tout en charge. Le médecin qui voudra venir s'installer ici aura un cabinet gratuit, un logement avec un loyer intéressant et il est sûr d'avoir au moins vingt consultations par jour. Ça paraît intéressant, non ? Eh bien ça fait un mois que j'ai passé une annonce et personne n'est vraiment intéressé. C'est simple, les jeunes ne veulent plus s'installer à la campagne.
Le journaliste : Comment expliquez-vous ça ?

Le médecin : D'abord ils ont peur d'avoir trop de travail. À la campagne, on est de garde un week-end sur deux et on peut être réveillé toutes les nuits. Si je veux m'absenter, c'est très compliqué. Un médecin de ville n'a pas ces problèmes.

Ensuite, vous avez vu le village : plus d'école, plus de poste, presque plus de commerces. Pour aller à l'école, il faut faire dix kilomètres. Il n'y a pas d'emploi pour le conjoint donc ça n'intéresse pas les familles et ça n'intéresse pas non plus les célibataires qui ont peur de s'ennuyer.

Et, enfin, mais bon, c'est plus vrai dans les banlieues, les médecins ont peur de ne pas être payés tout simplement parce qu'il y a des patients qui vous disent, après la consultation : « Je n'ai pas d'argent. »

Bilan 3

p. 123 – Test 4

Scène 1

H : Au fait, je n'ai pas de nouvelles d'Adrien. Il vient faire du ski, ce week-end ?

F : Ben tu sais bien qu'il a un pied dans le plâtre.

H : Non. Qu'est-ce qu'il lui est arrivé ? C'est en faisant du ski ?

F : Non, paraît-il, c'est en marchant. Il a glissé sur des feuilles mouillées. Fracture de la cheville et donc trois semaines dans le plâtre et puis un mois de rééducation, sans pouvoir faire de sport.

Scène 2

F : Un petit apéritif ?

H : Oui mais pas d'alcool. Mon estomac ne le supporte plus.

F : Qu'est-ce qui t'arrive ?

H : On m'a trouvé un ulcère à l'estomac.

F : Non… Et c'est dû à quoi ?

H : Un peu tout, le stress, les repas sautés… Il paraît que c'est causé par une bactérie. Enfin, toujours est-il que je prends des antibiotiques et que par conséquent l'alcool est interdit.

Scène 3

H : J'ai reçu un appel d'Hélène. Elle ne viendra pas aujourd'hui. Elle ne se sent pas bien. Elle a de la fièvre, des maux de tête, envie de vomir, mal partout…

F : Si tu veux mon avis, c'est la grippe. Il y en a beaucoup en ce moment. On ne la reverra pas d'une semaine.

Scène 4

F : Excusez-nous, on est très en retard.

H : Qu'est-ce qui s'est passé ? Vous avez eu un accident ?

F : Non, on a été obligé de s'arrêter plusieurs fois. Mathieu a été malade… C'est souvent comme ça quand il y a des virages. J'en étais sûre. Chez sa grand-mère, il s'est gavé de gâteaux au chocolat et ça n'a pas raté !

H : C'est vrai qu'il est un peu pâle, le petit Mathieu.

p. 123 – Test 5

Alors, moi, c'est un souvenir qui remonte à ma période collège. Je devais être en 4ᵉ et, en fait, j'avais un cours de latin que je détestais et j'avais donc une copine qui n'était pas dans la même classe que moi et qui avait un autre cours à la même heure quoi… Et, en fait, on s'était, elle aussi détestait exactement, de la même façon que moi son cours, c'était un cours d'allemand, je crois. Enfin, bref, on voulait absolument pas y participer donc, en fait, on s'était mises d'accord. On avait réglé nos montres et on s'était dit : « Bon, alors, notre cours, je vais dire une heure, je ne me souviens plus trop, c'était dans l'après-midi en fait, notre cours est à 16 heures. Alors, toi, tu te fais virer à 16h30 et moi, je pense que je vais essayer de me faire expulser vers 16h35. » Donc, en fait, tout pour ne pas assister au cours.

Donc je commence, je papote, je commence à parler avec mon voisin. Je lui parle un peu de n'importe quoi. Je l'embête, je lui dis « Au fait… » Je ne sais plus ce que je raconte exactement mais bon, je commence à parler et je parle, je parle bien fort, bien fort. Donc on me dit « Valérie » (parce que moi aussi, je m'appelle Valérie) donc « Valérie, tais-toi ! ». Bon, une fois. Je recommence bien sûr, je pousse bien ma table, en fait je n'obéissais pas, je continuais à parler et puis elle me dit : « Valérie, tu te tais maintenant, ça suffit ! » Donc le ton monte, le ton monte. Bon, ce n'est pas suffisant. Je me dis : il faut absolument que je sorte. Donc, parce que c'est aussi une question de fierté quelque part. On s'est dit : « Toi, tu sors à 16h30. » Si elle a réussi et moi j'ai pas réussi… Bon, il faut absolument que je sorte. Donc je me dis et en plus, bon, le but du jeu ce n'était pas non plus : « Madame, est-ce que je peux aller aux toilettes ? » C'était un peu trop facile quand même pour sortir. C'était vraiment l'expulsion. Donc je recommence à…, je recommence, je parle, je commence à parler un peu plus fort. Je commence à rire un peu plus fort. Je crois que mes copains m'ont pris pour une tarée, pour une attardée mentale parce qu'en fait je riais pour n'importe quoi. Donc elle en a eu assez parce que je n'arrêtais pas, donc elle me dit : « Valérie, ça suffit. Tu sors ! » Bon, contente, libérée, je sors. Effectivement, ma copine avait réussi également à se faire expulser. Je sais, c'est complètement débile mais on était très contentes d'avoir réussi à faire ça !

Carte

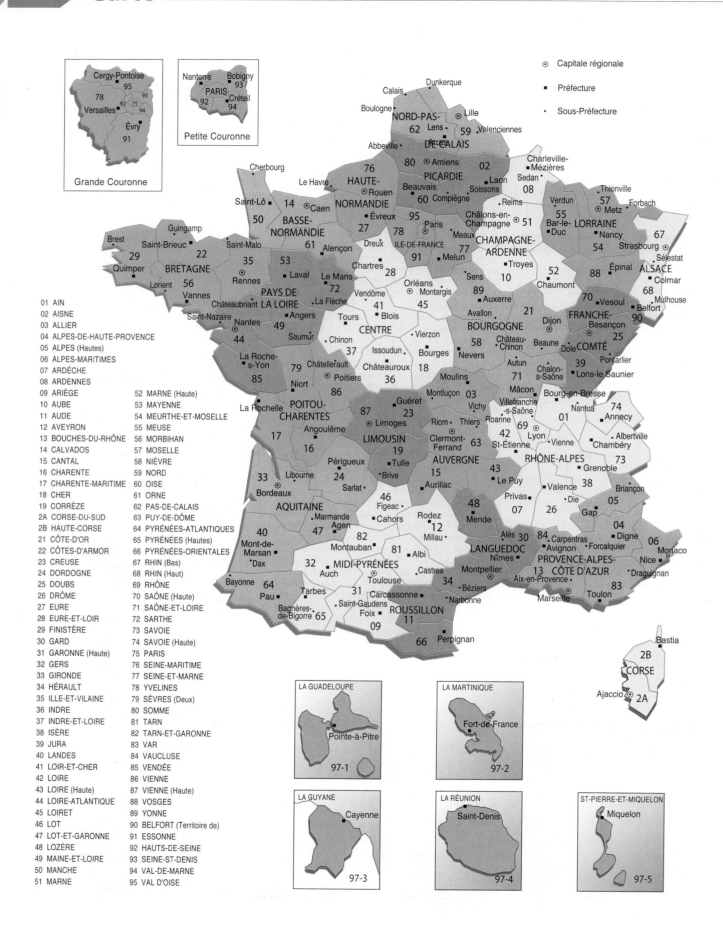

Capitale régionale ⊙

Préfecture ■

Sous-Préfecture ▪

Grande Couronne

Cergy-Pontoise 95
Nanterre — Bobigny 93
78
93
Versailles 92 75 94
Évry 91

Petite Couronne

PARIS
92
Créteil 94

01 AIN
02 AISNE
03 ALLIER
04 ALPES-DE-HAUTE-PROVENCE
05 ALPES (Hautes)
06 ALPES-MARITIMES
07 ARDÈCHE
08 ARDENNES
09 ARIÈGE
10 AUBE
11 AUDE
12 AVEYRON
13 BOUCHES-DU-RHÔNE
14 CALVADOS
15 CANTAL
16 CHARENTE
17 CHARENTE-MARITIME
18 CHER
19 CORRÈZE
2A CORSE-DU-SUD
2B HAUTE-CORSE
21 CÔTE-D'OR
22 CÔTES-D'ARMOR
23 CREUSE
24 DORDOGNE
25 DOUBS
26 DRÔME
27 EURE
28 EURE-ET-LOIR
29 FINISTÈRE
30 GARD
31 GARONNE (Haute)
32 GERS
33 GIRONDE
34 HÉRAULT
35 ILLE-ET-VILAINE
36 INDRE
37 INDRE-ET-LOIRE
38 ISÈRE
39 JURA
40 LANDES
41 LOIR-ET-CHER
42 LOIRE
43 LOIRE (Haute)
44 LOIRE-ATLANTIQUE
45 LOIRET
46 LOT
47 LOT-ET-GARONNE
48 LOZÈRE
49 MAINE-ET-LOIRE
50 MANCHE
51 MARNE

52 MARNE (Haute)
53 MAYENNE
54 MEURTHE-ET-MOSELLE
55 MEUSE
56 MORBIHAN
57 MOSELLE
58 NIÈVRE
59 NORD
60 OISE
61 ORNE
62 PAS-DE-CALAIS
63 PUY-DE-DÔME
64 PYRÉNÉES-ATLANTIQUES
65 PYRÉNÉES (Hautes)
66 PYRÉNÉES-ORIENTALES
67 RHIN (Bas)
68 RHIN (Haut)
69 RHÔNE
70 SAÔNE (Haute)
71 SAÔNE-ET-LOIRE
72 SARTHE
73 SAVOIE
74 SAVOIE (Haute)
75 PARIS
76 SEINE-MARITIME
77 SEINE-ET-MARNE
78 YVELINES
79 SÈVRES (Deux)
80 SOMME
81 TARN
82 TARN-ET-GARONNE
83 VAR
84 VAUCLUSE
85 VENDÉE
86 VIENNE
87 VIENNE (Haute)
88 VOSGES
89 YONNE
90 BELFORT (Territoire de)
91 ESSONNE
92 HAUTS-DE-SEINE
93 SEINE-ST-DENIS
94 VAL-DE-MARNE
95 VAL D'OISE

LA GUADELOUPE
Pointe-à-Pitre
97-1

LA MARTINIQUE
Fort-de-France
97-2

LA GUYANE
Cayenne
97-3

LA RÉUNION
Saint-Denis
97-4

ST-PIERRE-ET-MIQUELON
Miquelon
97-5

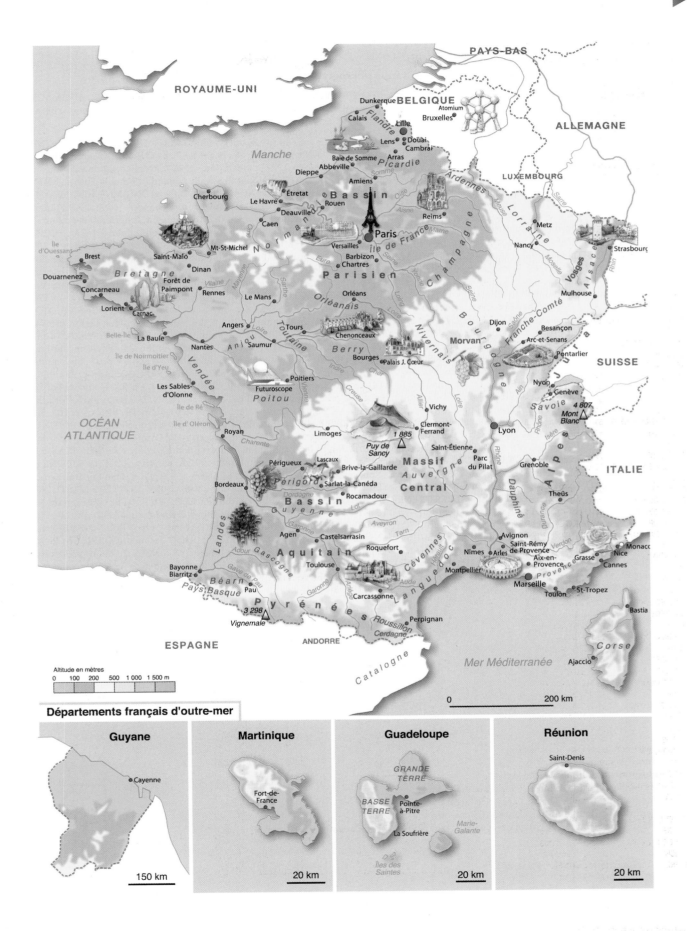

Départements français d'outre-mer

Guyane

Martinique

Guadeloupe

Réunion

Crédits photographiques

Couverture : Ph © Onoky/PHOTONONSTOP ; © ChayanKhoï ; SIPAPRESS/TahitiPresse ; Ph © G. Danger/URBA IMAGES/AIR IMAGE – p. 2 couv : © robert - Fotolia.com/ © Frog 974 - Fotolia.com/ © mtkang - Fotolia.com/ © jan37 - Fotolia.com ; main : © vasabii ; livre : © Liudmyla Rozumna.

p. 9 : ht © URBAIMAGES/AIRIMAGES/Castro ; m © AFP/Huguen ; revues & capture écran du site Orange : DR – p. 10 : p. © CHINE NOUVELLE/SIPA – p. 11 : p. © Étienne de MALGLAIVE/REA – p. 15 : © ANA/Jobin – p. 16 : bas © AFP ; ht © EYEDEA/Gamma/Paris/Taub – p. 18 : ht BeineckeLibrary/Yaleuniversity/DR ; bas © Fotolia/Piccaya – p. 19 © Fotolia/Fons – p. 22 © RMN/Lewandowski/musée du Louvre, Paris – p. 24 : ht g © RMN/Ojéda/musée d'Orsay, Paris ; ht dt(c) AFP/National Research Council of Canada ; bas © RMN/Lewandowsli/musée de l'Orangerie, Paris – p. 25 : g DistRMN/CNAC/MNAM/Migeat © ADAGP, Paris, 2008 ; d DistRMN/CNAC/MNAM/Migeat © ADAGP, Paris, 2008 – p. 26 : ht © FRANCEDIAS.COM/Murier ; bas © ARTEDIA/Ville ouverture/Denancé – p. 27 : © AFP/Julien – p. 31 : © ASA-Pictures/Courtois – p. 32 : ht g plan extrait du Guide vert Michelin Provence © 2007 Michelin, Propriétaires-éditeurs ; ht d © SCOPE/Guillard J. ; bas g © CORBIS/Franken – p. 33 : g TCD/BOUTEILLER/ProdDB © Transfilms-EiffelProductions/DR ; d TCD/BOUTEILLER/ProdDB © Épithète/DR – p. 34 : ht © HEMIS.fr/Lenain ; bas © HEMIS.fr/Guiziou – p. 35 : ©SIPAPRESS/Chamussy – p. 38 : © PHOTONONSTOP/Guittot – p. 41 : © VISUALPRESSAGENCY/Gaffiot – p. 44 : ht © AFP/Cabanis ; m plan extrait du Guide vert Michelin Bretagne © 2007 Michelin & Cie, Propriétaires-éditeurs – p. 46 : © ENGUERAND/BERNAND/B. Enguerand – p. 49 : ht © REA/Ludovic ; m © SIPAPRESS/Chamussy ; bas Alternatives économiques = DR ; p. © Pierre Gleizez/Rea – p. 50-51 : avec la gracieuse autorisation de l'artiste © ChayanKhoï – p. 54 : ©SCOPE/Guillard J. – p. 56 : VEOLIAWATERSOLUTIONS&TECHNOLOGIES/Photothèque VE/VWS – p. 57 : ht Baccarat/DR ; m Seb/DR ; bas Dim/DR – p. 58 : bas g © HEMIS.fr/Gardel ; d © AFP/Senna –p. 59 : © Fotolia/Kan – p. 62 : © SAGAPHOTO.com/Forget – p. 64 : p. © Denis ALLARD/REA – p. 66 : © EYEDEA/HPP/Gamma/Aksaran – p. 74 : p. © Roderick Chen/First Light/Corbis – p. 75 : © REA/Decout – p. 79 : © Fotolia/Bono – p. 80 : © SIPAPRESS/Frilet – p. 81 © SIPAPRESS/TahitiPresse – p. 84 : © FEDEPHOTO.COM/LeMonde/Frey – p. 88 : TCD/BOUTEILLER/ProdDB/DR – p. 89 : ht Ph. © Onoky/PHOTONONSTOP ; m © Action Gardien /Conception : Luc Leblanc, Clinique communautaire de Pointe-Saint-Charles ; bas Ph. © Vielcanet F./URBA IMAGES/AIR IMAGES – p. 91 : Bienvenue chez les Ch'tis de Dany Boon, © Pathé Renn Productions/DR/coll. Prod DB – p. 92 : Ph. © Matthieu Langrand/FRANCEDIAS – p. 93 : Ph. © Yann Tierny/FRANCEDIAS – p. 94 : Ce soir je dors chez toi d'Olivier Baroux, © Alter Films/coll. CHRISTOPHE L – p. 96 : Mauvaise Foi de Roschdy Zem avec R. Zem et Cécile de France, © Pan européenne/DR/coll. TCD/BOUTEILLER – p. 97 : © PLANTU – p. 98 : Ph. © Priscilla Telmon/OPALE – p. 99 : Ph. © Philipp. Huguen/AFP – p. 100 : Ph. © AKG – p. 101 : Ph. © Jean-Pierre Rey Gamma/EYEDEA – p. 102 : ht g Albert Marquet, La Plage des Sables d'Olonnes, © Adagp. Paris 2009/Ph. © Keystone/EYEDEA ; m Ph. © Mermet/PHOTONONSTOP ; ht d Ph. © Éric Beracassat/PXP Gallery ; bas Gérard Depardieu et Jean Rochefort sur le tournage du film Le Comte de Monte-Cristo, Ph. © Richard Melloul/Sygma/CORBIS – p. 103 : ht g Ph. © Éric Le Brun/Light Motiv ; ht d Ph. Andrew Barker/Fotolia © ARCHIVES SEJER – p. 104 : Ph. © Pierre Rousseau/CIT'IMAGES – p. 106 : Affiche Entre les murs de Laurent Cantet © Haut et Court/coll. CHRISTOPHE L – p. 107 : BIS/Ph. coll. Archives Larbor – p. 108 : Ph. © Pierre Rousseau/CIT'IMAGES/CIT'EN SCENE – p. 109 : Ph. © Jean Luc Dolmaire/CIT'IMAGES/CIT'EN SCENE – p. 110 : g Ph. © P. Ciot/ACT/FEDEPHOTO ; d affiche réalisée par BEN en 2007 © INSTITUT D'ESTUDIS OCCITANS – p. 112 : © 2009 Les éditions ALBERT RENE/GOSCINNY-UDERZO © éditions ALBERT-RENE – p. 113 : Ph. © Guignard P./URBA/AIR IMAGES – p. 114 : Ph. © Martin Lee/BSIP – p. 115 : Ph. © Burger/PHANIE – p. 116 : Ph. © Erich Lessing/AKG – p. 117 : Ph. © Erich Lessing/AKG – p. 119 : ht g Ph. © Medialp/PHOTONONSTOP ; ht d Ph. © PatrickAllard/REA ; bas g Ph. © Éric NOTARIANNI/CIT'IMAGES/CIT'EN SCENE ; bas d Ph. © AJphoto/Hop américain/OREDIA – p. 120 : bas Ph. © Michael Freeman/CORBIS ; ht Ph © Matthieu Colin/FEDEPHOTO – p. 121 : Ph. © Alix/PHANIE – p. 122 : bas Ph. © Laurent Laveder/LOOK at SCIENCES ; ht Ph. Leon Forado/Fotolia © ARCHIVES SEJER – p. 124 : © Alfa Romeo – p. 126 : DR – p. 127 : L'Amant de Jean-Jacques Annaud avec Jane March et Tony Leung, Ph. © Rue des Archives/AGIP – p. 128 : Le Fabuleux Destin d'Amélie Poulain de Jean-Pierre Jeunet avec Audrey Tautou © UGC/coll. CHRISTOPHE L.

Direction éditoriale : Béatrice Rego
Édition : Isabelle Walther
Conception graphique : Marc Henry
Mise en pages : Nada Abaïdia, Valérie Klein/Domino
Iconographie : Danièle Portaz, Clémence Zagorski
Illustrations : Chantal Aubin, Conrado Giusti, Adriana Canizo
Cartographie : Jean-Pierre Crivellari (cartes p. 148, 149) – Paco (icones sur la carte p. 149)

© CLE International/Sejer, Paris, 2013
ISBN : 978-2-09-038596-0

FSC
www.fsc.org
MIXTE
Papier issu
de sources
responsables
FSC® C022030

MP3

Références des documents sonores :

1. Le français dans le monde, « Changer de prénom », extrait du CD 356, M. Yaël Goosz.

2. France Inter, extrait de « Le téléphone sonne » du 11/10/2007, « Les rythmes scolaires » © Ina, 2007.

3. France Inter, extrait de « Le téléphone sonne » du 07/03/2008, « Des Ch'tis aux Corses, questions sur les langues régionales », une émission présentée par Alain Bédouet.

Dépôt légal : Septembre 2013 - N° de projet : 10198383
Achevé d'imprimer en Septembre 2013 en Italie sur les presses Rotolito Lombarda